杨国荣　著　作　集　　**｜ 增订版 ｜**

哲学：思向何方

杨国荣◎著

华东师范大学出版社

·上海·

图书在版编目（CIP）数据

哲学：思向何方／杨国荣著. —增订本. —上海：
华东师范大学出版社,2021
（杨国荣著作集）
ISBN 978 - 7 - 5760 - 2363 - 3

Ⅰ.①哲… Ⅱ.①杨… Ⅲ.①哲学—文集 Ⅳ.
①B - 53

中国版本图书馆 CIP 数据核字（2021）第 266716 号

杨国荣著作集（增订版）

哲学：思向何方

著　　者　杨国荣
责任编辑　朱华华
特约审读　李杨洁
责任校对　王丽平
装帧设计　卢晓红

出版发行　华东师范大学出版社
社　　址　上海市中山北路 3663 号　邮编 200062
网　　址　www.ecnupress.com.cn
电　　话　021 - 60821666　行政传真 021 - 62572105
客服电话　021 - 62865537　门市（邮购）电话 021 - 62869887
地　　址　上海市中山北路 3663 号华东师范大学校内先锋路口
网　　店　http://hdsdcbs.tmall.com

印　刷　者　上海雅昌艺术印刷有限公司
开　　本　700×1000　16 开
印　　张　22.25
字　　数　277 千字
版　　次　2022 年 1 月第 1 版
印　　次　2022 年 1 月第 1 次
书　　号　ISBN 978 - 7 - 5760 - 2363 - 3
定　　价　89.80 元

出　版　人　王　焰

（如发现本版图书有印订质量问题,请寄回本社客服中心调换或电话 021 - 62865537 联系）

目 录

引　言

　　本书系我近年论文的结集,其中所涉问题,大致可区分为如下几个方面:对哲学的本源性追问,相关伦理问题的考察,中国哲学以及中西哲学关系的反思,儒学的再思考。这些问题既相互关联,又具有相对独立的意义。

　　对哲学的本源性追问,以把握哲学不同于其他学科的根本规定为前提,与之相涉的问题既关乎"何为哲学",也涉及"哲学何为",这种关切在更为本源的层面又基于成己(认识人自身和成就人自身)与成物(认识世界与成就世界)这一人的基本存在处境。哲学不仅在实然的层面关注世界"是什么",而且也在当然之维关切世界"意味着什么"以及世界"应当成为什么",由此,哲学也从不同的角度为人的价值选择提供某种引导。人总是具有终极性的关切,从何物存在、如何存在,到何为理想的存在、人自身为何而在,等等,都属于人需要关切的根本性问题,通过为人的这种关切提供广阔的理论视野,哲学在不同层面展示了其内在意义。

哲学对自身的追问不仅围绕何为哲学、哲学何为等问题展开,而且体现于对哲学自身走向的思考。就其内在意蕴而言,哲学的走向关联着哲学关切的方向。历史地看,哲学曾以思辨或超验的存在为对象,20世纪以来,哲学则每每指向语言、意识以及特定的社会领域,由此形成了不同的理论限度。对以上进路的扬弃,既涉及对"哲学向何处去"这一类问题的反思,又以面向现实的世界为实质的内容,后者同时意味着关注作为现实世界生成前提与人自身存在方式的"事"。

具体而言,从哲学的层面看,人与世界的关系涉及三方面:说明世界、感受世界、规范世界。以上关系分别关联世界"是什么"、"意味着什么"、"应当成为什么"。说明世界以世界的真实形态为指向,对世界的感受则具有中介的意味:一方面,感受世界以对世界的理解、说明为前提,在此意义上,"意味着什么"基于"是什么"的追问;另一方面,对世界的感受又总是引发人们规范、改变世界的意向。对世界的规范,则进一步将说明世界所涉及的"是什么"与感受世界所蕴含的"意味着什么"具体化为"应当成为什么"的关切。在人与世界以上三重关系中,对世界的感受需要给予充分的关注。感受具有综合性,其内容呈现体验、体悟、体会的交错,感知、情感、思维的互融。以意向性与返身性为二重品格,感受既表现为自发层面的体验,也呈现为内含评价的自觉形态。作为综合性的意识现象,感受不仅使人对世界的把握更为丰富,并使世界对人具有相关性、切近性,而且赋予人的精神世界以多样的内涵。感受的多样性、丰富性、个体性,可以视为人与世界互动过程之具体性的体现。

人与世界的互动不仅涉及人与对象的关联,而且关乎人与人之间的交往,后者在伦理的层面与伦理共识相关。所谓伦理共识,可以理解为一定社会共同体中的不同成员对某些价值原则、道德规范的肯定、认同和接受,这一视域中的共识既涉及对相关原则正面意义的承认,也意味着以此作为引导实际行动的一般准则。伦理共识以人的存在为本体论的前提,人的存在内含的普遍性规定,则为价值层面形成某种普遍的趋向提供了内在可能。伦理共识不仅关乎如何可能,而且涉及何以必要。从观念层面看,达到伦理共识或价值共识,首先与避免道德相对主义和虚无主义相联系;就实践层面而言,伦理共识则从一个方面为社会秩序的建立提供了担保。达到上述意义的伦理共识,既以认识人自身为形上前提,也关乎价值态度、理性沟通以及现实的社会条件。

随着社会的变迁,人与人之间的交往形式也发生了多重变化。一方面,从经济活动到日常往来,主体之间的彼此诚信都构成了其重要前提;另一方面,现实生活中诚信缺失、互信阙如等现象又时有所见。从理论的层面看,这里所涉及的,乃是信任的问题。宽泛而言,信任是主体在社会交往过程中的一种观念取向,它既形成于主体间的彼此互动,又对主体间的这种互动过程产生多方面的影响。作为人与人之间的关联形式,信任同时呈现伦理的意义,并制约着社会运行的过程。信任关系本身的建立,则不仅涉及个体的德性和人格,而且也关乎普遍的社会规范和制度。

由哲学理论和伦理问题转向哲学的历史,便涉及如何理解中国哲学的问题。宽泛而言,理解中国哲学与理解广义的哲学无法分离,"何为中国哲学"与"何为哲学"也构成了在逻辑上彼此相关的两个方面。在面向智慧的多样探索中,哲学同时又呈现不同的形态,中国哲学作为哲学的特定形态,也内含自身的特点。与之相联系的是认同与承认的互动。认同以肯定中国哲学的普遍性品格为指向,承认则侧重于把握中国哲学的独特形态。从具体的进路看,对中国哲学的理解,同时涉及史与思以及中西古今的关系,后者也是中国哲学在今天延续和发展过程中所无法回避的问题。

就中西哲学之间的互动而言,其过程经历了漫长的历史变迁。明清之际,以传教士的东来为中介,中西文化和哲学开始相遇和接触。这一时期中国哲学与西方哲学之间存在某种不平衡或不对称的关系,后者表现在:当传教士把中国的典籍以及其中包含的文化、思想观念介绍和引入欧洲之时,欧洲主流的思想界及其代表性人物给予其以相当的关注,然而,中国的哲学家除了对西方的科学和器技表现出某种兴趣外,却没有给予西方主流的文化和思想以实质性的关注。步入近代以后,情况发生了变化:与明清之际不同的另一种不平衡或不对称开始出现。自 19 世纪后期以来,中国思想家热忱地了解西方思想,并将其作为普遍的思想资源加以运用,而西方主流的思想家和哲学家却不再把中国哲学作为真正的哲学来看待:他们既未能深切地理解中国哲学,更未能以之为建构自身体系的思想资源。中国哲学在未来真正进入世界,以揭示中国哲学所具有的普遍性意义为前提,这既包括彰显中国哲学在解决哲学问题方面所内含的独特思想价值,也包括通过建构现代形态的中国哲学以从理论生成的层面展示中国哲学的创造性和理论意义。唯有基于彼此承认,各美其美,中西哲学之间的关系才能超越历史上两度出现的不对称,真正走向合理的互动。

从广义的中国哲学与中西哲学的互动进一步考察中国哲学本身的演进,儒学显然是无法回避的对象。何为儒学?这一问题固然已有过不同的考察,但今天依然需要加以具体的分疏。儒学以"仁"和

"礼"为内在核心：作为儒学的思想内核，"仁"和"礼"构成了儒学之为儒学的根本之点，并使儒学区别于历史上的其他学派。在儒学之中，"仁"和"礼"的统一既体现于儒家自身的整个思想系统，又展现于人的存在的各个领域，后者包括精神世界、社会领域以及天人之际。在哲学的层面上，儒学所由展开的社会领域关乎政治、伦理以及日常的生活世界。就人的存在而言，精神世界主要涉及人和自我的关系，社会领域则指向人与人之间的关系，从更广的视域看，人的存在同时关乎天人之际，儒家对天人关系的理解，同样基于"仁"和"礼"的观念。要而言之，"仁"和"礼"的统一作为儒学的核心观念渗入儒学的各个方面，儒学本身则由此展开为综合性的文化观念系统，儒学的具体性、真实性，也体现于此。时下所谓心性儒学、政治儒学、制度儒学、生活儒学往往将儒学在某一方面的体现视为儒学的全部，由此难以避免对儒学的片面理解。

在更内在的层面，儒学包含精神性向度。儒学的这种精神性不能简单等同于宗教性：按其实质，儒学的精神性之维以意义追求为其具体内涵。以人禽之辩为前提，儒学确认了人之为人的根本规定，由此为意义的追求提供了价值论的前提；基于仁道原则，儒学肯定忠与恕的统一，以此避免意义的消解和意义的强加；以自我的提升为指向，儒学注重人的成长，以此区别于可能导向自我否定的"超越"；在"为天地立心，为生民立道，为去圣继绝学，为万世开太平"的精神之境中，理想意识和使命意识在儒学中获得了内在的统一。相对于"超越"的宗教进路，儒学的意义追求更多地展现了基于"此岸"的现实性品格。然而，近代以来的某些发展趋向在从不同层面消解人的存在价值的同时，也往往使精神之维的意义追求失去了前提和依托。以此为背景，便可注意到儒学的精神性之维在今天所具有的意义。

儒学既关切人的精神追求，也注重人的社会生活，后者在荀子那里得到了具体的展现。荀子将"群"视为人区别于其他存在的根本之点。作为人存在方式的"群"不同于单纯的"共在",而是以有序化的生存为其形式,这种有序化的存在形式以"分"为条件,后者同时构成了社会稳定的前提。以"举贤能"为进路,荀子将为政过程中实践主体的作用提到重要地位,但同时,荀子又肯定礼法的普遍规范意义,由此确认了贤能的政治理念与礼法的相互关联。就礼法的作用而言,荀子反对"法法而不议",注重普遍原则和规范与具体情境的沟通。合群同时涉及天人关系,对荀子而言,真正意义上的"群道"不仅旨在将社会有序地组织起来,而且意味着从更广的角度去理解和处理人和自然的关系,由此达到天人合宜、人际合序。

作为社会生活的主体,人本身面临自身的成长问题。荀子以情与欲等自然之性为人的本然规定,但同时又肯定人具有表现为"虑"的理性思维能力,后者使人超越了单纯的感性欲求,趋向于更为合理的取舍。进而言之,在后天的发展中,人究竟成为何种人,并不取决于人的本然规定,而是关乎"注错习俗之所积",从本然形态的"人之情"向圣人之境的转换,以个体努力与社会影响的互动为前提。在社会的层面,问题不仅仅关乎礼义的引导,而且与"礼义之分"相联系,后者进一步规定了人格的社会之维。人之情与人之虑、社会的制约与个体的习行、外在的塑造和个体的选择相互作用,规定了多样的人格形态。

以比较哲学为视域,可以进一步考察儒学与实用主义的关系。人如何存在、如何生存,是儒学与实用主义共同关注的问题。儒学要求将天道落实于人的存在过程,实用主义则主张从形而上的超验世界,转向人的生存过程。在关注人之"在"的同时,儒学与实用主义又表现出不同的特点。由理性、精神层面的关注,儒学同时追求以人格提升为指向的完美的生活,由感性、经验的注重,实用主义则更为关切与生物有机体生存相关的有效的生活。人的存在具体展开于多样的情境,但儒学由精神的关切而同时承诺本体及广义之知,实用主义则由本于经验而注目于情境中的特定问题本身,并在将概念工具化的同时趋向于融知于行。生活的完美性和生活的有效性都包含价值内涵,儒学与实用主义由此关注认识的评价之维,但儒学以是非之辩接纳了认知,实用主义则趋向于以评价消解认知。要而言之,儒学与实用主义既展示了相近的哲学旨趣,又表现出不同的思想进路。

儒学在其演进过程中,本身往往取得新的形态,宋明时期的理学,便可视为儒学新的发展形态。历史地看,"新儒学"(Neo-Confucianism)、"道学"、"理学"构成了理学的不同之名。以"新儒学"指称理学,体现了理学与传统儒学之间的历史的传承关系,用"道学"概括理学,表明了理学以"性与天道"为对象,"理学"之名,则折射了理学从普遍之理和殊理的统一中来把握世界和人自身的趋向。以"理"与"气"、"理"与"心性"、"道心"与"人心"、"气质之性"与"天地之性"、"心"与"物"、"知"与"行"等为概念系统,理学既在天道观的层面辨析"何物存在"、"如何存在"等形而上问题,又通过追问"何为人"、"如何成就理想之人"而展现了人道之域的关切。在更一般的层面上,理学突出"理之当然",以此拒斥佛老、上承儒家的价值立场。"理之当然"与实然、必然、自然相联系,既展现了当然的不同维度,也蕴含了天道与人道的交融以及本体论、价值论、伦理学之间的理论关联。

理学的衍化在王阳明那里取得了心学的形态,以心为体所隐含的意义关切与良知所内含的责任意识相结合,在心学中同时引向天下的情怀,后者具体表现为万物一体的观念。"万物一体"包含着"无人己"、"无物我","无人己"涉及人与人之间的交融,"无物我"则关乎人与对象世界的合一,与之相关的看法蕴含着心学的价值取向。从更广意义上的儒学衍化看,在步入近现代以后,以现代与传统之间的互动为背景,儒学依然在实质的层面制约着近现代的思想,五四时期的思想变迁,从一个方面折射了这一历史现象。

哲学的意义①

　　理解哲学的意义,以把握哲学不同于其他学科的根本规定为前提。这里既关乎"何为哲学",也与"哲学何为"相涉,二者在更为本源的层面又基于成己与成物的基本存在处境。

一

　　哲学的意义与人的存在无法相分。在其现实性上,人的存在主要展开为成己与成物的过程。成己即认识人自己、成就人自己;成物则表现为认识世界和成

就世界,二者构成了人的基本存在处境,理解哲学的意义,难以离开人的以上存在处境。

作为人的存在方式,认识世界和成就世界包含不同的视域。大致而言,这里可以区分知识的进路和哲学的进路。在知识这一层面上,人对于世界的理解和说明主要侧重于世界的某一领域,某一方面,或某一对象,其特点在于以分门别类的方式把握这个世界。相对于知识的进路,哲学对世界的说明和把握首先以跨越知识界限的方式展开。以特定的领域、对象为指向,所达到的往往是彼此分离的存在形态。然而,世界在被知识分解之前,并非以这种相分的形式存在。真实地把握世界,相应地不能仅仅停留在分解、分化的层面,而是需要跨越知识的界限。在这里,哲学提供了一种不同于知识的视域。

人与世界的关系既涉及"是什么",也关乎"应当成为什么",对世界的理解和说明主要与前一问题相联系,对世界的成就则进一步指向后一问题。在成就世界这一层面,"应当成为什么"所关切的,主要是世界变革的价值方向:成就何种形态的世界。从总体上看,知识性的进路更多地体现于在事实层面追问"是什么"的问题,价值层面的"应当成就什么"则并不构成其题中之义。尽管知识也与特定对象的变革相联系,但它主要在技术的层面、经验的环节方面牵涉相关问题。比较而言,哲学则不仅关注世界"是什么"或"何物存在",而且也从价值之维关切世界"意味着什么"以及世界"应当成为什么"。在"应当成为什么"这一层面,问题涉及的首先是成就世界的价值方向。哲学既关注人的理想和需要,也关切变革世界的价值方向,由此,哲学也从不同的角度为人的价值选择提供了某种引导。

与"成就什么"相关的是"如何成就世界"。知识固然也涉及"如何做"的问题,但它主要通过对特定领域和对象的把握,从经验或技术的层面为实践方式和途径("如何做")的确定提供依据。在这一方面,哲学同样不同于知识性的关切而涉及更一般意义上的价值论或方法论。孟子曾提及"得天下有道"①,这一意义上的"道",便关乎实践的方式。事实上,中国哲学中的"道"既表现为存在的原理,也与存在的方式(如何存在)相关,后者在人的存在过程(实践过程)中进一步引向如何做,"得天下有道"中的"道"所涉及的即以上论域中的"如何做":"得天下"关乎政治领域的实践目标,其中之"道",则体现了政治实践的方式。从哲学的层面考察实践过程,首先涉及目的和手段的关系,具体而言,在实现某种价值目的或理想之时,不能不择手段,或者说,不应以目的的正当性为手段的不正当性辩护。在实践过程中,如何避免手段的不正当性,同样是一个值得关注的问题。另一方面,成就世界的过程以一般的价值理想化为具体的实践蓝图为前提。从宽泛的意义上说,价值理想以及与之相关的实践蓝图在化为现实以前,属"当然","当然"本身则需要基于实然(现实存在)和必然(存在法则),作为当然的实践蓝图与实然(现实存在)以及必然(存在法则)的如上关联,是考察"如何成就世界"这一问题时所无法回避的。进一步看,价值理想的实现过程,同时关乎一般的原则或一般原理与具体情境的结合,两者的这种关联既使实践过程具有"合理"的性质,也赋予这一过程以"合宜"性。传统哲学所谓"理一"与"分殊"的交融,便涉及以上关系,其中渗入了实践的智慧,后者同样与广义的"如何"相关。

广而言之,在思考人与世界的关系上,哲学本身又内含不同的进路。首先是"以物观之"。这一进路的特点在于从"物"的角度来理解世界,它所指向的,主要是对象和世界的本来形态。相应于此,"以物

_____

① 《孟子·离娄上》。

观之"主要以世界实际是什么为关注之点,其侧重之点在于对世界的观照,而不是对世界的变革。与"以物观之"相对的是"以心观之"。在理解世界这一方面,"以心观之"趋向于对象向"心"的还原。这里的"心"可以取得不同形态,包括感觉、理性、直觉、意志、情感,等等。从"心"出发理解世界,固然涉及对世界的作用,但这种作用更多地着眼于观念层面的构造,而不是对世界的现实变革,所谓"以心法起灭天地"①,便从一个方面体现了这一点。事实上,在"以心观之"中,对象向心的还原与世界的思辨构造,往往相互交错。20 世纪初,哲学又经历了所谓语言学的转向,与之相联系的是"以言观之"。"以言观之"注重的是语言中的存在,它固然体现了比较严密的逻辑分析,但其关注之点主要在于我们言说对象时所运用的语言,语言之外的存在,往往处于其视野之外。与上述基于物、本于心、诉诸言的进路相对,人与世界之间的关联,还可以有另一种形式,后者具体表现为"以事观之"。作为中国哲学范畴的"事",广而言之也就是人之所"作"或人之所"为",亦即人所展开的各种活动,包括知和行。"以事观之"的前提是区分本然世界和现实世界。本然世界尚未与人发生关联,现实世界则是对人呈现多样意义的存在,它形成于人的实际活动,而人自身则生活于其间。"以事观之",意味着走向以上论域中的现实世界:在肯定通过"事"而扬弃世界本然性的同时,它也基于"事"而赋予世界本身以现实的品格。

二

与"成物"(成就世界)相关的是"成己",后者以认识人自身和成

①　《张载集》,北京:中华书局,1978 年,第 26 页。

就人自身为具体内容。在认识人自身这一问题上,同样存在知识与哲学的不同进路。人既有生物学意义上的品格,又有心理学意义上的规定,还有社会学意义上的属性。与之相应,对人的理解,也可以从生物学、心理学、社会学等知识之维展开。

知识性进路对人所作的理解,主要限于人的某一或某些方面。相对于此,哲学对人的考察更侧重于把握人之为人的根本规定。历史地看,从先秦儒家的人禽之辩,至近代康德所提出的"什么是人",一直到晚近随着基因技术、人工智能等出现而发生的人机之辨,等等,都涉及从哲学层面理解何为人的问题。在儒家那里,道德意识被视为人不同于动物的根本特征,对康德而言,相对于受因果关系支配的现象界的对象,人既具有为自然立法的理性能力,又包含自我立法的善良意志。从人机之辨看,可以进一步区分自然之人(natural human being)与人工之人(artificial human being)。自然之人也就是没有为外在技术所改变的人,人工之人则是与生物技术(包括基因技术)、人工智能相联系并受到这些人工因素影响的人。作为广义技术的产物,以上视域中的人在什么意义上仍是与物分别的人? 这是需要反思和回应的问题。仅仅以知识性的考察为进路,显然难以对以上问题获得深入的理解,这里,哲学的视域同样不可或缺,而它所关涉的何为人或"人是什么"这一问题,则往往被哲学家视为"哲学首要的、基本的问题"①。

在宽泛的层面,可以把人看成是追求意义的存在,这种意义追求又通过人所"从事"的多样活动而实现。就此而言,人无疑因"事"而在:不仅现实世界生成于人所作之"事",而且,人自身也因"事"而

①　[意]葛兰西:《狱中札记》,曹雷雨等译,北京:中国社会科学出版社,2000年,第263页。

在。正是在"从事"多样活动的过程中,人取得了不同的存在形态:通过参与政治活动,人逐渐成为亚里士多德所说的政治的动物;在从事科学研究过程中,人逐渐成为科学技术人员;以从事艺术创作活动为前提,人逐渐成为艺术家,如此等等。从这一视域看,所谓人工之人(artificial human being),更多地表现为"事"的产物或"事"的结果,而不同于作为做"事"主体的人。

如上所述,知识对人的理解,侧重于人的不同规定,包括生物学规定、社会学规定、心理学规定,等等。从哲学层面看,具有不同规定的人又呈现相关性和统一性。正如哲学对世界的理解趋向于跨越知识的界限、达到世界被知识分化之前的统一形态一样,哲学对人的理解也侧重于跨越知识对人的分离,由此达到对人的真实把握。宽泛而言,在哲学的视域中,与人的存在相关的理性与感性、存在与本质、个体与社会乃是以相互关联的方式展现,这种关联同时构成了人之为人的真实形态。

从成己(成就人自身)这一层面上说,问题不仅关乎实然,而且涉及当然。"当然"所指向的是人的理想形态。就精神之维而言,在实然的层面,知、情、意在人的存在中相互交融,在当然或价值理想的层面,知、情、意的这种交融同时又与真、善、美的价值追求紧密联系。同样,前面提及的理性和感性、存在和本质、个体与社会之间的关联,不仅仅表现为人之实然(人的真实形态),而且也构成人之当然,与之相联系,就成己或成就人自身而言,在更为自觉的层面达到人的以上统一形态便成为内在的要求。

进而言之,在哲学的视域中,人的更为终极的走向,体现于对自由的追求。事实上,人类历史的每一演进,都表现为在一定层面上向自由之境的迈进。从成己这一角度看,人的自由同时意味着成就自由的人格,后者并非抽象、宽泛的精神形态,而是具有实质的内涵。

从一般意义上说,这一视域中的自由人格可以理解为德性和能力的统一。此所谓德性不同于狭义上的道德规定,而是表现为综合性的精神形态,它与中国哲学所讨论的本体和工夫中的"本体"具有相关性。以对工夫的制约为指向,"本体"包含认识、审美、道德等多方面的内容,并从不同方面引导着工夫的展开。比较而言,与德性相联系的能力,主要表现为成己与成物的内在力量。从根本上说,人的自由具体展现于价值创造的过程,正是这种创造,使人不同于仅仅受制于因果必然性支配的对象。以人的自由为指向,价值创造既涉及价值方向的确立,也离不开化价值理想为现实的内在力量,自由的人格一方面以具有价值内涵的德性引导价值创造的方向,另一方面又通过不断生成的能力为价值创造提供内在的力量。作为自由人格的相关方面,德性与能力彼此交融:能力如果缺乏德性的引导,往往会失去价值方向;同样,德性如果缺乏能力的依托,则容易导向玄虚化,正是德性与能力的统一,赋予自由的人格以现实的形态。

三

前面所述,大致关乎"何为哲学"。与"何为哲学"相联系的是"哲学何为",后者体现于对世界和人的根本性问题的关切和追问。人作为人,总是有大的关怀或终极性的关切。从何物存在、如何存在,到何为理想的存在、人自身为何而在,等等,都属于人需要关切的根本性问题。

历史地看,西方哲学很早就形成了哲学起源于惊异的看法:古希腊的柏拉图、亚里士多德都认为,哲学最初产生于人类的惊异或好奇。如所周知,"惊异"涉及对世界的理论兴趣或认识兴趣,以"惊异"解释哲学的起源,相应地着重从人类的认识兴趣或理论需要来探讨哲学的产生。

与这一思路有所不同,中国古代哲学家更多地从忧患的角度来理解上述问题。中国最早的哲学经典之一是《易经》,在追问、探讨《易经》如何产生的时候,早期哲学家曾提出了这样一个问题:"作者其有忧患乎?"①事实上,这是用问题的方式提出一个正面的见解,这里的"忧患"相对于"惊异"来说,更多地表现为从价值的层面对现实和人生的关切,以"忧患"为哲学之源,相应地主要是从人类的现实需要、价值关切这一角度讨论哲学的起源,这与前面所说的惊异着重于认识兴趣和理论兴趣,形成了不同的哲学视域。不过,在对世界的终极性追问方面,二者又呈现相关性:惊异所体现的认识兴趣并不是对寻常之事的好奇,而是对世界的根本性追问;同样,"忧患"所展现的价值关切,也不仅仅与日常活动相关,而是涉及与人的存在相关的人道等本源问题。这些根本性的追问和关切从不同方面构成了哲学的问题。

就个体而言,在其成长过程中也总是会涉及各种超越性的问题。陆九渊在他三四岁的时候就向他的父亲提出了一个很具有哲学意味的问题:天地何所穷际? 换言之,天地的界限在哪里? 这一问题从今天来说,涉及世界在空间上的无限性问题。朱熹也问过类似问题:幼年时,他父亲指着天告诉他说:"这是天。"朱熹便进一步追问"天的上面是什么?"这既关乎时空的无限性,也涉及所谓超越的问题。王阳明在十二岁时,曾问塾师:何为第一等事? 塾师答曰:考取功名("读书登第")。王阳明对这一回答不以为然,在他看来,天下第一等事应该是成为圣贤("登第恐未为第一等事,或读书学圣贤耳"②)。对"第一等事"的以上追问,同样表现为根本性的关切。相对于世界在时空

---

① 《易传·系辞下》。
② 《年谱一》,《王阳明全集》,上海:上海古籍出版社,1992年,第1221页。

上的无限性而言,以成就圣贤为第一等事更多地具有社会价值关切的意味。以上事实表明,不管是在社会层面还是个体层面,人总是面对世界和人生的根本性问题,哲学的关切则以这一类问题为指向;哲学之外的其他学科,包括知识学科,很少表现出上述本源性的关切。宗教固然也涉及某些根本性的问题,但是它主要是以信仰的方式来面对这些问题,相形之下,哲学对以上问题则更多地表现为理性的追问。

从哲学的历史衍化来说,20世纪初以来,似乎出现了某种与哲学作为智慧之思偏离的趋向。以分析哲学而言,其特点逐渐表现为把哲学引向形式化和技术化。分析哲学讨论问题,往往并非基于现实存在,它对人生的意义等问题,也常常缺乏实质的关切,其推绎每每建立在思想实验之上,而不是以现实存在为根据。此外,分析哲学在研究方式和表述方式上,也渐趋技术化,即使其所作的日常语言分析,也需要以语言学方面的专业训练为前提,这种技术化的工作,已不同于传统意义上的哲学沉思。与"做哲学"方式上形式化、技术化相联系的,是对世界和人生根本问题或多或少的忽略,它往往以形式上、局部性的清晰,模糊了实质上、根本性的问题。在某种意义上,分析哲学对技术层面细枝末节的关注,已压倒了对传统哲学问题的关切。

晚近尚可看到所谓"实验哲学"。实验哲学强调哲学的实证化,它所借助的工具,一是所谓问卷调查,一是所谓科学实验。但是,以哲学家的身份来做这些调查和实验,在相当程度上是以业余的科学家、业余的社会学家的方式从事哲学研究,这种进路,似乎很难真正从哲学的层面把握世界和人自身的根本性问题。哲学当然需要关注经验事实,但它既不是以经验还原的方式,也不是以实验科学的方式展开自身的研究。哲学的实证化趋向对古希腊以来通过理论思维的形式追问世界与人生根本问题的哲学进路,显然有所偏离。

四

从形式的层面看,哲学的意义与人在知行过程中的理性化追求相联系。这里所说的理性化的追求,首先表现为"说理"过程。"说理"在总体上以理性或逻辑的分析、推论为内涵,其具体内容大致展开为两个方面。首先是"使之明晰"(make it explicit),当代哲学家布兰德的一部著作,即以 *Make It Explicit*① 为题。作为哲学层面的思维方式,"使之明晰"既体现于概念的界定、辨析和澄清,也表现为思维过程的条理化、脉络的清晰化。这一意义上的"说理",是把握世界,处理日常事务的必要前提。其次是给出理由,所谓给出理由,也就是在提出某种观点或看法之时,提供一定的根据、进行相应的论证,这一给出理由的过程,使哲学对世界的理解不同于随意的感想或独断的议论,而是表现为一种言之成理、持之有故的过程。个体性的内在感想可以见于小说、诗歌等文学作品之中,但是哲学却很难接受这类缺乏理性根据的感想或断言。

与"说理"相关而又有别的是"讲理"。"说理"与"讲理"之别与"合理"和"有理"或"在理"的区分相联系。这里的"合理"主要是在于合乎理性规则或存在的法则,"在理"则表现为既合情又合理;"说理"更多地与"合理"相联系,"讲理"则较多地关乎"在理"。合理相对于不合理来说,所谓行动计划、施工方案,等等,便存在合理或不合理的问题,其中的实际内容涉及是否合乎存在法则。在理或有理是相对于无理而言,它具体表现为通情达理或合乎情理。通常所说的有理走遍天下,无理寸步难行,便与上述意义上的"有理"或"在理"相

. ① Robert B. Brandom, *Make It Expliciit*, Harvard University Press, 1994.

联系。

　　具体而言，合情合理意义上的"合情"之"情"，涉及两方面的含义，一是实情，即实际的情形，引申为情境；一是情感。从前一层涵义来说，"有理"首先要求合乎真实情形或事物的真实状况，在这一意义上，"讲理"与"说理"是相互联系的，"说理"需基于实然，讲理同样不能罔顾事实。进一步看，合情同时关乎情境，而情境总是具有特殊性，由此便发生了普遍之理和特定情境的关系问题。一般而言，普遍之理无法涵盖一切特殊的情境，唯有对特定情境加以具体分析，才能为普遍之理的运用提供比较切实的前提和根据，使实践过程既不拘泥于一般的抽象原则，也不囿于特定的情境，而是趋向两者的具体沟通。这一意义上的合情合理，同时表现为前文所说的"合宜"。

　　普遍之理与具体情境的结合，基于"情"的"实情"含义。合情合理中"情"的第二重涵义关乎情感，与之相联系的"讲理"不仅仅要求其中的推论、言说有事实的根据并合乎逻辑，而且也意味着所言合情合理，能打动人，并使人心悦诚服、乐于接受。在此意义上，"讲理"与"合乎情理"彼此相通，其内容关乎理性和情意之间的关系，而"合乎情理"则蕴含着与人的内在意愿之间的一致。进一步看，人在社会生活、交往过程中的所言所行，不仅应当合乎逻辑规范或理性程序，而且需要合乎通常所说的"天理良心"，就其实质内涵而言，这里的天理良心可以视为一定共同体在价值观念和价值情感方面的普遍共识，合乎天理良心相应地意味着所言所行与这种普遍共识的一致，后者构成了合情合理的具体要求之一。

五

　　以上所说的讲理，同时渗入了价值内容：事实上，合情合理意义上的讲理,已不仅仅是抽象的逻辑推论过程。从更宽泛的意义上说,哲学总是包含价值关切和引导。在知识的层面,可以主要着眼于逻辑或事实,但在哲学的视域中,没有价值关切的说理、讲理最终都将趋向于空泛。前面曾提到,成己与成物既涉及"如何做",也关乎"做什么",其中"做什么"便与价值关切相联系,这种价值关切同时规定着人的知行活动的价值方向,包括人应当追求什么、人自身应当成为何种存在形态,以及更普遍意义上人与世界应走向何方,等等。

以实质层面的价值关切为指向,哲学在个体之维进一步关联人生意义的探讨,事实上,古今哲学都曾以不同的方式讨论这一问题。孔子曾认为:"未知生,焉知死?"[①]其中所肯定的便是:就存在意义的追问而言,生相对于死具有更为优先的地位。换言之,对孔子来说,唯有真正把握了生命存在的意义,人才能对死的意义有更具体的了解。与之相对,海德格尔将人的存在理解为"向死而在"的过程,这一过程又与对死之"畏"相联系,在他看来,正是对死的这种"畏",使人领略到个体存在的独特性、不可重复性、不可替代性,从而回归真实自我或本真之我。这一思路可概括为"未知死,焉知生",相对于"未知生,焉知死",这里体现的是一种不同的人生进路:如果说,"未知生,焉知死"注重的是人的生命存在,而生命存在又构成了价值创造的前提,那么,"未知死,焉知生"则缺乏这样一种创造意义,二者内含着对价值创造在人生过程中意义的不同理解。

人生意义的关切同时也涉及什么是好的生活,从古至今,哲学家们都在不同层面思考这个问题。对于儒家来说,好的生活就是合乎仁道的生活,仁道原则需要在生活的方方面面得到具体展现。与之相对,对于道家来说,人的存在的理想状态是合乎天道意义上的自然

---

① 《论语·先进》。

状态,这种自然状态往往被视为理想的存在状态,这里同样体现了对好的生活的理解。儒家在后来衍化过程中所展开的"理欲之辨",进一步涉及感性存在和理性本质之间的关系,其中同样关乎人是什么样的存在、如何趋向好的生活。不同个体、学派对好的生活的理解,当然存在差异。然而,我们仍然可以从比较普遍的层面,对何为好的生活形成某种共识。

在基本的价值方向上,可以将好的生活理解为合乎人性的、有利于自由走向的生活。就人的存在形态而言,合乎人性既意味着道家所注重的天性和儒家所注重的德性之间的沟通,或自然的人化和人的自然化的相互关联,也表现为感性和理性、存在和本质、个体性与社会性之间的相互协调。进一步看,这一意义上的人性化存在,同时意味着避免或超越人的物化。人的物化可以视为对人的存在意义的挑战。晚近以来,资本、权力、技术等从不同方面构成了导向人的物化的可能根源。如何应对资本、权力、技术对人性的可能扭曲,是现代社会需要面对的问题。

在社会的层面,往往面临和谐和正义的关系问题,"和谐高于正义"或"正义高于和谐",则体现了对二者关系的不同理解。事实上,社会的合理的形态,离不开正义与和谐之间的沟通。如所周知,正义以"得其应得"为本源的内涵,尽管罗尔斯后来提出了不同的看法,①

---

① 罗尔斯主张作为公平的正义,由此,他反对基于应得(desert)而分配社会资源(参见 J. Rawls, *A Theory of Justice*, Harvard university press, 1971, pp103 - 104)。确实,仅仅依据应得将导致不平等:在天赋和社会条件方面处于有利地位者,往往"应得"更多社会资源。但历史地看,与正义相关的分配只能基于权利,这种分配无法真正达到平等,则从一个方面体现了正义的限度。罗尔斯注意到基于应得的正义无法达到平等,但他的基于自由平等和差异的分配原则本身却显得抽象空洞。事实上,唯有超越正义本身、实现基于需要的分配,才能真正实现平等。(参阅杨国荣:《成己与成物——意义世界的生成》第七章,北京:北京大学出版社,2011 年。)

但从亚里士多德开始,对正义的理解便涉及以上方面,这一意义上的正义,以个体权利的尊重为核心。比较而言,和谐基于对人之为人的内在存在价值的肯定,人与人之间的和谐相处,从根本上说即以彼此承认内在的存在价值为前提。从社会存在来看,以上两个方面,即仁道的关切和个体权利的尊重,都是理想的社会形态应有的内涵。

从更宽泛的层面来说,这里同时涉及不同文明之间的关系,亨廷顿提出文明冲突论,其逻辑前提是不同文明之间存在的差异,往往使之无法共存。由此进一步考察,则面临什么是好的文明形态、如何处理和应对不同文明之间的关系等问题,回应这些问题不仅需要不同文明形态之间的对话,而且离不开从哲学层面上对文明的形态和内涵作深层理解。

概要而言,把握哲学的意义,既涉及对哲学本身的反思,也关乎对世界和人的理解,这种反思和理解,无法离开成己与成物的过程。

如何理解哲学
——对王路教授评论的若干回应

王路教授的《形而上学的实质》①一文虽以"形而上学"为论题，但全文相当的篇幅关乎拙作《如何做哲学》②，其中包含若干与拙文不同的看法，这种不同主要体现在关于何为哲学等问题的理解。这里仅就王路教授文中的相关批评和质疑，做一简略回应。③

① 该文载《清华大学学报》(哲学社会科学版)2017年第3期。
② 该文载《哲学动态》2016年第6期。
③ 本文所涉及的一些本源性哲学问题，我在《道论》(北京大学出版社，2011年)、《伦理与存在》(上海人民出版社，2002年，北京大学出版社，2011年)、《成己与成物——意义世界的生成》(人民出版社，2010年，北京大学出版社，2011年)、《人类行动与实践智慧》(生活·读书·新知三联书店，2013年)、《哲学的视域》(生活·读书·新知三联书店，2014年)等著作中有更为具体的讨论，或可参看。

王路教授首先对我在《如何做哲学》一文中提出的"哲学以追求智慧为指向"提出质疑。在他看来,"'智慧'并不是一个清楚的概念,借助这个概念来说明什么是哲学,注定是有问题的。""'追求智慧'也许描述了哲学的一些特征,但是没有说明哲学的性质。"①鉴此,对智慧及其与哲学的关系作进一步的解释,也许是必要的。

如同不少其他表示哲学概念的语词一样,"智慧"一词也既有日常语义,又被赋予哲学的内涵。在日常用法上,智慧往往与聪慧、明智等词具有相通之处,但作为与哲学相关的概念,智慧则首先相对于知识而言。如所周知,知识的特点主要是以分门别类的方式把握世界,其典型的形态即是科学。科学属分科之学,近代以汉语"科学"(分科之学)翻译"science",无疑也体现了 science 的以上特征。知识之"分科",意味着以分门别类的方式把握世界,如果具体地考察科学的不同分支,就可以注意到,其共同的特点在于从多样的角度去考察世界的某一领域或对象。自然科学领域中的物理学、化学、生物学、地理学、地质学,等等,便分别侧重于从特定的维度去理解和把握相关的自然对象。社会科学领域中的社会学、政治学、经济学、法学,等等,同样主要把握社会领域中的特定事物或现象。无论是自然科学,抑或社会科学,其研究领域、研究对象都界限分明。以上情形表明,在知识的层面,对世界的把握主要以区分、划界的方式展开。

---

① 参见王路:《形而上学的实质》,《清华大学学报》(哲学社会科学版)2017年第 3 期。本文所引王路教授原文,均出自该文,以下不另行注明。

然而,在知识从不同的角度对世界分而观之以前,世界首先以统一、整体的形态存在:具体、现实的世界本身是整体的、统一的存在。世界的这种统一性、整体性,并不仅仅是一个形而上学的思辨观念,而是不断为人的存在本身所确证的现实规定。与这一基本的事实相联系,要真实地把握这一世界本身,便不能仅仅限于知识的形态、以彼此相分的方式去考察,而是同时需要跨越知识的界限,从整体、统一的层面加以理解。智慧不同于知识的基本之点,就在于以跨越界限的方式去理解这一世界。可以看到,这一意义上的"智慧"主要与分门别类的理解世界之方式相对。与之相联系,这里所说的把握世界的整体,主要指跨越知识(科学)的特定边界,而不是达到思辨形而上学意义上的所谓"大全"。以对人的理解而言,作为特定学科的人类学与哲学人类学,便在一定意义上体现了这种差异。

从智慧的层面理解世界,在康德的相关思考中已有所体现。康德在哲学上区分把握存在的不同形态,包括感性、知性、理性,这一论域中的理性有特定的含义,其研究的对象主要表现为理念。理念包括灵魂、世界、上帝,其中的"世界",则被理解为现象的综合统一:在康德那里,现象的总体即构成了世界(world)。① 不难注意到,以"世界"为形式的理念,首先是在统一、整体的意义上使用的。对世界的这种理解,与感性和知性的层面上对现象的分别把握不同,在这一意义上,康德所说的理性,与"智慧"这种理解世界的方式处于同一序列,可以将其视为形上智慧。

对世界的以上理解,与从知识层面分门别类地把握对象,其进路显然有所不同。进而言之,从说明世界的层面看,知识(包括科学)的

---

① 参见 Kant, *Critique of Pure Reason*, Translated by N. K. Smith, St. Martin's Press, New York, 1965, p.323。

特点在于如其所是地把握对象及其规定和法则,智慧则进一步追问这种把握过程是否可能以及如何可能。从人对世界的作用看,知识追问的主要是"是什么"的问题,这一问题与事实相联系,与之相关的首先是"真"的问题;智慧则不仅仅限于事实层面或逻辑、语义层面真的追求,而是同时以善和美为关切的对象,这种关切包含价值内涵,并与"意味着什么"、"应当成为什么"等问题相涉。顺便提及,王路教授认为,"'是什么'乃是哲学或形而上学的基本方式:既是提问的方式,也是回答的方式"。同时,传统哲学与分析哲学尽管存在差异,"但是有一点却是一致的,这就是关于真的讨论。这是因为,真乃是一个语义概念,它是现代逻辑的核心语义概念"。依此,则哲学似乎主要追问"是什么",而后者又限于"真"的探索,这种"真"首先与逻辑和语义相联系。这一看法,主要乃是从知识和逻辑的层面理解哲学,而广义的价值关切则难以在上述意义的哲学中获得应有的定位。

与质疑以"智慧"界说哲学相关,王路教授对"道"与哲学的关联也持存疑立场。我在前述文章(《如何做哲学》)中,曾将智慧的探索与"向道而思"联系起来,王路教授对此评论道:"它的意思似乎是说,道与智慧相关,而智慧与哲学相关,因而道与哲学相关。但是,这种联系只是这一表达方式中字面上的,因而是不清楚的。"这里涉及道与智慧的关系,有必要稍作解说。

如所周知,"道"是中国古代思想中的重要概念,中国古代没有现代意义上的"哲学"和"智慧"等概念,相关的内涵往往通过"道"等概念得到表述。从实质的层面看,不管是西方的"philosophy",还是中国以道为指向的思想,都表现为对"智慧"的追求。中国古代区分"为道"与"为学",后者("为学")关乎知识的进路,前者("为道")则主要与智慧之思相联系。从先秦开始,中国的哲学家已开始对"道"和

"技"以及"道"和"器"加以区分,道家(《庄子》)提出"技"进于"道"的论点,其前提便是区分"技"和"道":"技"是技术性的操作,涉及经验性的知识,"道"则超越于以上层面。与之相近,儒家也对道和具体的器物作了区分。儒家的经典《易传》进而从更普遍的层面谈"道"与"器"的关系,所谓"形而上者谓之道,形而下者谓之器",便表明了这一点。这里的"器",主要指具体的器物,属经验、知识领域的对象,"道"则跨越特定的经验之域,对道的追问相应地也不同于知识性、器物性的探求。可以看到,这一意义上的"道"(不同于"技"和"器"之"道"),与作为智慧之思的对象,具有实质上的一致性,相应于此的"为道",则在于超越分门别类的知识、技术或器物之学,以智慧的方式把握世界。无论是从历史的层面看,还是由理论的角度考察,为道与智慧之思、道与哲学之间的以上关系,似乎并非如王路教授所言"不清楚"。

如后文将进一步提及的,较之从智慧的角度理解哲学,王路教授更趋向于以形而上学为界说哲学的视域。与以上基本立场相应,他对基于智慧的哲学进路提出质疑:"从形而上学的角度说,亚里士多德与柏拉图乃至苏格拉底是有区别的,柏拉图与苏格拉底也是有区别的。但是从追求智慧的角度说,他们之间还会有什么区别吗?"在逻辑上,这里蕴含如下前提:智慧仅仅涉及单一或单向的思维路向,因此,在智慧这一层面,无法将不同的哲学进路区分开来。这一看法似乎忽视了,智慧对世界的把握固然不同于知识,但智慧的探索同样具有多样化、个性化的特点,而非仅限一途。事实上,哲学本身在实质上便表现为对智慧的多样追寻。以王路教授提到的亚里士多德与柏拉图而言,作为哲学家,二者对世界的理解都跨越了知识的界限,表现为智慧之思,但另一方面,二者在智慧之思的层面又呈现注重共相与突出个体等不同向度。

二

如前所述,相对于以智慧说哲学,王路教授更愿意从形而上学的角度论哲学,在强调"智慧"是一个"不清楚的用语"的同时,他一再肯定"形而上学"在界说哲学方面的清楚明白。

何为形而上学?王路教授主要借助"是"来说明:"一门具体学科的研究乃是有具体内容的。比如医学研究什么是健康,什么是疗效,数学研究什么是数,而形而上学研究是本身。这一研究与其他学科的研究无疑是不同的。"形而上学(metaphysics)本与 being 相关,近年以来,being 作为系辞的涵义得到了较多的关注,与之相应的是以"是"释 being 或以"是"表示 being,其甚者,更是一"是"到底。王路教授的以上立场表明,他在这方面大致属以"是"立论者。关于形而上学及其意义,我在 2004 年所作《形而上学与哲学的内在视域》一文中,曾有所讨论,现引录如下:

历史地看,"形而上学"这一概念首先与亚里士多德相联系。尽管亚里士多德从未使用过"形而上学"一词,但其讨论一般存在问题的著作却被后人冠以"形而上学"(metaphysics)之名。在该著作中,亚里士多德将哲学的任务规定为"研究作为存在的存在"(being as being),[1]这方面的内容在亚里士多德之后进一步被规定为一般形态的形而上学,以区别于宇宙论、自然神学、理性心理学等特殊形态的形而上学。[2]

① Aristotle, *Metaphysics*, 1003a25, *The Basic Works of Aristotle*, Random House, 1941, p.731.

② 参见 P. Coffey, *Ontology or the Theory of Being*, Longmans, Green And Co., 1929, pp.20‑21。

形而上学的一般形态与 ontology 大致相当。在概念的层面，ontology 的内涵首先与希腊文 on 或尔后英语的 being 相联系。一般认为, on 或 being 既是系动词(近于现代汉语的"是"), 又表示存在, 与此相应, 在汉语世界中, ontology 也有"是论"、"本体论"或"存在论"、"存有论"等译名。自上个世纪前半叶以来, 主张以"是论"译 ontology 者便时有所见, 而 ontology 亦每每被视为对"on"或"being"以及与此相关的一般概念和概念之间逻辑关系的分析。在以上理解中, being 所包含的"系词"义无疑构成了 ontology 主导的方面。

在词源学上, on 或 being 诚然一开始便与系动词相关, 但就其本来意义而言, 系词本身属语言学及逻辑学的论域; 在系词的形式下, on 或 being 首先是语言学的范畴, 与此相应, 这一层面的研究也更直接地与语言学及逻辑学相关。从哲学的视域看, on 或 being 尽管与语言学意义上的系动词有着本源的联系, 但作为 ontology 论域中的哲学范畴, 它的深沉涵义却更多地关联着存在问题。事实上, 在亚里士多德那里, on 便与实体、本质等具有存在意义的对象难以分离, 中世纪对 being 的讨论, 也总是以存在(existence)、本质(essence)等为其实质的内容, 当代哲学对 being 的研究虽然呈现不同的趋向, 但存在问题仍是其关注之点, 奎因将何物存在(what is there)视为本体论的问题, 海德格尔以此在为基础本体论的对象, 都在不同意义上表现了 being 的存在之义。从理论上看, 以"是"为 being 的主要涵义并将 ontology 理解为"是论", 不仅仅涉及是否合乎汉语表达习惯的问题, 而且关乎语言学、逻辑学与哲学研究的不同进路: 如果将 being 等同于"是", 则或多或少容易以语言学、逻辑学层面的技术性分析, 消解从哲学视域对存在本身的考察。

从方法论上看, 追溯概念的原始语言形态或原始语义无疑是重要的, 它有助于理解有关概念的历史内涵。但如果仅仅以概念的原始词义界定概念本身,则似乎难以把握概念的复杂性和丰富性。就哲学概念或范畴而言,其起源常常与日常或具体知识层面的用法相联系,但日常的语词在成为哲学的概念或范畴以后,总是沉淀、凝结了更为深沉、丰富的涵义,而非其原始的形态所能限定。中国哲学中的"道",其词源便涉及日常语境中的"道路"、"言说"等,但作为哲学概念,它的意义显然已非日常意义上的"道路"、"言说"等所能涵盖。同样,being 在词源意义上固然与系动词相联系,但这一语言学归属并不能成为其哲学意义的唯一或全部依据。亚里士多德已强调,在being 的诸种涵义中,"什么"是其本源的涵义之一,而"什么"又揭示了事物的实体或某物之为某物的根本规定(which indicates the substance of the thing),[①]与实体或某物之为某物的根本规定相联系的上述涵义,显然已非系词("是")所能范围,而指向了更丰富意义上的存在。不难看到,哲学概念的澄明诚然需要联系其原始词义,但不能简单地走向词源学意义上的历史还原;哲学的阐释、诠绎也不应归结为技术层面的历史追溯。[②]

以上看法虽形成于 10 余年前,但对王路教授有关形而上学的论点,可能仍具有回应的意义。这里顺便就现代汉语语境中"是"与"存在"的概念略作申论。按王路教授的理解,"存在"与"智慧"一样,是"含糊不清的"概念,而"是"作为形而上学的概念,则似乎无此问题。然而,这一看法亦需再思考。

在现代汉语中,"存在"既常被用作 being 的译名,也有自身的哲学意义。作为哲学范畴,"存在"在名词的意义上可以指涵盖一切之

---

① 参见 Aristotle, *Metaphysics*, 1028a10, *The Basic Works of Aristotle*, Random House, 1941, p.783。

② 参见拙文《形而上学与哲学的内在视域》,《学术月刊》2004 年第 12 期,该文的相关内容后收入 2011 年北京大学出版社出版的《道论》的导论。

"有"的"大共名"（最普遍层面的概念），也可指个体之"在"，前一意义上的"存在"与世界具有相通性，后一意义的"存在"则可以指特定时空中的对象。在动词的意义上，"存在"则可表示世界或个体的延续、展开过程。以上视域中的"存在"之义，与作为西方形而上学核心概念的 being 也具有相关性①。在西方，哲学之外的生活领域，其运用的系词 be 也包含现代汉语"存在"之意，如所周知，莎士比亚的剧本《哈姆雷特》中便有如下名言："to be, or not to be"，其中的 be 便不能仅仅定位于语法层面的系词，而是包含"存在"之意。海德格尔在《形而上学导论》（*An Introduction To Metaphysics*）中，进一步将"究竟为何是存在者存在而不是无存在？"（Why are there essents rather than nothing?）作为形而上学的基本问题，其中的"存在"（essents/seiendes）与上述汉语之域的"存在"在内涵上具有相通之处。② 这种语义上的关涉，既体现了形而上学与"存在"概念的联系，也从一个方面表明以"存在"概念讨论形而上学问题的合宜性。反之，如前所述，"是"在现代汉语中首先表现为系辞，与之相联系，在现代汉语的语境中，以"是"表述形而上学的问题，容易将哲学层面对形而上学问题的讨论引向语言和逻辑的视域，从而在语法功能的形式层面也许"清楚明白"，但在哲学内涵的实质层面上却可能"含糊不清"。

更具体地看，这里似乎需要对西方哲学传统中的 being 与现代汉语语境中或现代中国哲学论域中的"存在"作一区分。从理解亚里士

---

① 当然，如果更具体地考察，则可注意到，上述现代汉语中的"存在"义，已不完全限于 being，其蕴含的过程义，同时关乎 becoming。与之相应，这一意义上的"存在"，也可以说兼涉 being 与 becoming。考虑到此处论述的相关性，这里首先侧重于"存在"与 being 的相关性。

② 参见 Heidegger, *An Introduction To Metaphysics*, Yale University Press, 1987, p.20。又，其中 essents 德文原文为 Seiendes。

多德以来的西方哲学的传统看,也许以"是"译 to be 或 being 更便于把握其内在的独特意义,但作为现代中国范畴的"存在",已经在近百年的衍化过程中获得了其独特的意义,这一意义上的"存在"既有西方哲学 being 等涵义,又与中国哲学中的道器、体用、本末、有无等相联系,获得了其自身另一种独特的意义。当我们在当代哲学的视野中讨论哲学问题时,具有以上独特涵义的"存在"同样可以成为一个重要的概念:它的概念涵义已非 being 的简单翻译,而是更为丰富,它的理论意义也不限于现代中国哲学,而是可以具有更普遍的意义:也许,它可以在一定意义上成为现代中国哲学贡献给世界哲学的概念之一。

除了将形而上学的对象主要限于"是"本身之外,王路教授还一再将与之相关的研究与"先验性"联系起来:"经验学科研究是的一部分,而形而上学研究是本身,这是关于先验的东西的研究,所以是超出其他学科的。借助经验和先验的区别无疑可以获得关于一般学科和形而上学的区别和认识。""其他学科是关于是的一部分的研究,哲学则是关于是本身的研究。假如从知识性考虑,则其他学科是经验的研究,而哲学是先验的研究。"基于以上看法,王路教授以不容置疑的口气强调:"从形而上学出发,我们可以非常明确地说,哲学是关于先验的东西的研究。"形而上学以及哲学与"先验性"的关联,在这里似乎被视为自明之理。然而,这一论点同样有待分疏。

王路教授之将形而上学以及哲学与"先验性"联系起来,首先在于:依他的理解,"先验"一词比智慧"等用语意思更明确",从而,"通过先验性与经验性的区别,可以获得关于哲学更好的说明和认识"。但是,遗憾的是,从实际的情形看,"先验"与其他概念相近,并非如王路教授理解的那么"明确",对何为"先验"的确认,也往往"掺杂"历史等经验因素。以"天赋人权"、"人是目的"等观念而言,自近代以来，它们常常被赋予先验的形式，如把人视为目的，便被康德视为无条件的绝对命令，与绝对命令相联系，人是目的同时被理解为先验的概念。然而，从社会和思想的现实变迁看，在人类历史的早期，"天赋人权"这一类观念，显然并没有进入人的视野，这些观念在形式上所呈现的"先天性"、"普遍性"，实质上是在近代以来的历史变迁（包括启蒙运动的兴起）中逐渐获得的。这种现象似乎从一个侧面表明，"先验"在其实际的生成和运用中往往渗入了涉及经验的历史因素，从而并不如它在表面上看起来的那么"明确"。另一方面，被视为经验性的对象，又常常可能蕴含与"先验"观念相关的考察。以"社会正义"而言，我在前述文章（《如何做哲学》）中曾提及哲学需要考察这一类问题，而王路教授则认为，这"又回到经验层面"。事实上，作为伦理的问题，"社会正义"同样可以蕴含先验的观念。在《正义论》中，罗尔斯便基于康德先验哲学的立场，对正义问题作了具有先验意义的考察，不仅他所提出的"平等原则"与"差异原则"表现为先验的概念，而且其"无知之幕"的预设，也具有先验性。以上事实多少说明，以"先验"与否区分哲学与其他学科，在理论上未必行得通。

进而言之，作为哲学范畴，"先验"或"先验性"这一概念本身也许可以在相对和绝对的意义上分别加以理解。宽泛而言，个体认识活动发生之前已出现的概念、知识，对于该个体而言都具有先验性，因为这些概念、知识并非源于该个体自身的经验性活动。这一视域中的先验，可以视为相对意义上的先验。与之不同，绝对意义上的先验，则指先于一切经验活动，康德所说的先验，便属后者。当王路教授强调形而上学或哲学研究"先验的东西"时，其中的"先验"显然是就绝对意义上的先验而言，事实上，他在文中引康德为同道，也从一个方面体现了此立场。如康德哲学已表明的，绝对意义上的先验与先天、形式、纯粹等处于同一序列，这种先验形式既非源于经验活动，也非经验世界所能制约。这里可暂时悬置这一层面的"先验"是否能够成立的问题①，仅就其与哲学的关系而言，以此为哲学研究的主要对象，在逻辑上意味着哲学之思主要限于先验或先天形式，而与现实的世界及其内容无涉。这一视域中的哲学也许可以取得清楚而明白的形态，却未免显得抽象、空洞、贫乏，无法使人达到现实的世界。事实上，哲学作为把握世界的理论形态，很难仅仅囿于先验的形式之域。即使注重先验形式的哲学家如康德，也难以如王路教授所言，只研究"先验的东西"。以理论理性或纯粹理性的考察而言，康德固然以先天的知性概念为普遍必然的知识所以可能的条件，但同时又给予感性以相当的关注，对康德而言，感性经验的形成本身虽然仍需先天的时空直观形式，但同时又关乎对象：时空直观形式本身是对象被给予的条件，与这种感性对象相关的质料，显然不同于纯粹的先天形式，但它们又构成了认识的内容（按康德的看法，无此，则认识将是空洞的）。康德哲学以注重先验、形式、纯粹为特点，但即便如此，也无法从哲学中净化一切非先验的因素。如果将视线转向以现实世界本身为指向的广义哲学，显然更难以仅仅将"先验的东西"视为其唯一合法的对象。

从哲学之思看，这里在更内在的层面涉及知识与智慧的关系。前面提及，哲学主要以智慧的方式把握世界，这种形态不同于仅仅以特定对象或领域指向的知识。然而，这既不表明哲学应离开现实的世界，也并不意味着智慧的探索可以与知识完全无涉。王路教授认为，"世界这一概念是清楚的"，这多少意味着以"世界"这一概念讨论哲学问题或哲学对象是允许的。然而，就世界本身而言，道与器、理

---

① 与之相关的讨论，可参见拙著《道论》，北京：北京大学出版社，2011 年，第 116—137 页。

与事、体与用、本与末，等等，并非彼此分离，而是呈现相互交融的形态，世界的以上形态，同时规定了把握世界的方式。具体而言，为了达到真实的世界，哲学一方面需要跨越知识的界限、由"器"进"道"、由用达体，另一方面又需要避免离器言道、体用相分。停留于经验之域，固然难以达到哲学意义上的智慧之境，完全无视经验世界，亦很容易陷入思辨的幻觉。

　　王路教授虽然肯定"世界这一概念是清楚的"，但从强调哲学研究的先验性出发，他对把握真实世界的以上方面似乎未能给予充分关注，在他看来，哲学如果"追问人和世界中那些具有本源性的问题"、追问人的实际"生活过程的意义以及如何达到理想的人生"，便"又回到思考经验的东西上去了"，后者意味着悖离"只研究先验东西"的哲学旨趣。然而，在其现实性上，以真实的世界为指向，哲学在从知识走向智慧的同时，又总是不断地向知识经验与现实人生回归，在此意义上，哲学之思同时展开为一个知识与智慧的互动过程。完全疏离于生活过程和知识经验，往往难以避免哲学的思辨化、抽象化。以人的存在而言，"活着"，是人存在的第一个前提，但活着可以主要表现为生物学意义上生命的延续，在"活着"的这一层面，人与动物并没有根本区别。如果仅仅着眼于人存在的这一前提，则既未能将人与动物区分开来，也没有超越经验的视域。然而，人不同于动物之处，在于动物始终只能以原初的方式生活，而人则希望"活"得更好，并努力实现这种更好的生活理想。对"何为更好的生活"，"如何达到更好的生活"的这种追问和思考，不仅使人区别于动物，也体现了源于经验（"活着"），又升华于经验（在追求"活得更好"的同时展现真善美的价值取向）。

　　当然，王路教授也许会认为，这里所运用的道与器、理与事、体与用、本与末等概念以及真善美的价值追求依然"不清楚"，然而，这些概念在今天固然需要辨析、诠释,但却不能因之将其简单地逐出哲学的王国,事实上,两千多年来的中国哲学,正是在运用以上概念的过程中演进并留下了深沉、丰富的思想资源。而在更普遍的意义上,人类从"活着"出发,通过真善美的价值追求以"活得更好",其间始终蕴含着生活经验与形上智慧之间的互动。哲学领域的概念,本身难以真正做到疏离生活、纯而又纯,如上所论,即使是王路教授特别青睐的"先验",也似乎未能例外。

顺沿以上思路,这里或可对我在《如何做哲学》中的一个提法作一简略解释。在该文中,我借用了庄子"以道观之"的命题,并在引申的意义上指出:"以道观之意味着非停留于经验的层面,而是源于经验又升华于经验。"王路教授对此也提出批评,认为"'升华'是一种比喻说明,是不清楚的。由此我们无法获得关于哲学的清楚认识"。在前述论文中,由于没有对此作具体阐释,确可能引发歧义。就其内在哲学涵义而言,以上所说的"源于经验又升华于经验",与现代中国哲学家冯友兰、冯契等所说的"转识成智"具有相通性,它一方面意味着从真实的对象出发,这种对象不同于完全脱离经验而仅囿于抽象的形式,另一方面又非限于特定的经验规定,而是从现实对象所具有的所有相关方面去把握。以对人的理解而言,仅仅将其视为生物学意义上具有新陈代谢功能的存在,体现的是经验性或知识性的视域;从天(自然)与人(社会)、身与心、理性与情意、群(社会性)与己(个体性)等的统一去把握人,则意味着将人理解为具有多方面规定的真实存在,后者从一个方面体现了"源于经验又升华于经验"的哲学进路。王路教授在评论我的以上论点时,曾有如下追问:"在杨文看来,生活中有经验的东西,也有升华于经验的东西,后者是智慧之思的东西。问题在于,这种东西是什么?"基于以上分析,也许可以对此作如下简要回复:智慧之思指向的"这种东西",即具体、真实存在①,对这种真实存在的把握,则构成了智慧之思本身的内容。

在前述文章(《如何做哲学》)中,我曾提及,"治哲学需要有大的关怀",王路教授对此也不以为然,认为"'大'这一用语又是比喻",其意似乎是:这一类表述意味着远离先天或先验。且不说"大"是否仅为比喻性的表述,即以它涉及比喻而言,也似乎为哲学的讨论所难以免。事实上,正如哲学的论域无法根绝经验一样,在讨论形式或修辞运用上,它也不能彻底拒斥比喻等讨论方式。即使汉语之外的哲学领域,也不能完全避免运用这一类表述方式,如本世纪初 Blackwell 出版的一部哲学概论性著作,便以《哲学:大的问题》(*Philosophy: The Big Questions*)为题。② 这里重要的不是"大"这一类表述能否在哲学中运用,在表述方式的分异之后,实质上蕴含着有关先验与经验、形式与内容之哲学意义的不同看法,后者又进一步涉及对哲学及如何做哲学的不同理解。

三

哲学一方面在实质意义上呈现以智慧追求为指向的特点,另一方面在形式层面上表现为运用概念而展开的理论思维活动。这是《如何做哲学》一文提出的另一看法。在考察当代哲学时,该文进一步指出:如果说,现象学从实质的层面上强化了哲学作为智慧之思这一规定,那么,分析哲学则通过将语言的逻辑分析作为"做哲学"的主要方式而突出了哲学作为概念活动这一形式层面的规定。以此为前

---

① 关于具体存在或真实存在的讨论,可参见拙著《道论》第一章以及拙著《哲学的视域》的相关部分。

② *Philosophy*, *The Big Questions*, Edited by Ruth J. Sample, Charles W. Mills, And James P. Sterba, Blackwell Publishing, 2004.

提，文中同时提道：“分析哲学由强化形式层面的概念活动而导向了实质层面智慧之思的弱化。”王路教授对后一看法提出了质疑，认为它“给人一种感觉，似乎增强概念运作的工作与智慧追求是矛盾的”。这里既关乎特定论点的辨析，也在更广的意义上涉及如何理解分析哲学的问题。①

首先需要说明的是，前文提及的“分析哲学由强化形式层面的概念活动而导向了实质层面智慧之思的弱化”，乃是就分析哲学自身的发展趋向而言，其着眼之点并非“概念运作”与“智慧追求”的关系。如我在上述文章及其他文著中一再提及的，智慧之思与概念分析无法分离。一方面，智慧之思应经过概念分析的洗礼，另一方面，概念分析不能仅仅停留在形式的层面，而是需要有智慧的内涵。这里的智慧，包括对世界现实形态的把握以及价值层面真善美的追求。相对于此，分析哲学往往由强调概念的逻辑分析，进而将概念的这种运作本身作为哲学的主要乃至全部工作，与之相应，如何赋予概念分析以智慧的内涵，往往处于其视野之外。所谓“由强化形式层面的概念活动而导向了实质层面智慧之思的弱化”，主要便是就此而言。

基于以上前提，我在前述文章（《如何做哲学》）中指出：“以语言的逻辑分析为主要取向，分析哲学在关注语言的同时，往往又趋向于限定在语言的界限之中，不越语言的雷池一步。这一意义上的概念的分析，常常流于形式化的语言游戏。分析哲学习惯于运用各种思想实验，这种思想实验常常并非从现实生活的实际考察出发，而是基于任意的逻辑设定（to suppose），作各种抽象的推论，从而在相当程度

---

① 关于语言、概念以及分析哲学的相关问题，更具体的讨论可参见拙著《伦理与存在》第七章（北京大学出版社，2011 年）、《道论》第五章、《成己与成物》第一、二章（北京大学出版社，2011 年），以及《分析哲学与中国哲学》（载《中国哲学史》2009 年第 4 期）。

上表现为远离现实存在的语言构造。当哲学停留在上述形态的语言场域时，便很难达到真实的世界。"对以上看法，王路教授同样提出异议。

在王路教授看来，"分析哲学家们有一个共同的信念：人们关于世界的认识都是通过语言表达的，因而可以通过对语言的分析而达到关于世界的认识"。作为分析哲学的辩护者，王路教授本人也持同样的信念。然而，以上信念无疑需要分疏。对世界的系统认识，确乎常常与语言相联系[①]，但语言形式与世界本身仍需加以区分：语言固然可以成为把握世界的手段，但达到对象的手段不能等同于对象本身，对把握世界的手段的分析，也无法取代对世界本身的把握，正如科学研究可以借助某种实验手段来认识特定对象，但单纯地分析这些实验手段本身，并不足以理解这些实验手段所指向的对象。分析哲学在语言这一层面谈论存在，一方面表明它并未完全撇开存在，而是希望通过语言分析这一方式来把握存在；另一方面它试图把握的，又主要是语言中的存在，后者显然不能完全等同于现实的世界。诚然，在分析哲学的后期，也有不少关于世界或存在问题的讨论，分析哲学中的一些人物，甚至提出各种形态的本体论或形而上学的观念。然而，需要注意的是，当分析哲学讨论世界或存在，并试图建立某种形而上学时，它所关注的重心往往不是世界或存在本身，而是人们在谈论和表达世界或存在时所运用的语言以及这种语言所具有的含义。在斯特劳森的 *Individuals*（《个体：论描述的形而上学》）一书中，这一点便表现得很明显。斯特劳森在该书中区分了"修正的形而上学"和"描述的形而上学"，在他看来，真正合理的进路是对形而上学作描述的研究。所谓"描述的形而上学"，顾名思义，其特点不是研究

---

① 在这方面，直觉、默会之知呈现某种复杂性，它们与语言的关联也非简单明了。为讨论的简捷，暂对此存而不议。

世界或存在本身,而是讨论我们在研究世界或存在时所使用的概念之意义。这一辨析活动体现了对世界认识的形式化趋向。分析哲学中固然也有所谓"整体论"(holism),但此所谓"整体论"并不关心如何把握作为整体的世界或现实存在这一类问题,其注意之点主要指向在语言之域如何理解语言的相关方面,例如怎样将某个词的意义放在前后相关的语境之中,而不是孤立地就单个语词来理解,这种考察方式在总体上并未跳出语言的论域。王路教授在为分析哲学辩护时,曾认为"分析哲学既然是关于世界的认识,也就不会是局限于语言的",但从分析哲学的以上进路看,它确确实实表现出"局限于语言的"的趋向。

与分析哲学相关的是概念的运用和分析,我在《如何做哲学》中,曾对哲学研究还原为哲学史、思想史、学术史的趋向提出异议,并对与之相关的哲学研究叙事化进路表示不赞同。王路教授首先对此表示疑惑:"不知道这种批评针对的是什么?"继而进一步就此提出质疑:"问题在于,无论什么史,不管什么化,难道不是以概念运作的方式进行的吗? 由此也就看出,概念性思考并不是哲学独家的方式。用它大体描述一下哲学的方式也许没有什么,但是以它做论证依据则是会出问题的。"对于王路教授的疑惑,首先或可说明,哲学的叙事化并非无的放矢的忧虑,事实上,从历史上看,这早已不是一种新的现象。黑格尔便曾对他那个时代的类似情形作了如下评论:"现在有一种自然的哲学思维,自认为不屑于使用概念,而由于缺乏概念,就自称是一种直观的和诗意的思维",由此形成的是"既不是诗又不是哲学的虚构"。① 如我已指出的,对概念性思考的这种疏离,在逻辑上往往可能导向哲学的叙事化:哲学本身成为一种思想的叙事,而非对

---

① ［德］黑格尔:《精神现象学》,贺麟、王玖兴译,北京:商务印书馆,1981年,第47页。

现实世界和观念世界的理论把握。

进一步看,概念的运用在某种意义上涉及不同领域和学科,在此意义上,王路教授认为"概念性思考并不是哲学独家的方式",这并非没有根据。不过,尽管不同学科都可能涉及广义的概念,但概念运用的方式却并不完全相同。大致而言,可以区分以智慧为指向的概念分析与基于知识立场的概念分析。在以上提及的还原趋向中,作为归宿的思想史、学术史研究既以历史领域中思想现象与学术现象为考察对象,又主要从历史传承中的文献出发,并以文本语义的诠释为把握相关学术思想的前提,这种考察固然有其学术的意义,但从认识的形态看,它更多地可归属于特定的知识之域,与之相关的概念运用,也首先侧重于历史的内涵。相对于此,在哲学领域,概念的运用不限于历史中某种特定的思想现象或学术现象,而是以现实世界中的具体存在或真善美的价值之境为指向,这一意义上的概念,同时包含智慧的内涵。

如我前此一再提到的,哲学研究的还原趋向背后蕴含的更内在的问题,是哲学限于特定对象,并使自身专门化、知识化。与之相关的是"道"流而为"技"、哲学家成为专家。分析哲学中的一些有识之士,事实上也在某种意义上注意到了后一问题。以其中的重要代表人物塞拉斯(Wilefrid Sellars)而言,尽管其哲学仍未摆脱分析哲学的限度,但他亦已有见于与分析哲学相涉的某些哲学偏向。在谈到哲学与其他学科的不同之点时,他便曾指出:"哲学在重要的意义上没有特定的对象,如果哲学家有这种特定的对象,他们就会转而成为一批新的专家。"[1]与特定的知识不同,"哲学活动的特点,就是注目于

---

[1] Wilefrid Sellars, Philosophy and the Scientific Image of man, in *In the Space of Reason——Selected Essays of Wilefrid Sellars*, edited by Kevin Scharp and Robert Brandom, Harvard University Press, 2007, p.370.

整体"。由此,塞拉斯对仅仅将哲学理解为对已有思想进行分析的观念提出了批评,认为与综合相对的单纯的分析,将导致"琐碎"(a triviality)。① 如果说,对哲学与特定对象、哲学家与专家的区分以反对哲学的知识化为前提,那么,对哲学琐碎化的批评,则似乎涉及哲学还原可能引发的消极后果。

哲学在考察世界的同时,又总是不断进行自我反思,这种反思具体展开于"何为哲学"、"如何理解哲学"等追问之中。历史地看,一方面,无论是古希腊以来的西方哲学,抑或先秦而降的中国哲学,哲学的进路及其形态都呈现多样的特点;另一方面,作为哲学,这些不同的进路和形态又都关乎智慧之思,可以视为对智慧的多样探索。与智慧探索的多样性相联系,对哲学的理解,也可以体现不同的视域,当然,这种不同的理解视域,又无法离开哲学之为哲学的内在品格。

(原载《江汉论坛》2017 年第 8 期)

---

① Wilefrid Sellars, Philosophy and the Scientific Image of man, in *In the Space of Reason——Selected Essays of Wilefrid Sellars*, edited by Kevin Scharp and Robert Brandom, Harvard University Press, 2007, pp.371－372.

哲学：思向何方？

哲学既追问世界,也不断反思自身。这种反思不仅围绕何为哲学、如何做哲学等问题展开,而且体现于对哲学自身走向的思考。就其内在意蕴而言,哲学的走向关联着哲学关切的方向。历史地看,哲学曾以思辨或超验的存在为对象,20世纪以来,哲学则每每面向语言、意识以及特定的社会领域。对以上进路的扬弃,既涉及对"哲学向何处去"的再思,又以面向现实的世界为实质的内容,后者同时意味着关注作为现实世界生成前提与人自身存在方式的"事"。

一

回望现代哲学的演进,不难注意到一个耐人寻味的现象,即哲学的研究往往伴随着各种形式的"哲学终结"论。作为对哲学的一种看法,"哲学终结"论同时内在地包含对哲学命运和走向的理解:从逻辑上说,哲学的终结意味着历史上的哲学已走到尽头,与之相关的哲学进路亦应加以超越。

在这方面,首先可以一提的是海德格尔。对他而言,哲学已经终结:"哲学之发展为独立的诸科学——而诸科学之间却又愈来愈显著地相互沟通起来——乃是哲学的合法的完成。哲学在现时代正在走向终结。"①随哲学终结而来的,是"思"的问题。这里的终结,首先与科学的分化发展相关:哲学的很多问题已经随着科学的发展成为科学领域的问题。海德格尔的如下看法便明确地表述了这一点:"哲学在其历史进程中试图在某些地方(甚至在那里也只是不充分地)表述出来的东西,也即关于存在者之不同区域(自然、历史、法、艺术等)的存在论,现在被诸科学当作自己的任务接管过去了。"②以上观点同时又与海德格尔对"存在者"与"存在"的区分相关,在他看来,传统意义上的哲学(首先是其中的形而上学)主要关注于"存在者",而对"存在"本身却没有给予充分关注。所谓"存在者",可以视为过程之外的不变对象和凌驾于个体的超验存在,与之相对,"存在"则表现为个体及其生存过程,后者在海德格尔那里与所谓"此在"(Dasein)有着内在关联。尽管海德格尔对"思"没有作明晰的界说,但相应于"存在者"与"存在"的区分,哲学终结之后的"思",似乎主要侧重于对上述视域中的"存在"的关注。

在罗蒂那里,哲学终结的思想体现于后哲学或后形而上学的观念。从逻辑上来说,"后哲学"意味着"哲学之后",其中同样隐含着哲

---

① [德]海德格尔:《哲学的终结和思的任务》,《面向思的事情》,陈小文、孙周兴译,北京:商务印书馆,1996年,第60页。

② [德]海德格尔:《哲学的终结和思的任务》,《面向思的事情》,陈小文、孙周兴译,北京:商务印书馆,1996年,第61页。

学终结的思想。就罗蒂的思想系统而言,已经终结或应当终结的哲学,主要与本质主义、基础主义相涉;拒斥这一类的哲学,则意味着走向后哲学的文化。在后哲学文化中,哲学不再是原来意义上的学科,哲学工作则主要表现为文化批评。事实上,罗蒂本人晚年虽未离开哲学专业,却主要在比较文学系任教,这种学科归属,与后哲学文化的观念无疑具有某种一致性。

20世纪的另一重要哲学家是维特根斯坦,他以不同的方式展现了类似趋向。维特根斯坦虽然没有明确地提出哲学的终结,却通过对传统哲学的言说方式以及言说对象的质疑,展现了相关的立场。在早期维特根斯坦看来,传统哲学的问题主要在于对本来应该保持沉默的对象,没有保持沉默,亦即试图言说不可言说者;对后期维特根斯坦而言,传统哲学的问题则在于离开了语言的日常意义,以非日常或形而上的方式运用语言,由此形成种种弊病。与之相应,按后期维特根斯坦的理解,哲学的工作主要在于治疗语言误用之病。不难看到,以上哲学观的逻辑前提,是误用语言的传统哲学应当终结。

如果追溯得更早一点,那么,在恩格斯那里,哲学终结的问题已以一种更明确的形式得到了表述。恩格斯指出:"在这两种情况下(即历史和自然都被视为过程的前提下——引者注),现代唯物主义都是本质上辩证的,而且不再需要任何凌驾于其他科学之上的哲学了。一旦对每一门科学都提出了要求,要它弄清它在事物以及关于事物的知识的总联系中的地位,关于总联系的任何特殊科学就是多余的了。于是,在以往的全部哲学中还仍旧独立存在的,就只有关于思维及其规律的学说——形式逻辑和辩证法。其他一切都归到关于自然和历史的实证科学中去了。"[1]在这里,哲学的终结既表现为科学

---

① 《马克思恩格斯选集》第三卷,北京:人民出版社,1972年,第65页。

不断分化和独立的结果，又与思辨的形而上学（凌驾于其他科学之上的哲学）之寿终正寝相关。随着科学的发展，以往被视为哲学的内容，大多已归入实证科学之域，哲学王国中所剩下的仅仅是关于思维的科学，即形式逻辑和思维的辩证法。

二

可以注意到，上述哲学家从不同的角度提出了哲学终结的问题：或者断定哲学已经终结，或者认为哲学应当终结。不过，就实质层面而言，他们认为已经终结或者应当终结的哲学，主要乃是指历史上的某种特定形态，而不是全部哲学。与之相应，在提出哲学终结的同时，他们又以不同的方式探索在已经终结或应当终结的哲学之外的哲学研究进路。事实上，关于哲学终结的诸种看法，主要意味着以往哲学已穷尽了自身的所有可能，从而，在其框架中难以再有所作为。然而，哲学并非仅仅限于某一或某些形态，对存在的探索，本身包含多样的可能。与历史上既成的哲学"已经终结"这一判断相辅相成的，是对哲学应当是什么或哲学可能具有何种形态的进一步构想和实践，后者体现于哲学形态的转换以及与之相应的不同研究侧重。

20世纪以来，哲学领域中值得注意的现象首先表现为对语言和意识的关注。语言的关注与分析哲学相联系。分析哲学所指向的，主要便是我们在谈论、思考世界和人自身时所运用的语言，对其中的一些代表人物而言，哲学的工作无非是改变语言的形而上运用、回到其日常的用法。与专注语言相联系的是逻辑分析：以语言为对象，以逻辑分析为方法，这两者在分析哲学中紧密结合。这一趋向与前述哲学仅涉及思维及其规律（首先是形式逻辑）的看法无疑具有一致性，它在基于语言的前提下，似乎既呼应了、也部分地实践了哲学仅仅关乎思维的逻辑这一观念。

　　与语言的逻辑分析相关的，首先是概念的辨析和界定：从注重语言的逻辑分析出发，分析哲学强调概念的提出需经过严格的界说，其涵义应明确而清晰；其次是观点的论证：对分析哲学而言，观点与看法必须经过逻辑的论证，不允许独断地"颁布"某种结论。这些研究进路对于推进哲学思维的严密性、清晰性，无疑有积极的意义。然而，在关注逻辑分析的同时，分析哲学不仅对形式化给予了过分的强调，而且在相当程度上将研究仅仅限定于语言的界限之内，而不越出语言的雷池一步。即使涉及所谓形而上学的领域，分析哲学也常常强调他们所谈的形而上学的问题（如"何物存在"）并不关涉物理世界中实际的对象，而主要是语言之中的存在或人们在讨论存在时所运用的语言及其涵义。语言本来是人达到现实世界的手段和方式，而在以上进路中，它则似乎被当作现实世界本身，由此，语言与实际存在之间的关系也在相当程度上被悬置起来：语言成为隔离现实存在的某种屏障。从另一方面看，以上进路在相当意义上主要关注于哲学的言说方式——"如何说"，对于"说什么"的问题则没有给予充分的重视。游离于世界的这种考察方式和手段，往往被进一步引向技术性的层面：语言分析本身每每成为一种技术性的操作手段。

　　较之以语言为指向的哲学趋向，另一种哲学进路更多地与意识相关。哈贝马斯曾区分了 20 世纪的两种哲学形态：其一为语言分析哲学，其二则是意识哲学，后者以现象学为重要代表。现象学当然可以从不同的角度去理解和把握，但对意识的关注无疑构成了其重要特点。尽管现象学的奠基者胡塞尔在早期以反心理主义为旗帜，然而事实上，意识的关切始终构成了其哲学思想的内核。海德格尔已注意到了这一点，在谈到胡塞尔的相关看法时，他曾指出："什么是哲学研究的事情呢？"对胡塞尔来说，"这个事情就是意识的主体性"①。从基本的哲学进路看,胡塞尔赋予纯粹意识以最本源的意义,强调这种意识具有最直接、没有任何中介、不证自明等品格,从而在事实上将其视为终极的存在形态。海德格尔与胡塞尔尽管在不少问题上存在差异,但同时又上承现象学,上述关于"哲学研究的事情"的看法,事实上也体现于其自身的哲学之中。他的基础本体论以"此在"为关注重心,所讨论的具体问题则关乎个体在心理层面的感受,包括烦、操心、畏,等等,这一类生存感受或直接、或间接地都涉及意识之域。对这些意识现象的分析和考察固然也有助于推进对人自身存在的理解,但赋予意识以终极意义,同时也表现出思辨化、抽象化的趋向。

可以看到,单纯的语言分析和意识研究或偏于形式,或止于观念,其内涵既单一而稀薄,又疏离于实在,从而无法真正承担理解和规范现实世界之任。也许有鉴于此,自20世纪后期以来,特别是20世纪70年代罗尔斯的《正义论》问世以后,一些哲学家开始关注政治、伦理等领域的问题,伦理学、政治哲学也逐渐复兴,成为一时之显学,这种趋向至今方兴未艾。以政治、伦理之域为指向,政治哲学与政治学彼此呼应,伦理学则不断向环境、生命等具体领域延伸,形成环境伦理学、生命伦理学等特定理论形态。这一类讨论对于把握相关领域的问题无疑具有推进作用,然而,哲学毕竟不同于某一专门的知识领域,将若干特定的社会领域作为哲学的对象,与哲学之为宇宙人生、性与天道的追问和探求,显然存在距离。

三

20世纪以来的以上哲学趋向,既蕴含着对以往哲学的不满,也表

---

① ［德］海德格尔:《哲学的终结和思的任务》,《面向思的事情》,陈小文、孙周兴译,北京:商务印书馆,1996年,第65页。

现出超越以往哲学的某种努力,但这些哲学趋向自身存在诸多问题,从而也难以避免被扬弃的命运。这种扬弃与对世界的把握紧密联系在一起,而哲学对世界的把握则既涉及形式的方面,也关乎实质之维。

从形式层面来说,这里首先需要关注的是逻辑思维的方式问题。科学基于实验以认识世界,艺术通过形象以再现或表现世界,哲学则以概念为把握世界的手段,后者与广义的逻辑思维有着更为切近的联系。逻辑思维以分析、论证、说理为指向,这一过程既离不开形式逻辑,也需要有辩证的观念。分析哲学在前一个方面(形式之维的逻辑分析)作出了贡献,但是对思维过程中的辩证性质却缺乏应有的注意;中国传统哲学比较关注思维的辩证性质,但在概念的辨析、形式的系统方面,则往往显得相对薄弱。就思维过程而言,其中的说理同样面临有效性的问题。这里所说的有效性(validity),既在形式的层面呈现为命题的可讨论性和可批评性以及论证过程之合乎逻辑的规范和法则,又在实质的层面表现为对现实对象的真切把握。忽视形式逻辑,思想常常或者形似全面,却流于宽泛,无法对相关问题提供切实说明,或者执着于独断之见而无法提供合理的确证;悬置思维的辩证之维,思想则不仅容易在细密的形式下走向片面、琐碎和抽象,而且同样每每偏离于真实的存在。在以上形态下,哲学的理论和观点都难以获得充分的根据。就总体而言,形式逻辑与辩证思维的互补,是实现有效论证和说理的前提条件。

进一步看,逻辑思维最终以现实世界为指向,现实世界则既包含相对稳定的规定,也具有多方面性并展开为变迁的过程。如果说,前者为侧重于形式逻辑的思维方式提供了本体论的前提,那么,后者则赋予辩证的思维方式以形而上的根据。现实世界的以上特点,同时规定了仅仅运用单一的方式无法把握其真实形态。

在实质的层面,走向现实的世界意味着走出语言、意识或特定的存在领域。哲学既无法终结于某一时期,也难以限定于语言、意识或政治、伦理等特定的存在领域。走向现实存在,与人类自身的根本性关切相联系,这些关切体现于具有恒久性或普遍性的问题。就对象而言,有"何物存在"的问题,就人自身而言,则有"为何而在"、"如何存在"等问题。

何物存在? 这一问题实质上所追问的,是何为现实的存在或何为现实的世界。传统哲学,特别是其中的形而上学,同样也在不断探索如何达到或敞开存在,但它们往往离开人自身之在,或者把目光更多地集中于本然对象或本然之物,这种存在作为尚未进入人的知行领域的对象,具有自在的性质;或者以心所构造的思辨产物为指向,将广义之"心"(精神或意识)理解为世界之源。以上哲学趋向,可以概括为"物的形而上学"或"心的形而上学",二者在疏离现实存在方面呈现相通性。海德格尔所批评的关注"存在者"而遗忘"存在"、罗蒂所抨击的基础主义或本质主义,在某种意义上都与以上形态的形而上学相关。

就其现实性而言,真实的世界即人生活于其间的世界,这一世界本身又形成于人"赞天地之化育"的过程。"赞天地之化育"这一表述似乎带有形而上的意味,但其具体内容则不外乎人实际做事的过程。人正是通过现实的做事的过程,逐渐建构起与本然存在不同的现实世界。本然对象的超越,以"事"的展开为前提,人与现实的世界则通过"事"而彼此沟通。在此意义上,世界因"事"而成,对现实世界的追问,则实质上表现为对基于"事"的世界的关切。

做事的过程涉及多重方面,它既展开于天人(人和自然)之间的互动,也体现于人与人之间的交往。天人之间的互动一方面以"制天命而用之"(人对自然的作用)为内容,另一方面又表现为"道法自然"(尊重自然的法则)的过程。在"治自然"与"法自然"的统一中,自在之物(尚未与人相关的存在)逐渐成为为我之物(合乎人的需要和理想的对象),本然的存在则转化为现实的世界。以自然的变革和现实世界的生成为指向,开物成务意义上的"事"构成了本然之物向现实世界转化的中介。通常所说的"事在人为",既肯定了事与人的关联,也从一个方面表明现实世界及其多样的形态离不开人所"为"之"事"。

就人与人之间的交往而言,其形式既涉及宏观或类的层面上政治、经济、军事等活动,也关乎个体之域的日用常行,宋儒所说的洒扫应对,便属生活世界中的日常之"事"。宏观意义上的政治、经济、军事等活动,可视为"事"之大者,通过参与这一类的"事",人既表征了自身为不同领域中的社会成员,也展示了自身在历史演进和社会秩序建构过程中的作用,所谓"人事有代谢,往来成古今",也从一个方面体现了以上过程。日常展开的社会交往和其他活动虽不同于宏观领域之"事",却构成了生活世界生成的前提,从家庭之内,到公共空间,人在存在过程都无法摆脱多样之"事",孟子所谓"必有事焉"[①],也表明了这一点。

人通过做事而创造现实世界的过程,也就是人自身的存在过程,不妨说,人的存在即展开于做事过程。广而言之,正是在做事的过程中,人制造和运用工具;在做事的过程中,人具有了把握对象和彼此交流的需要,由此推动语言的出现;在做事的过程中,人不断地获得并提升自身的理性能力。人的相关品格,包括制造和运用工具的能力、语言的能力、理性的能力,等等,都形成于以上过程,而人自身则相应地成为所谓制造工具的动物、理性的动物、语言的动物。对人而言,"事"具有本源性,它既发生于生活世界之中,又展开于生活世界之外。人自身则不仅以做事为自己的存在方式,而且与"事"所产生的结果息息相关:通过

---

① 《孟子·公孙丑上》。

做事,人既获得了满足自身需要的各种社会资源(事物),也积累了多方面发展所需的自由时间;做事既成就世界,也成就人自身。

要而言之,"事"既是现实世界生成的前提,也是人自身的存在方式,对于这一过程,不同学科可以从不同的角度加以考察。比较而言,具体学科,包括自然科学、社会科学,主要着重关注于人类做事过程中的某一方面、某一领域,或相关的特定对象。从更本源的意义上对此加以追问,则是哲学的使命。如前所述,人类走向现实存在的过程,总是伴随着与人类自身存在相联系的根本关切,这些关切体现于人"为何而在"、"如何存在"等恒久性问题,后者并非仅仅表现为超验的形上追问,而是始终关联着作为人存在方式的做事过程。事实上,关注基于"事"的现实世界,同时意味着反思人的做事过程:"为何做事?""成就何事?""如何做事?"前二者关乎做事的价值目的和价值方向,后者则涉及做事的方式。关于"事"的这种追问与前述关于存在的终极追问,本身难以相分:一方面,在"为何做事、如何做事"的追问背后,是更为根本的人"为何而在、如何存在"的问题;另一方面,终极意义上人"为何而在、如何存在"的问题,又具体落实在"为何做事、如何做事"的现实关切之上,二者呈现相互交融的形态。

如前所述,"哲学终结"之论内含如下预设:以往哲学已穷尽了各种可能,在其形态下哲学本身再难有作为。然而,以现实的世界为指向,以人自身的"事"与"为"为具体的关切,哲学不仅展示了广阔的发展空间,而且蕴含着无尽的衍化可能:这里既存在着众多富有意义的问题,也召唤着多样的智慧之思。

四

从哲学层面上对现实世界的探究和追问,不仅涉及思想之流,而且关乎现实之源。

就思想之流而言,这里首先面临历史和理论间的互动。哲学的问题往往"古老而常新",在这方面,哲学不同于科学:在科学的发展过程中,已经被解决并有了确定答案的问题,常常不再被提出来加以讨论。在哲学的领域,问题很少可以获得一劳永逸的解决,至矣、尽矣的答案,与哲学的本性无法相容。无论是对象层面的"何物存在",还是人自身层面"为何而在"、"如何存在",以及与后者相关的"为何做事、成就何事、如何做事",都是具有恒久意义的问题,对其追问和探究,也伴随着哲学自身的演进过程。每个时代的哲学家每每站在他们所处的特定背景之下,一方面上承前人的思维成果,另一方面又对历史中的问题作出新的理解、回应。问题和回应的这种历史延续性,也从一个方面展现了哲学的历史和哲学的理论之间的相关性。可以看到,哲学在探究现实世界的过程中,总是无法离开史与思之间的相互作用。

历史步入近代以后,哲学对相关问题的思考,离不开比较的视野。对近代以来的中国哲学而言,这里所涉及的首先是中西哲学的比较。在中、西哲学刚刚相遇之时,人们所关注的通常是如下一类问题:中国哲学如何、西方哲学怎样;什么是二者的共通之处、何者为它们的差异之点,如此等等。不难看到,这种视域所侧重的,不外乎同异的比较。这一类的比较研究对于具体把握中西哲学各自的特点,无疑具有积极的意义,然而,仅仅停留于此,显然容易流于表面、静态的罗列。

在更内在的层面,比较研究的意义关联着创造性的哲学思考。在面向现实世界的过程中,"何物存在"、"为何而在"、"如何存在",以及作为后者体现的"为何做事、成就何事、如何做事"等哲学追问,既具有终极意义,也包含普遍之维,后者(普遍之维)意味着不同的哲学传统在敞开存在的过程中，常常面临着类似或相近的问题，其思维成果也包含相互激荡、彼此借鉴的可能。这样，一方面，在不同的文化背景和历史传统下，中西哲学形成了各自的风格和特点；另一方面，作为哲学，二者在关切的问题上又有相通之处。如果说，前者使哲学的比较成为必要，那么，后者则为哲学的会通提供了可能。哲学既以真实的存在为指向，又展开为不同的进路，从而可以视为对真实存在的多样探索。历史地看，哲学在其演进过程中，确实形成了多元的智慧，后者同时为今天的思考提供了多样的思想资源。事实上，如何运用人类文明发展过程中积累的多元智慧来进行创造性思考，是今天的哲学探索所无法回避的问题。在不同文明传统已经彼此相遇的背景下，哲学无法仅仅停留在某种单一的传统之中，相反，它需要基于丰富、多元的智慧资源，以使自身在深度和广度上不断得到推进。以此为前提，便不难注意到，哲学比较的真正意义，在于为今天的思考提供多元的智慧资源，而比较研究的过程，则同时表现为运用这种多元的哲学智慧进行创造性思考，以更为深入地把握现实的世界。

从更广的层面看，比较研究也为哲学的演进提供了世界的视野。在哲学的领域，世界的视野意味着超越地域性的特定文化背景和文化传统，从"世界"的角度来理解和看待这个世界本身。在相当长的历史时期，中西哲学是在不同的文化空间、历史背景以各自独立的方式发展，这种不同的文化空间、历史背景往往在相关的哲学思考中留下自身的特定印记。从某种意义上说，在历史成为世界历史之前，人们拥有不同的世界，在历史成为世界历史之后，人们则开始走向同一个世界。"世界的视野"意味着在共同的世界之下，展开对世界的思考和理解。以世界历史的形成为背景，中西哲学的相遇本身也具有了世界性的意义，而与之相关的比较研究，则进一步推进了哲学研究中世界视野的形成。在世界的视野中,哲学一方面呈现多样的品格,另一方面又不断展现世界的意义。

史与思、中西比较以及与之相关的多元智慧资源和世界的视野,更多地呈现为哲学发展过程的思想之流。在走向现实世界的过程中,哲学既关乎思想之"流"层面上的历史与理论间的互动、不同的理论资源和不同哲学智慧间的彼此激荡碰撞,也离不开现实之"源",后者具体地关联着历史的发展和时代的变迁。哲学对世界的把握,本身总是基于现实之源,这里不仅关乎以自然为指向的科学之域,而且涉及不同的社会领域。哲学的发展自始便难以与科学相分离,就哲学与科学的关系而言,一方面,如恩格斯和海德格尔所已注意到的,随着历史的发展,哲学的不少领地已逐渐让位于科学,另一方面,科学发展本身又给哲学提出愈来愈多的问题。以所谓信息时代而言,伴随着这一时代的到来,如何理解虚拟实在已成为无法回避的问题。虚拟实在作为存在的一种形态,无疑关乎形而上学之域,但它与传统形而上学的对象又有所不同。在更具体的科学形态中,诸如基因、克隆、人工智能、赛博格(Cyborg)现象以及其中的伦理问题,也是哲学面临的新的问题,如此等等。

从更广的社会领域看,在全球化时代,联合国、欧盟等国际组织的出现,它们自身的限度,以及运行过程中出现的问题,使传统哲学关于人类"大同"的思想获得了新的意义,大同理想是否可能和如何可能,成为新的历史条件下需要面对的问题。此外,基于各种形式的民族纷争、宗教分异,以及由意识形态的对抗而形成的国际冲突,使"为万世开太平"或"永久和平"是否可能和如何可能,也成为具有现实意义的问题。

进而言之,现代社会往往面临技术、权力、资本对人的限定。在缺乏合理价值引导的背景下,科技的发展每每使当代社会面临着走向技术专制之虞：从日常生活到更广的社会领域，技术愈来愈影响、支配乃至控制人的知与行。权力的过度扩展，往往把人的自主性和人的权利置于外在强制之下。资本的泛滥，则将金钱、商品推向前列，而人则相应地成为金钱、商品的附庸。从"何物存在"的角度看，以上现象表现为因"事"而成之现实世界的异化；就"为何而在"、"如何存在"，以及作为后者体现的"为何做事、成就何事、如何做事"而言，这些现象则意味着人自身的存在疏离于合乎人性的价值方向，它们既使"何物存在"、"为何而在"等哲学追问变得更为急切，也使如何应对以上历史现象成为愈益紧迫的哲学问题。思想和时代的以上背景在为哲学的发展提供内在推动力的同时，也使哲学本身在回应现实问题的过程中不断思向存在的深处。

（原载《社会科学》2017 年第 3 期）

人与世界关系中的感受

人既追求对世界的说明和理解,也以不同的方式感受世界①。说明世界主要关乎广义上的"是什么",感受世界则涉及世界对人"意味着什么"。这种意味可以是多方面的,包括艺术的、宗教的、伦理的、科学的,等等。在人与世界的关联中,感受构成了重要的方面。人不仅关切存在何种世界,而且感受到这个世界对人的意义,后者进一步引向对世界的规范和变革。

一 感受：意义与意味

从哲学的视域看,感受所涉及的主要不是存在自

---

① 本文讨论的"感受"作为动词近于"affectively experiencing",作为名称则近于"affective experience"。

身的规定,而是存在对于人的意义或意味,这种意义和意味既表现为日常意识中的可欲、可悦、可畏,等等,也以真、善、美等价值的形态呈现。与此相联系,感受可以视为以存在对于人的意义和意味为内容的意识,其呈现形式则包括日常体验、内含意义确认的评价等等。①

上述论域中的感受首先有别于认知意义上的感觉。这不仅仅表现在认知意义上的感觉基于感官与对象的互动,感受则不限于感官活动,而且更在于认知意义上的感觉具有分析性的特点,感受则与之有异。相应于感官的不同功能,认知意义上的感觉方式及其内容,常分而别之:与耳相关的听觉、与眼相关的视觉、与口相关的味觉等等,都彼此相分。比较而言,感受更多地呈现综合性的特点,其中不仅包含情感、意愿、理性、直觉、想象等意识形式,而且以理性与情意、体验与直觉、直观与想象、认知与评价之间的交融或交织为存在形态。情感、意欲、意愿、想象、感知、理性诸方面在感受中的相互关联既表现为不同规定之间的互动,也体现了感受本身的综合性。②

作为综合性的意识,感受具有意向性。以关乎对象为特点,感受所内含的意向性表现为二重形态。首先是面向世界或指向对象。感受虽以观念为形式并生成于内,但又同时指涉对象。以审美趣味为内容,美的感受关联审美对象;以爱或恨为形式,感受指向所爱或所恨的对象;在善言善行所引发的感受中,相关的言和行同时成为关涉

---

① 黑格尔曾在人类学和灵魂的论域中讨论感受,这一意义中的感受主要被理解为直接的、孤立的、偶然的、片面主观的心理现象(参见[德]黑格尔:《精神哲学》,杨祖陶译,北京:人民出版社年,2006年,第97—102页)。本书所说的感受着眼于更广的哲学视域,从而不同于以上论域中的感受。

② 这里的"分析性"和"综合性"是在借喻的意义上使用的。如上所言,此所谓"分析性"近于"分而别之"、"区分"等,"综合性"则略同于"关联"、"整合"等。上述意义上的"分析"和"综合"有别于严格意义上"分析命题"、"综合命题"论域中的"分析"与"综合"。

的对象,如此等等。在引申的意义上,感受所涉及的意向性进一步体现为源于对象。以"情"而言,中国哲学中的"情"既指实情、情境,又指情感,作为感受的个体情感并非凭空而起,它与具体的情境往往存在多方面的相关性,所谓触景生情、因境生情,便体现了这一点,情与景、情与境的这种关联,折射了感受因物而起的特点,后者从感受之源这一方面,展现了其意向性特点。

与意向性相联系的,是感受的返身性。意向性体现了感受与对象世界的关联,返身性则表现为个体自身的所感所悟、所知所觉。单纯的意向性,并不构成感受。按其本来形态,感受乃是"感"与"受"的结合:一方面,它涉及以"感"的形式表现出来的人与对象的相互作用;另一方面,它又包含返归和面向人自身的切己体验和所思所悟。也就是说,它总是既指向外在对象,又返身切己。黑格尔在谈到"精神的内在化"时,曾指出:"在理智使对象从一个外在东西成为一个内在东西时,它内在化着自己本身。这两者,——使对象成为内在的和精神的内在化,是同一个东西。"①这里同样涉及意向性与返身性的关系:意向性的特点在于指向对象,并进一步使之化为意象和意念;返身性则表现为意识的自我明觉,所谓"精神本身的内化"便涉及后一方面。

在诗所展现的意境中,感受的返身性得到了形象性的体现。"感时花溅泪,恨别鸟惊心"②,作为对象的"花"引发人之"感",这种"感"并非仅仅表现为外在的作用,而是同时渗入了主体自身真切的体验,并相应地呈现为返身性的感受;同样,鸟的惊飞可以触发离情别意,但以离愁形式呈现的感受既非仅仅因物(鸟)而起,也非单纯指向对

---

① [德]黑格尔:《精神哲学》,杨祖陶译,北京:人民出版社,2006年,第251页。
② 杜甫:《春望》。

象。广而言之,从人与对象的关系看,人并非消极地受制于对象,如果缺乏返身性的意识内容,则物之所"感"将导致"人化而物":"夫物之感人无穷,而人之好恶无节,则是物至而人化物也。"①"人化物"即人的物化,自我本身则将由此趋于失落,后者意味着感受的主体被消解。以上关系从否定的方面表明了感受与返身性的关联。

黑格尔曾认为,"感受更多地强调感觉活动中的被动性方面"②。如后文所述,事实上,感受并非仅仅限于感觉。就其以对象的存在为前提而言,广义的感受无疑具有被动性,然而,前文已提及,感受既关乎"感",也涉及"受",无论"感",抑或"受",都包含能动性的一面,这种能动性不仅与意之所向(意向性)相联系,而且关联着渗入于感受中的返身性,上文提及的避免"人化而物"已从一个方面表明了这一点。如果说,意向性在指向对象的同时又涉及对外在影响的回应,那么,返身性则与内在的体验、反思、接受等相联系,二者从不同的方面体现了感受的能动性。概要而言,作为综合性的观念形态,感受具有受动与能动的不同规定性。

以意向性和返身性的交融为内容,感受同时展现为心物之间的互动。从人的日常存在看,觉得冷或热,是常见的感受,这里既有外部世界气温的变化,也有人自身之体验。外部世界的气温,可以用温度计加以测量,个体自身的冷热感受,却不能还原为对象性的规定,正如在光与视觉的关系上"目遇之而成色",在空气与人之感受的关系上"身触之(空气状况)而成温(冷或热的感受)"。可以看到,指向物理层面空气状况(气温高低)的意向性与表现为个体自身冷热感的返身性在此彼此交错,感受则由此呈现二重性。在音乐中,以心物互

---

① 《礼记·乐记》。
② [德]黑格尔:《精神哲学》,杨祖陶译,北京:人民出版社,2006年,第117页。

动为形式的"感"取得了更具体的形态："乐者,音之所由生也,其本在人心之感于物也。""非性也,感于物而后动也。"①"人心之感于物"既以物的存在为前提,又以人心的作用为条件,它从音乐的层面表现了感受过程中心与物的相互作用。

当然,在感受中,意向性与返身性可以有不同的侧重。以同情(sympathy)和同感(empathy)而言,二者都是表现为情感的感受,但同情(sympathy)首先指向对象(对他人的情感态度),从而更多地表现为一种意向性;同感(empathy)则以感同身受为特点,从而较多地与返身性相联系。不过,两者并非截然相分:同情固然首先指向对象并相应地呈现意向性,但同时也以自我的情感体验为内容,从而包含返身性;同感诚然首先表现为感同身受、返身接纳,但同样涉及相关对象,并内含意向性。不难注意到,作为感受,同情和同感虽然有不同的侧重,但都包含意向性与返身性。宽泛地看,广义的意识既呈现意向性和返身性二重品格,又有不同的侧重。以内省意识而言,其内容固然关乎相关对象,但同时又更多地体现返身性的特点;比较而言,观察中所渗入的意识,则既与反思相关,又首先以意向性为内在趋向。感受(包括同情和同感)作为意识的具体形态,无疑也体现了意识的以上特点。

感受所内含的意向性与返身性二重品格,往往未能得到哲学家的充分关注。以黑格尔而言,在谈到感受时,黑格尔认为,"感受的内容要么是一个来源于外界的,要么是一个属于灵魂内心的;因而感受要么是一个外部感受,要么是一个内部感受"②。在以上区分中,所谓

① 《礼记·乐记》。
② [德]黑格尔:《精神哲学》,杨祖陶译,北京:人民出版社,2006年,第101—102页。

"外部感受"在逻辑上似乎主要与意向性相涉,"内部感受"则更多地关联返身性。这一看法显然既忽视了感受本身的统一性,也未能注意到其中意向性与返身性的相关性。现象学的奠基者胡塞尔也曾论及感受,与黑格尔有所不同,从总体上看,他延续布伦塔诺的思路,侧重于肯定感受与意向的关联:"在我们普遍称之为感受的许多体验那里都可以清晰无疑地看到,它们确实具有一个与对象之物的意向关系。"①由此,胡塞尔进一步对布伦塔诺的相关观点作了阐释:"布伦塔诺就已经在阐释有关感受的意向性问题时指出了这里所讨论的歧义性。他将——尽管不是用这些表述,但根据其意义上是如此——痛感与快感('感受感觉'Gefuhlsempfindung)区别于在感受意义上的疼痛和愉快。前者的内容——或者我干脆说,前者——被他看作是(在他的术语中)'物理现象',后者则被他看作是'心理现象',因而它们属于本质不同的更高属。这个观点在我看来是完全确切的。我只是怀疑,感受被这个词的主导含义趋向是否在于那种感受感觉,并且,那些被称之为感受的杂多行为是否由于那些本质上与它们交织在一起的感受感觉才获得了这个名称。当然,人们不能把属于的合适性问题与布伦塔诺之划分的正确性问题混为一谈。"②在此,胡塞尔承继布伦塔诺,将感受的意向性与"感受感觉"联系起来,而后者又首先关乎物理现象。从逻辑上说,这里突出的主要是感受与对象的意向关系,而感受所内含的返身性,则未能获得实质上的定位。对感受的以上理解,似乎很难视为对其全部内涵的把握。比较而言,在广义的现象学系统中,海德格尔所说的"畏"、烦,等等,似乎同时体现了感受的

---

① [德]胡塞尔:《逻辑研究》,倪梁康译,上海:上海译文出版社,1998 年,第 427 页。

② [德]胡塞尔:《逻辑研究》,倪梁康译,上海:上海译文出版社,1998 年,第 432 页。

返身性特点。

从言和意的关系看,感受与语言相涉,但比语言更丰富:语言往往无法表达感受的全部内容。以审美感受而言,不管个体获得何种审美体验和感受,常常都无法完全以语言的形式表达和传递。"山中何所有,岭上多白云。只可自怡悦,不堪持赠君。"①这里的"怡悦",可以视为自我的感受,它源于对象(白云)而又指向对象(白云),但对象(白云)作为感受的内容,却难以通过语言来传递。所谓"只可自怡悦,不堪持赠君",便表明了这一点:其中"不堪持赠"者不仅仅关乎作为对象的白云,而且包括相关感受中无法言传的方面。类似的看法也见于陶渊明的如下诗句:"山气日夕佳,飞鸟相与还。此中有真意,欲辩已忘言。"②这里的"真意"既关乎自然之境,也涉及人自身的真切感受,"欲辩已忘言"则表现了这种感受超乎语言的一面。同样,个体精神世界中喜怒哀乐等情感体验,虽有可描述、形容的一面,但它们作为特定个体在特定情境中的感受,同时又包含难以用语言传达和传递之维。引申而言,在生离死别之际,相关个体固然可以用诗文、书信等形式表达自己的内在感受,但这种感受对于特定个体所具有的切己性和独特内涵,却非言词所能完全传达。

进一步看,感受既无法限定于语言,也难以还原为语言。维特根斯坦对感觉层面的疼痛感的理解,已注意到这一点:"'我疼'并不是指疼痛行为,而就是疼痛行为。"③"疼痛"属自我的感受,当个体处于疼痛状态时,"我疼"作为感受并非仅仅指称疼痛,而就是疼痛本身的显示。换言之,这里的感受已不同于语言行为,而是一种存在状态:

---

① 陶弘景:《诏问山中何所有赋诗以答》。

② 陶渊明:《饮酒》。

③ [英]维特根斯坦:《维特根斯坦论伦理学与哲学》,江怡译,杭州:浙江大学出版社,2011 年,第 53 页。

以意义(疼)为内容的意识,在此与人的存在融为一体。从中,同时可以看到身与心之间的相关性:感受作为个体的意识,属广义之"心",但作为人的存在状态,又与身无法相分。身与心在存在形态层面的关联,既展现了感受的个体性规定,也显现了其形而上的意义。

二 体验与评价

以意义和意味为内容,感受既关乎精神世界的不同形态,也涉及意识把握存在的不同方式。通过感受,存在进入人的意识,并呈现多样的意义或意味,意义的呈现方式与感受本身的形态之间具有内在的相关性。

宽泛而言,感受首先以体验的形式呈现。作为感受的初始形态,体验具有直接性、自发性。在感觉的层面,缘于内外原因的疼痛、劳累之后的休息所引发的舒适感、干渴之后饮水所获得满足感,等等,其性质虽有否定(疼痛)和肯定(舒适感、满足感)等差异,但都表现为直接的体验。中国传统哲学所说的"好好色"(美丽的颜色引发的愉悦)、"恶恶臭"(难闻的气味引发的憎恶),也属这一类体验,其特点同样在于直接性、自发性。体验层面感受的直接性,意味着无理性推论等中介,自发性则表明未经反思。前面提到的疼痛感、满足感以及"好好色"、"恶恶臭",都既无理性推论的中介,也非基于反思,其直接性、自发性亦体现于此。

感受以身心为一、心物交融的方式接纳存在,由此形成独特的意义世界。在"体验"这种自发的的感受中,意义世界也呈现非反思的形式。对象层面的所"感"与自我之维的所"受"、存在的形态和内在的体验彼此合一,从另一方面展现了感受的综合性。体验所内含的这种综合性,使初始形态的感受具有某种模糊性或混沌性,后者同时构成了与体验相关的意义呈现和意义世界的特点。然而,对感受的以上特点,一些哲学家却未能予以注意。胡塞尔在谈到体验时,便仍以明晰性为其特征,认为在感受这一类体验中,"人们应当仍忠实于'一切原则中的原则',即完全的明晰性是一切真理的尺度"①。这一看法似乎很难视为对以体验形式呈现的感受与意义之间关系的真切把握。事实上,感受的以上综合性与混沌性既体现了感受本身的真实形态,也展示了意义世界呈现方式的多样性和丰富性,肯定这一点,意味着更具体地理解感受以及与之相关的意义世界。

从心物关系看,感受往往因境而生。然而,在自发的形态下,感受与外在情境的关系常常并不以明晰的形式呈现,在忽然袭来的愁绪、莫名的忧郁等意识现象中,每每可以看到此类感受。这种"无缘由性"既从一个方面显现了自发形态感受的特点,也体现了感受与个体内在意识的切近性。不过,以上感受尽管似乎远离外部存在、纯然由内而生,但并非与个体的存在境域完全无涉。如果不限于当下或孤立的存在情境,而是从更广的存在过程和存在之境加以考察,那么,以上感受的根据便或多或少可以得到追溯。即使这类感受因个体心理原因而发生,也可以从相关个体的身、心以及所处社会环境等存在形态加以分析。可以看到,感受的自发性和感受的可理解性并非彼此相分:在自发的形态下,感受仍具有可理解性。

作为人的内在意识,感受当然并不仅仅以自发性为其形态。在谈到意识的不同形式时,《淮南子》曾指出:"感乎心,明乎智,发而成形,精之至也。"②在引申的意义上,这里的"感乎心"可以视为直接

① ［德］胡塞尔:《纯粹现象学通论》,李幼蒸译,北京:商务印书馆,1992年,第193页。

② 《淮南子·缪称训》。

的、自发形态的感受，"明乎智"则意味着超越自发而取得了较为自觉的形态。较之自发形态的体验，自觉形态的感受更多地以评价为其形式。从把握世界的方式看，评价不同于认知。认知以如其所是地把握存在为指向，评价则侧重于确认存在对人的意义和意味，在以对象对于人的意义为内容而非关注对象自身的规定这一方面，评价体现了感受的一般特点，不过，在评价这一层面，存在意义的显现与个体自觉的意义取向（包括肯定或否定、认同或拒斥，等等）之间已形成内在的关联，这种关联使之不同于初始的体验。

孟子在谈到理义与心的关系时，曾指出："口之于味也，有同耆焉；耳之于声也，有同听焉；目之于色也，有同美焉，至于心，独无所同然乎？心之所同然者何也？谓理也，义也，圣人先得我心之所同然耳。故理义之悦我心，犹刍豢之悦我口。"①"心之所同然"侧重于观念的普遍性，"悦我心"则关乎个体感受。声、色、味属感性规定，由此引发的感受，也具有自发的、感性的性质。相对于此，理义处于理性的层面，"理义之悦我心"也不同于感性之维的体验。需要注意的是，这里的"悦我心"并非表现为对外部世界的说明，而是侧重于个体自身的感受，以理义为所"悦"的内容，则使这种感受同时具有理性和自觉的形态。在孟子那里，与理义相联系的"心"也就是所谓"是非之心"，这里的"是非"首先具有价值意义，涉及价值层面的对错、善恶，"是非之心"则相应地主要涉及对相关对象价值意义的评价。在"理义之悦我心"的感受形式之后，便蕴含着上述意义上的评价：心之形成愉悦的感受，与形成合乎个体价值取向的评价彼此相关。宽泛而言，作为感受初始形态的体验也关涉评价性的内容，但这一形态的体验往往缺乏与"理义"相关的自觉内涵。

---

① 《孟子·告子上》。

以道德感、审美意识等为形式，感受的自觉形态得到了更具体的呈现，而其实质内容则同样关乎评价。以道德感而言，作为超越了单纯感性体验的感受，道德感包含对道德行为以及道德规范的理性把握，渗入了向善的精神定势，并体现了对合乎道德之现象的情感接受和认同。在指向具体行为和人物的道德感中，理性的把握、向善的定势、情感的认同等之间的交融，乃是基于相关的道德评价。"贤哉，回也！"①这是对颜回人格完美性的确认，其中同时渗入具体的道德感受，包括肯定、赞赏、认同，等等，后者与上述理性的把握、向善的定势、情感的认同具有一致性，并表现为综合的精神形态，这种综合的形态又通过评价而得到呈现："贤哉，回也"在形式上本身即表现为一种评价。

就道德领域具体的行为或现象而言，其本身并不直接地显现道德或非道德的性质，唯有从一定的价值取向出发，将道德原则或规范引用于其上，相关行为或现象才呈现正面或负面的道德意义，并进一步在主体中引发道德感。特定行为和现象与个体所接受的道德原则、已形成的道德取向之间的沟通和关联，往往基于道德的评价。这种评价不一定以明晰的形式呈现，其实际的形态常常取得简缩的形式。在对具体境域中的人与事的肯定、赞赏中，往往蕴含着"他人格高尚"、"这是正义之举"这一类评价，与之相关的道德感受，也由此获得了某种自觉形态。

在道德的层面，感受往往呈现近乎自然的形式，传统儒学一再肯定"好善当如好好色"、"恶恶当如恶恶臭"，便体现了这一点。如前所述，"好好色"、"恶恶臭"属感性之维的体验，具有直接、自发的特点，"好善"、"恶恶"则属道德的感受，要求"好善"如同"好好色"、"恶

_____

① 《论语·雍也》。

恶"如同"恶恶臭",意味着赋予道德感以自然的形态。不过,应当指出的是,这里的"如好好色"、"如恶恶臭"不同于自发,它乃是以达到自觉为其前提,因而可以视为经过自觉而达到的自然。尽管这种感受没有以显性的形态呈现自觉品格,但其自然形态已扬弃自发的趋向。

同样,审美感受或美感也不同于自发的体验。黑格尔曾指出:"美因此可以下这样的定义:美就是理念的感性显现。"[1]这里的理念涉及理性的观念,理念的感性显现则既指理性观念体现于感性形象,也在更广的意义上关乎理性与感性的联系。这一视域中的美既不同于纯粹的理性形式,也有别于单纯的感性形象,美的感受或美感则与之相联系,有别于纯粹的感性体验。就审美感受而言,其形成不仅关乎外部对象,而且涉及审美意识:单纯的外部对象本身还不能视为审美对象,唯有与审美主体的审美意识(包括审美趣味)相涉,相关对象才呈现审美意义,并在审美主体中引发美的感受或美感。山中的花自开自落,本身并不发生美或不美的问题,只有在被人观赏,亦即进入人的审美意识之后,才成为审美的对象。对象与审美意识之间的这种沟通,乃是通过审美之域的评价而实现。与道德评价相近,审美评价也并非总是以明晰或显性的方式呈现,而是往往蕴含于审美意识之中。"长江悲已滞,万里念将归。况属高风晚,山山黄叶飞。"[2]这里的江水、晚风、黄叶既是获得审美意义的对象,又寄寓着人的怆然之情;审美的评价(对审美意境的肯定)与审美的感受(触景而生情)交融在一起,渗入审美评价的这种审美感受显然有别于自发的体验。

---

① [德]黑格尔:《美学》第一卷,朱光潜译,北京:商务印书馆,1979 年,第142 页。

② 王勃:《山中》。

广而言之,在日常的生活感受中,也不难注意到评价与感受之间的关联。对世界或外部存在而言,世界可悦与否、可欲与否,总是关乎人的感受,其中同时又蕴含对世界或相关对象的评价。就作为交往对象的人而言,其可亲与否、可敬与否、可爱与否,也涉及人的感受,这种感受也与评价相涉:正如对可悦与否、可欲与否的确认一样,对可亲与否、可敬与否等的断定,本身也具有评价的意义。生存过程中的意义感,包括人的存在是否有意义、生活是否值得过,等等,都表现为广义的感受,这种感受的背后,则总是渗入了相关的评价,后者包括对世界是否美好、社会是否合乎理想等的断定。更具体地看,与生存过程相联系的生存感受,每每包含个体内在的意向、欲求,这种意向、欲求凝结了人的生活理想,体现了个体对生活的不同追求,并使生存感受区别于空泛的形式。进而言之,生存感受又关乎人的情感体验。情感是人最真切的感受和体验,生存感受包含着对生活意义个性化的自我体验,这种体验以人的真情实感为内容,既具有个体性,也呈现切近性。与之相关的是人的价值信念,后者体现的是人对生活意义的一般看法。以上的意向、体验、信念与理性层面的评价相互融合,使生存层面的感受同时呈现自觉的品格。

从形式之维看,内在于感受的评价主要表现为判断。康德曾对判断力作了系统考察,这种考察首先侧重于审美过程,它同时也从审美这一层面涉及人的感受问题。如前所述,审美不仅仅关乎世界本身是什么,而且涉及世界对人意味着什么。当然,感受并非单纯地限定于艺术或审美的领域,宗教、道德、科学,乃至日常经验层面的喜怒哀乐,等等,都关联感受的问题,与之伴随的判断也涉及相关的领域。较之"疼"、"痒"、"渴"等直接和自发形态的体验,渗入评价的感受往往蕴含判断:从"贤哉,回也"等道德层面的感受,到"天地有大美"等审美之域的感受,都以某种方式(包括蕴含或非显性的形式)涉及判断。判断本身无疑可以从认识论等角度加以分析,在此方面,它具体表现为人的认识能力和创造性思维的综合体现。[①] 在以评价为自觉内容的感受层面,判断首先体现于存在与人的意义关系,并以肯定存在对人的意义或意味为内容。同时,在体验这一初始形态中,感受首先内在于特定个体的意识,并与个体往往难以相分,后者赋予感受以个体性的规定。然而,以判断为形式,感受同时又呈现普遍性的一面。事实上,判断作为思维形式,本身便以沟通个别与一般、特殊与普遍为内在特点,后者既渗入康德所考察的审美活动,也体现于取得评价形式的感受之域。质言之,评价所揭示的存在意义和意味,既通过判断而得到自觉的确认,又基于判断而关联普遍的形式,后者使感受超越了个体性而成为更广的社会观念形态。

当然,以自发的体验为特点的感受与渗入评价的感受并非截然相分,事实上,在现实的意识过程中,二者的界限并非判然分明。一方面,在逻辑的层面,可以从"分析地说"这一角度,对感受的不同形态加以区分,另一方面,在面向世界的现实过程时,又需要关注其互融相渗的特点。要而言之,在感受这一观念形态中,体验所内含的个体性规定和评价所渗入的普遍内涵既体现了意识的返身面向,也展现了其走向世界的可能趋向。

三 人与世界的三重关系

感受诚然呈现不同的形态,但在关联世界这一点上,其不同形态又具有相通性。无论是自发之维的体验,还是包含评价的感受,都不

---

① 参见杨国荣:《成己与成物——意义世界的生成》,北京:北京大学出版社,2011年,第110—116页。

同于纯粹的内在意识,而是承诺人与世界的多样关系。事实上,在人与世界的互动中,感受构成了重要的方面。

当存在处于本然或自在形态时,人与存在之间的实质性联系便付诸阙如。感受由人与世界的互动而引发,同时又使世界与人由不相关而走向相关。人与世界的相关性,当然可以形成于不同的过程。人与世界之间的认知关系,便通过人的认识活动而形成,然而,在这种关系中,世界主要呈现为所知,由此展现的也首先是其外在性、对象性这一面。比较而言,在感受中,世界更多地呈现了对于人的内在关联。无论是初始形态的体验,抑或包含自觉内涵的感受,都具有心物相融、情境互动的特点。这种相融和互动不仅使世界对人呈现切近性,而且具有切己性:世界不再表现为"不关己"者,而是与人自身的存在息息相关。尽管感受并非都直接指向外部世界,但进入感受的世界,确乎更多地呈现了与人的相关性、切近性、切己性。

人与存在的关系不仅以人与对象世界的互动为内容,而且包括人与人之间的交往关系。在人与外部世界的相互作用中,物理对象、山川草木,都会给人以不同的意味;在人与人之间的交往中,多样的人与事,同样也会引发各种感受。感受既使人对世界的把握更为丰富多样,也使人对社会交往过程的认识更为深切。在认知中,对象所展现的主要是事实层面的规定,在感受中,对象同时进入人的生存过程,并呈现了与伦理取向、审美意识、情感认同相联系的价值意义和意味。感受同时赋予人的精神世界以多样的内涵,从日用常行,到伦理、审美的过程,从悲欢离合的日常情感,到好善恶恶的伦理情操、乐山乐水的审美趣味,感受的多样性同时规定了精神世界的丰富性。人不是机器,而是有血有肉的活生生的存在,与感受相涉的精神世界构成了其不可或缺的方面。感受的特点之一是内与外的交融、人与对象的互动。从感受所涉的情感、意欲、意愿、想象、感知、理性等方面看,其间的相互关联既使人自身融合于世界,也使世界本身的多样性与人的精神世界的丰富性彼此沟通。从总体上看,感受的多样性、丰富性、个体性,可以视为人与世界互动过程之具体性的体现。

作为综合性的意识,感受无疑与经验相涉,但感受往往又有超验的一面。从日常意识到到宗教体验,都不难注意到对超验对象、神秘现象的感受。由所谓鬼神、灵异现象引发的体验,对奇迹、天国等的沉溺,便体现了这一类感受。从社会的层面看,这一类神秘体验无疑可以作理性的解释,但就具有这种感受的个体而言,相关体验又构成了其精神世界中有别于单纯理性的方面。这里既显现了精神世界的多重方面,也可以看到感受的复杂性。在形而上的层面,浩瀚的星空,无限的宇宙,也往往会引发人的敬畏之感,并使人体验个体的有限、生命的短暂,由此更深切地感受生命的意义。感受的这些形式从不同的方面赋予精神世界以多样性,并影响着人的所思和所行。

感受的更深沉的意义,需要从人与世界更广的关系加以考察。就最一般的意义而言,人与世界的关系体现于以下三个方面:

首先是对世界的说明。人总是追求对世界作各种形式的理解,与此相关的是"是什么"的问题。这一问题既可以从经验知识的层面去追问,也可以从哲学层面去加以思考。前者主要指向世界的某一方面、某一领域或某一特定对象,其内容也更多地体现于知识经验的层面;后者则跨越特定的界限而追问作为整体的世界,并从形而上的层面回应世界"是什么"等问题。

人与世界的关系的第二个方面涉及人对世界的感受。说明世界主要关乎广义上世界"是什么",感受世界则以世界对人"意味着什么"为关切之点。如前所述,在人与世界的关联中,感受构成了无法忽视的方面。人既追问何物存在,也以不同方式感受世界对人的意义,这种感受的内容常常以"好或坏"、"美或丑"、"有利或有害"等形态呈现。对于具体的人来说,这个世界对他来说到底意味着什么?同样是无法回避的问题。同一对象或事件对不同的个体往往具有不同的意味,世界在总体上对不同个体呈现的意义,也存在差异,这一事实表明,感受有着多方面的个性差异。但如上所述,以评价性的判断为形式,感受并非仅仅表现为个体性的规定,而是同时包含普遍的内涵。换言之,在感受中世界所呈现的意义既具有个体性,又蕴含普遍性。正是感受的以上双重品格,使感受本身成为人与世界关系的重要之维。

人与世界的关系的第三个方面,关乎人对世界的规范。规范涉及当然,对世界的规范与世界应当如何的问题相涉。人不仅追问世界是什么、不仅以多样的方式感受这个世界,而且关切世界应当成为何种形态,这里的"应当"或"当然"既以现实为依据,又基于人的理想和需要。人不会满足于既成的世界,他总是以不同的方式来变革已然的存在,努力使之化为合乎理想的存在形态,这样的过程,即表现为广义上的规范世界或对世界的规范。①

在人与世界的以上三重关系中,对世界的说明侧重于对世界的理解(是什么),对世界的感受侧重于世界对人的意义(意味着什么),对世界的规范则致力于使世界成为当然的存在形态(应当成为什么)。可以看到,说明世界、感受世界、规范世界,分别关联世界是什

---

① 应当将这里所说的"规范世界"与单纯的观念性活动区分开来。布兰顿曾认为,康德哲学中存在着"规范性转向"(normative turn)。就康德既注重范畴的建构性(constitutive)意义,又肯定理念的调节性(regulative)意义而言,康德确乎注意到了规范性问题,布兰顿的以上看法无疑也有见于此。不过,在康德那里,规范性主要与观念之域相联系,而没有进一步引向"改变世界"的广义实践过程。布兰顿本身也存在类似问题,他所确认的规范性,主要限于"概念性活动"(conceptual doing)。(参见 R. Brandom, *Perspective on Pragmatism*, Harvard University Press, 2011, pp.1-4。)上述意义上的规范性,有别于本文所论对世界的广义规范。

么、意味着什么、应当成为什么。具体而言,说明世界以世界的真实形态为指向,这种形态非人可以随意创造或改变:从说明世界的角度看,世界是什么样的,就应如其所是地加以把握,在这一方面,人更多地适应于这个世界(human beings-to-world)。事实上,人与世界的理论关系,往往更多地表现为人对世界的适应。相对于说明世界,对世界的感受具有某种中介的意味:一方面,感受世界以对世界的理解、说明为前提,如果不了解世界的现实形态,便难以形成对世界的真切感受,就此而言,"意味着什么"基于"是什么"的追问;另一方面,对世界的感受也将引发人们改变这个世界的意向:如果世界不合乎人的理想,则如何改变这一世界就成为无法回避的问题。进而言之,即使世界给人以"好的"感受,也依然会面临如何达到"更好"的问题。最后,对世界的规范,进一步将说明世界所涉及的"是什么"与感受世界所蕴含的"意味着什么"引向"应当成为什么"的问题。荀子曾指出:"感而不能然,必且待事而后然。"①在引申的意义上,这里的"感而不能然",意味着"感"所涉及的意义尚未得到实现,"事"则可以视为规范世界、化意义为现实的具体形式。从人与世界的关系看,如果说,说明世界侧重于人对世界的适应(human beings-to-world),那么,规范世界便更多地表现为世界对人的适应(world-to-human beings)。

当然,在人与世界的互动之后,同时交织着人与人之间的交往,与之相联系,无论是对世界的说明,抑或对世界的感受,都蕴含着因人的存在背景、价值取向、知识结构等差异而形成的不同内涵。对世界的理解和感受所呈现的如上差异,使不同观念之间的对话、讨论成为无法回避的问题。尽管感受具有难以完全表达的一面,但同时又总是包含可交流和传达的内容,后者同样可以置于讨论和对话之域。

---

① 《荀子·性恶》。

人对世界的理解和感受诚然无法达到绝对的一致,但这种理解和感受又并非完全隔绝于具有历史内涵或相对意义的共识,而在一定历史条件下所形成的共识,又从一个方面制约着人对世界的规范,后者使规范世界的过程既具有历史性,又呈现具体性。

在哲学史上,康德曾表现出沟通知性和实践理性的取向。在他看来,人心的机能可以区分为知识机能(faculty of knowledge)、愉快或不愉快(faculty of pleasure and pain)、欲求机能(faculty of desire),"正如判断力构成了知性与理性的中介一样,在欲求机能与知识机能之间,存在着愉快的情感"①。相应于以上看法,判断力批判在其哲学系统中呈现中介或桥梁的作用。较之康德所说的判断力,感受在人与世界的以上三重关系中从更实质的层面展现了中介意义。在康德的判断力批判中,判断主要与审美领域相涉,作为人与世界互动的重要之维的感受固然也在评价的层面关乎判断,但感受本身却不限于审美之维而包含更为丰富的内容并指向更广的领域。从逻辑上看,由"是什么"的追问,经过中介性的感受,引出"意味着什么"的问题,最后基于"事",指向"应当成为什么"的规范性维度,这一进展从不同的方面体现了人与世界的内在关联。

(原载《社会科学》2018 年第 10 期)

---

① Kant：*Critique of judgement*，Translated，with an Introduction，by J. H. Bernard，Hafner Publishing Co，1951. p15.

德性、知识与哲学进路

——由《当代美德伦理》引发的若干思考①

　　《当代美德伦理——古代儒家的贡献》②一书体现了作者独特的研究进路,首先表现为哲学的历史与哲学的理论之间的沟通。书中涉及儒家哲学的不同方面,看似属于历史性的研究,但其中又处处渗入了不同的理论视域。同时,该书体现了中西哲学交融的视域:一方面,作者注意运用西方哲学理论、概念来回溯中国已有的传统,由此进一步揭示这一传统中隐而未现的

　　① 本文系作者于 2019 年 12 月在"《儒家美德伦理》新书座谈会"上的发言记录,本文的研究同时纳入国家社科基金重大项目"冯契哲学文献整理与思想研究"(项目号:15ZDB012),以及江苏省"公民道德与社会风尚协同创新中心"研究项目。
　　② 黄勇:《当代美德伦理——古代儒家的贡献》,上海:东方出版中心,2019 年。

意义,另一方面,又注意用中国哲学的资源去回应西方哲学的问题。当然,以本书考察的德性伦理而言,其中也存在值得再思的方面。儒家作为一个整体,乃是基于仁和礼的统一,后者既在"仁"的层面上涉及内在精神和德性的完善,也以"礼"为背景而关乎广义上的社会规范系统,由此,儒学在伦理学上既不同于亚里士多德意义上的德性伦理,也有别于康德的规范伦理,仅仅从德性伦理的角度考察儒学,似乎不足以把握儒学的全部内涵。本书涉及的另一问题,是对良知的理解以及对知识形态的不同区分,作者在肯定命题性之知和能力之知分别的同时,又认为存在动力之知。从逻辑上说,以上划分的标准并不完全一致:"能力"与"动力"更多地与知识的现实的功能和作用相联系,而"命题"(proposition)则主要与知识的表达形式相涉,在同一个知识系统中,如果以不同的标准对其进行区分,便可能在逻辑上发生是否契合的问题。

一

如何从思想的历史中发现哲学问题,又基于哲学的理论以分疏思想的历史,是哲学研究中难以回避的问题,《当代美德伦理——古代儒家的贡献》一书在这方面作了值得注意的探索。该书既是一部哲学史的著作,也体现了哲学理论的意涵和比较的视野,它从一个侧面展示了作者黄勇教授哲学研究的特点。在哲学的不少领域中,黄勇教授都做了十分扎实的工作。从研究进路看,他的研究方式蕴含着比较普遍的哲学意义,以此为视域的研究工作,也呈现了学术上的积累性和建设性。

具体而言,上述进路首先表现为哲学的历史与哲学的理论之间的沟通。《当代美德伦理——古代儒家的贡献》一书涉及儒家哲学的不同方面,看似属于历史性的研究,但其中又处处渗入了不同的理论视域,而不同于就史而论史。与通常单一的、表面化的历史考察不同,黄勇教授的哲学史研究,包括这次新出版的《当代美德伦理——古代儒家的贡献》一书中对儒家德性伦理的研究,总是注重于理论的诠释。从该书的主题来说,其内容无疑属于历史研究,但是,他的研究又是基于德性伦理学这一理论的关切,每一个具体问题,都围绕德性伦理领域的相关问题而展开。这样,一方面,理论的考察并非凭空发生,具体的哲学思考总是基于中外思想成果的历史积累。另一方面,对哲学历史问题的考察,又是基于理论的视角。以哲学理论与历史的互动为取向,研究的过程既有历史意义,又有理论的视野,可以说,哲学的历史和哲学理论之间的如上沟通,构成了黄勇教授儒学研究的重要特点。

同时,黄勇教授的研究体现了中西哲学的背景。中西哲学之间如何互动,一直是无法回避的问题,在中国哲学研究领域,现在年轻一代的学人有时候会偏向过于强调中国本位,而对于其他的哲学思想传统,往往持疏离的态度,对他们而言,如果联系其他哲学背景、概念、理论,似乎就会把中国哲学原有的个性特点消解了。这种进路常常取得"以中释中"的形式,其中包含比较明显的研究偏向。事实上,今天谈哲学,应该关注王国维在上个世纪所提到的观点,即学无中西。按王国维的看法,在中西之学彼此相遇的时代,二者已难以截然相分,盛则俱盛,衰则俱衰,仅仅固守某种单一的思想形态,无论是中国传统下的思想,抑或西方传统下的哲学,都将是一种偏片面的取向。

令人遗憾的是,现代西方的哲学家,同样存在类似的偏向。他们固然重视自身的传统,但对于西方之外的其他思想传统,包括中国哲学的历史演化,往往缺乏必要的关注。由此导致的结果之一,是思想资源的贫乏化。考察现代西方哲学,可以注意到,自 20 世纪 20、30 年代出生的哲学家渐渐谢世后,晚近的哲学界几乎没有出现真正具有创造性的哲学家,这里的原因当然是多方面的,但忽略多样的哲学资源,无疑也是其中重要的因素。如果西方主流哲学家能够对中国哲学这一类"他者"资源也给予充分关注,则现代西方研究或可别开生面,其格局也会有所不同。比较而言,现在具有中国哲学研究背景的哲学家,往往既注重自身的中国哲学传统,又关注西方哲学的演化成果,由此展示了较广的哲学视域,黄勇教授便可视为其中引人注目的一个。

关于中西哲学的关系的考察,也可以有不同的角度。通常会提及中西哲学之间的比较,这种比较,又每每被理解为:中国哲学在什么方面和西方哲学具有相同之处? 在哪些方面又有相异之点? 如此罗列同异,常常难以真正把握中西哲学比较的重要之点。中西哲学的比较,需要回到哲学的问题,进行比较归根到底是为了解决相关的哲学问题。在这方面,我认为黄勇教授也有较为自觉的意识。

如果具体地考察其关注,便可注意到,一方面,他注意运用西方哲学的某些理论、概念来回溯中国已有的传统,由此进一步揭示这一传统中隐而未现的意义,敞开其在原来单一的视域之下难以真正被把握到的内涵。这可以视为以西方哲学为参照,以深化对中国哲学的理解。另一方面,黄勇教授又注意用中国哲学的资源去回应西方哲学的问题。西方哲学在自身发展过程中,同样面临诸种问题,仅仅限于西方哲学自身的传统,往往难以走出理论的困局,从中国哲学出发、运用中国哲学的资源加以回应,则常常可以发现解决问题的某种线索,由此获得新的理解。考察黄勇教授的哲学史研究,便可以注意到,他每每指出西方哲学在相关领域中存在的问题,这样的问题在从西方哲学本身来看或许无法得到较好的解决,但运用中国哲学资源,则至少可以给出一种解决方案。这一方面的比较研究,无疑展示了中西哲学互动的更深层的意义：它既不是为比较而比较，也有别于仅仅的着眼于表面上同异罗列，而是注重于推进对相关理论问题的理解。

从《当代美德伦理——古代儒家的贡献》这一著作看，厚厚一册，对儒家德性伦理的论述非常详尽。儒家在美德伦理领域中的一些重要的问题，重要的人物，学派，以及他们在理论上的不同贡献，在这本书中都作了十分细腻的梳理。同时，西方美德伦理在展开过程中遇到的各种质疑、困难、问题，以及中国儒家在德性伦理方面所作的考察对于回应和克服西方美德伦理中的问题和缺陷可能具有的意义与贡献，该书也做了很多具体的分析。这样，这一著作已不仅仅是一般意义上对作为历史学派的儒家德性伦理所作的梳理，而是同时也表现为基于相关理论问题的新思考。就一些具体的问题来说，该书区分基础主义的形而上学与解释性的形而上学，无疑也是一种比较新的提法。对形而上学作基础主义的与解释性的分别，在这一基础上再去具体分疏诸如朱熹的理学等儒家思想演化的意义，将后者放在一个比较的脉络中，进而考察其可能具有的理论贡献。这既展现了解释朱熹思想的新视野，也体现了对伦理学和形而上学研究的新的理论境界。

二

当然，从学理的角度来说，书中涉及的一些问题还可以作进一步的思考。以该书提到的德性伦理而言，其中也存在值得再思的方面。从伦理学上看，在现实的道德实践过程中，德性和规范都是不可或缺的条件。德性伦理追问的问题主要是"成就什么"，其取向是通过成就人来担保完善的道德行为。规范伦理所关切的则是"做什么"，其理论指向更多地从具体行为的考察入手,并趋向于以普遍的规范来保证行为的道德性质。然而,就其现实性而言,与"成就什么"相关的德性与涉及"做什么"的规范,在道德实践中无法相分。以道德哲学为视域,道德行为既离不开德性,也无法游离于规范,无论从历史的层面看,还是就现实的过程而言,德性和伦理之间本来是相互统一的。一方面,德性既关乎个体的情意,也涉及理性的内容,后者所体现的,往往是伦理规范的普遍要求;另一方面,规范唯有内化为个体的道德意识,才能实际地制约其行为,这种内在道德意识,同时构成了德性的一个具体方面。在这里,德性与规范更多地呈现相互统一的形态。

尽管不论是从历史的角度来说,还是就逻辑的角度而言,德性与伦理更多地表现为互动相融的关系,但在伦理学史上,哲学家每每对其作了不同的侧重。如所周知,亚里士多德比较多地强调德性,并由此通常被看作是德性伦理的早期代表,康德的伦理学更多地侧重于普遍的道德原则,从而一般被视为规范伦理的代表。不过,不同哲学家固然可以有不同的侧重,然而这种不同侧重并不意味着现实的伦理实践可以被切割为德性和规范等不同方面,仅仅被限定在德性的视野之中或规范的要求之下。按其现实形态,两者很难分离。

具体到儒家哲学,如果追本溯源,则不难注意到,儒家核心的观念是仁与礼的统一。原始儒学不讲孔孟之道,而谈周孔之道,这里的"周"主要代表了"礼"——周公在历史上的文化贡献,首先表现为制礼作乐;"孔"则更多地代表"仁"。从具体内涵来说,"仁"主要涉及人的精神世界、精神认同、精神沟通,"礼"的作用则在于提供一套规范系统,后者同时体现于多样的伦理、政治体制。儒家仁和礼统一的观念结构具体到道德理论和道德实践中,便从总的方面规定了德性和伦理之间的统一:如果说,注重"仁"内在地引向对德性的肯定,那么突出作为一般规范系统的"礼",则使规范成为儒家伦理中无法忽略的方面。然而,如书名所示,《当代美德伦理——古代儒家的贡献》主要仍侧重于儒家思想的德性之维,对儒家伦理在总体上所体现的德性与规范的交融,似乎未能给予充分的关注。

儒家作为学派,同时又呈现派中有派的特点,其中的人物往往包含多样的哲学取向。从儒家哲学中的不同人物或流派来看,同样每每存在各自的侧重。一些哲学家或流派也许侧重于讨论德性问题,另一些则可能偏重于规范的维度,以理学而言,其中的程朱比较关注天理,后者既是规范的形上化,也表现为某种超验的原则,强化天理往往意味着突出普遍的规范。心学一系的王阳明则更多地强调作为内在道德意识的良知,由此赋予德性以某种优先的地位。但总体而言,儒家作为一个整体,乃是基于仁和礼的统一,后者既在"仁"的层面上涉及内在精神和德性的完善,也以"礼"为背景而关乎广义上的社会规范系统,由此,儒学在伦理学上既不同于亚里士多德意义上的德性伦理,也有别于康德的规范伦理,而是更多地展现了德性伦理和规范伦理之间的统一。儒学之为儒学,离不开"仁"与"礼"的统一这一基本的思想构架,儒家伦理也以此为理论前提。从这方面看,《当代美德伦理——古代儒家的贡献》仅仅从德性伦理的角度考察儒学,似乎不足以把握儒学的全部内涵。

三

《当代美德伦理——古代儒家的贡献》一书涉及的另一方面,是对良知的理解以及对知识形态的不同区分,其中的若干问题,也可以作进一步的思考。历史地看,关于知识的理解存在着不同的看法,西方分析哲学中比较流行的主张之一,是将知识理解为经过确证的信念(justified true belief),20 世纪 60 年代,盖梯尔在《分析》(*Analysis*)杂志发表了《得到辩护的真信念是知识吗?》("Is Jusified True Belief Knowledge?")一文,对以上知识观念提出质疑。由此引起了很多讨论。盖梯尔对知识的讨论方式,呈现明显的抽象性趋向:这不仅仅在于它基本上以随意性的假设(包括根据主观推论的需要附加各种外在、偶然的条件)为立论前提,而且更在于:其推论既忽视了意向(信念)的具体性,也无视一定语境之下概念、语言符号的具体所指,更忽略了真命题需要建立在真实可靠的根据之上,而非基于主观的认定。从各种任意的假设出发提出的"质疑",实质上是将推论建立在"认识论的运气"之上,这是否可以视为严肃的科学质疑,本身需要考虑。

回到中国哲学,问题首先涉及知和行的关系。从中国哲学的传统来说,知与行每每被视为相互统一的两个方面,王阳明讲知行合一,更是注意到知和行相互融合这一面。但另一方面,考察知行问题,同时需要注意"知"具有相对独立性,对这种相对独立性,不能不加以必要的肯定。如何理解这种具有相对独立性的"知"?这无疑仍是需要加以思考的问题。冯契先生曾提出广义的认识论,其中也涉及何为知识的问题。与狭义认识论仅仅讲认知不同,广义的认识论同时引入了评价,与之相联系,对冯契先生而言,广义的认识论表现为认知和评价的统一。如果真正从广义的角度去理解人类认识,那么,除了认知和评价之外,同时还要关注规范的问题。从赖尔开始,认识的规范性问题便开始得到比较自觉的关注。如所周知,赖尔提出了 knowing that 与 knowing how 的区分,knowing how 即涉及规范性问题,从某种意义上说,赖尔提出 knowing how 的认识论意义,首先在于突出了认识中的规范性维度。概要而言,在知识的构成中,认知主要解决"是什么"的问题,即 knowing that;评价主要解决"意味着什么"的问题,这一问题区别于 knowing that,或可称之为 knowing what。

"意味着什么"所关注的,主要不是对象或自身的规定,而是对象和相关事物对人具有何种意义。与认知与评价相联系而有所不同的是规范,它所关切的是"是否可以做"或"应该做什么"以及"应该如何做",即广义上的 knowing whether 和 knowing how。从逻辑上说,首先要知道某一件事情是不是应该去做(即 knowing whether),然后再进一步追问,应该如何去做(knowing how),在这一意义上,knowing whether 和 knowing how 都属于认识中的规范性问题。与之相应,广义的认识可以视为认知、评价和规范的统一。

从以上前提出发,则可注意到,关于知识的划分,在逻辑上有需要考虑的问题。黄勇教授在肯定命题性之知和能力之知分别的同时,又认为存在"动力之知",由此,知识就被区分为三重形态,即命题性之知(knowing that),能力之知(knowing how)与动力之知(knowing to)。从逻辑上说,以上划分的标准并不完全一致:"能力"与"动力"更多地与知识的现实功能和作用相联系,而"命题"(proposition)则主要与知识的表达形式相涉,在同一个知识系统中,如果以不同的标准对其进行区分,便可能在逻辑上发生是否契合的问题。从其内涵看,以上区分与前面所说的广义认识涉及的具体问题,即"是什么"、"意味着什么"、"应该做什么"、"应该如何做"这种实质分别,也缺乏对应性。就理论的层面而言,需要把知识的内涵和知识的作用区分开来。从其作用来说,知识确实构成了提升相关主体能力的一个重要方面,也可以成为推动行动的一个条件或有助于促使行动的发生。但是,在提升主体的某种能力、推动行动或促使行动的发生与知识本身的内涵之间,仍需要做一区分。

从哲学史看,康德已区分人心的三重机能(faculty),即:知识机能(faculty of knowledge)、愉快或不愉快的机能(faculty of pleasure and pain)、欲求机能(faculty of desire)。这里不涉及知识的区分,而主要关注于人心的机能(faculty of mind),也就是说,他在这里所讲的,不是知识形态的区分问题。从人心机能(faculty of mind)的角度看,可以说,欲求这一机能更多地与行动的发生相联系。事实上,康德的《实践理性批判》便涉及所谓欲求的机能问题,而实践理性主要是讨论行为(道德行为)的发生。在康德看来,道德实践主要是基于实践理性的自我立法,并由此以自律的形式引发相关的行为,这与《纯粹理性批判》所讨论的普遍必然之知及其形成条件,显然有所不同。从这里,也可以对行动的推动与知识形态之间的区分,有一个更为具体的理解。

黄勇教授在《当代美德伦理——古代儒家的贡献》一书对"动力之知"的讨论,乃是围绕王阳明哲学中的良知而展开。就良知而言,可以从狭义和广义两个角度去加以理解。从狭义上说,王阳明在很多地方提到,良知就是知善知恶之知。从广义上说,其良知则表现为一种综合性的主体意识。具体来说,良知既包括前面提到的知善知恶之知,也内含为善去恶的意向以及好善恶恶的情感认同,这三个方面,都是良知的题中应有之义。知善知恶涉及理性的明觉:知道什么是恶,什么是善,其中体现了理性层面的分辨。为善去恶主要是一种向善的意向或定势(disposition),其特点在于始终趋向于善,以此为人的定向;不管何时何地,总是择善而行。情感的认同涉及好善恶恶,它使接受善、拒绝恶成为一种自然而然的情感取向。这种具有综合性的广义道德意识,可以看作是伦理层面的一种精神或观念,它与认识论意义上的知识,需要作必要的区分。从宽泛意义上说,单纯的理性明觉、知善知恶,主要属于广义上对"是什么"的把握:知道什么是善,并对善恶作出区分。向善的定向则近于康德所说的欲求,具有动力因的特点,以理性明觉的形式呈现出来的知识,唯有与这种向善的意向相互结合,才能够化为具体的道德行为。情感的认同则进一步使行为走向不思而中、不勉而为,自然中道的过程。

　　就道德角度而言,王阳明与各家之间的论辩,包括他与朱熹的分歧,在很多方面涉及前面提到的良知内涵。从比较狭义上的区分看,朱熹由格物穷理走向道德行为的主张,更多地体现了知识的进路:由格物穷理,进而知善知恶,由此引出为善去恶的具体道德行为。对王阳明来说,对知善知恶与为善去恶的以上理解,可能过于乐观了。在王阳明看来,单纯的知善知恶,难以引向为善去恶;知善知恶与为善去恶之间,还需要有择善拒恶这样一种内在定势,后者属广义上的欲求意向。只有当知善知恶之知与择善拒恶的内在定势相互融合,才能引发为善去恶的具体行为。知善知恶之知与择善拒恶的内在定势在某种意义上体现了康德视域中认知机能与欲求机能的统一,二者的关系不同于知识意义上的分与合。进一步,与良知内含好善恶恶的情感相应,按王阳明的理解,要使道德行为成为自然而然的过程,需要同时基于好善恶恶的情感。

　　这里同时涉及道德行为的推动力问题。道德行为的动力如果仅仅从知识的层面去理解,可能不足以反映其特点。结合王阳明的相关考察以及以上分疏,可以注意到,道德行为的内在动力源于道德行为主体具有综合意义的伦理意识,这种意识似乎不能简单地归为某种知识形态。事实上,在此可以更具体地看到,良知所具有综合性,更多地体现了伦理意识的多重内涵,这些内涵的不同规定,无法等同于知识的不同分类。

　　与表现为伦理意识的良知不同,作为知识形态的"知道如何"(knowing how),至少包括两个方面,即命题性知识和非命题知识。以最简单的骑车、游泳等而言,骑车需要知道相关要点:如两眼前视,手握车把,保持身体的平衡,等等。如果对一个从未骑过车的人讲如何骑车,以上要领就可以用命题性的知识形式来表达。同样,游泳也涉及双手怎么摆动、呼吸如何调节、双腿怎样用力，等等，这些行动的要领在以语言的形式传授时，也涉及命题性知识的方面。当然，在行动的过程中，以上命题性的知识需要化为行动者的具体能力，或者说，化为王阳明所谓的身心之知，才能由命题性知识层面的知道如何做，达到实际地知道如何做。按照赖尔的表述，实际地知道如何做意味着"知道如何"已经成为人的第二天性。但即使在此种情况下，"知道如何"（knowing how）也既表现为实际的能力，也包含可以用命题性知识概括的方面。以开车而言，一个人或许从来没有正规地学过车，也没有经过驾校学习，但通过观察他人驾驶以及自己的摸索，也可以掌握开车技能。在他能够开车后，如果让他去教别人驾驶，则他也会说出一套要领：方向盘如何握，挡位怎么放，油门或刹车如何踩，等等。尽管他自学时，并不完全基于命题性的知识，但是以上要领却包含命题性知识，这一现象表明：在其实际地知道如何做（开车）时，已渗入了某种命题性的知识，只是这种知识在实际地知道如何做的过程中是以隐含的方式存在。换言之，以能力形式存在的实际"知道如何"，已隐含某种已被沉淀的命题性知识；化"知道如何"为人的第二天性，同时意味着命题性知识的内化。现在人们谈"知道如何"（knowing how），往往侧重于将其与命题知识完全分离开，这似乎不足以完全把握"知道如何"（knowing how）的全部内容。"知道如何"（knowing how）确实不限于命题性知识，但又并不是完全排斥命题性知识。

"知道如何"（knowing how）总是指向实际之行，就知和行的关系而言，如何理解知行合一，相应地构成了无法回避的问题。事实上，黄勇教授在其著作中也一再提及知行合一的问题。从理论上看，对知行关系的理解，既应当关注其相互统一的一面，也需要避免走向知与行的彼此消解。稍加考察即不难发现，在王阳明那里，确实包含着后来王夫之所批评的销行入知这一趋向,他所说的"一念发动处就是行",无疑隐含以知消解行的内蕴。另一方面,在当代的实用主义哲学中,又可以看到另一面,即销知入行,实用主义注重特定情景,关切如何解决在不同情景中面临的具体问题,对认识论意义上的认知过程,则缺乏必要的关注。实用主义往往趋向于以"行"界定"知"。在谈到"知"的本来意义时,杜威便认为:"知(knowing)就其本义而言也就是做(doing)。"①这里固然肯定了知与行的相关性,但其前提则是将"知"融入于"行"。在理解知和行关系时,既需警惕销行入知,也要防止以上这一类销知入行。然而,在解释王阳明的知行合一说时,黄勇教授似乎更多地趋向于"同情的理解",对王阳明哲学中包含的销知入行取向,则未能作必要的关注。以上情况对表明如何更为适当的理解王阳明的知行关系说,仍是一个需要思考的问题。这里既涉及王阳明哲学的阐释,也关乎一般意义上对知识和行动关系的理解。

① J. Dewey, *Essays in Experimental Logic*, Chicago:The University of Chicago Press, 1916, p.331.

世界哲学视域中的智慧说①

　　"智慧说"是冯契先生晚年形成的哲学系统,而他对智慧的探索,则可追溯到其早年的《智慧》。② 作为长期哲学沉思的凝结,"智慧说"并不是没有历史根据的思辨构造,而是以中西哲学的衍化为其出发点。这里着重以世界哲学为视域,对"智慧说"的理论意义作一概览。

---

　　① 　本文内容基于作者 2015 年 9—10 月在华东师范大学哲学系博士讨论班的系列讲座,原载《学术月刊》2016 年第 2 期。
　　② 　"智慧说"主要体现于《认识世界和认识自己》、《逻辑思维的辩证法》、《人的自由和真善美》三部著作,冯契先生将此三书称之为"智慧说三篇"。《智慧》系冯契先生在西南联大学习期间(20 世纪 40 年代)所撰哲学论文,刊于《哲学评论》1947 年第 10 卷第 5 期。

一　背　景　与　进　路

冯契哲学思想的发生和形成以广义的"古今中西"之争为其背景,对此,冯契有着自觉的意识,在《智慧说三篇·导论》中,他便明确肯定了这一点。"古今中西"之争既涉及政治观念、政治体制方面的争论,也关乎思想文化(包括哲学理论)上的不同看法。近代以来,随着西学的东渐,中西思想开始彼此相遇、相互激荡,与之相伴随的是古今之辩。从哲学层面考察"古今中西"之争,可以注意到近代思想演化的两种不同趋向。首先是对中国哲学的忽视或漠视,这种现象虽显见于现代,但其历史源头则可以追溯得更远。如所周知,黑格尔在《哲学史讲演录》中已提到中国哲学,而从总体上看,他对中国哲学的评价并不高。在他看来,孔子"是中国人的主要的哲学家",但他的思想只是一些"常识道德","在他那里思辨的哲学是一点也没有的"。《易经》虽然涉及抽象的思想,但"并不深入,只停留在最浅薄的思想里面"。[1] 黑格尔之后,主流的西方哲学似乎沿袭了对中国哲学的如上理解,在重要的西方哲学家那里,中国哲学基本上没有在实质的层面进入其视野。今天欧美受人瞩目的大学,其哲学系中几乎不讲授中国哲学,中国哲学仅仅出现于东亚系、宗教系、历史系。这种现象表明,主流的西方哲学界并没有把中国哲学真正看作他们心目中的哲学。从"古今中西"之争看,以上倾向主要便表现为:赋予西方哲学以主导性、正统性,由此出发来理解中国哲学及其衍化。在这样的视野中,中国哲学基本处于边缘的地位。

---

① ［德］黑格尔:《哲学史讲演录》第 1 卷,贺麟、王太庆译,北京:商务印书馆,1981 年,第118—132 页。

与上述趋向相对的,是"古今中西"之争的另一极端,其特点在于仅仅囿于传统的中国思想(特别是儒家思想)之中。从 19 世纪后期的"中体西用"说到现代新儒家的相关观念,这一倾向在中国近代绵绵相续。在价值和思想的层面,"中体西用"的基本立场是以中国传统思想为"体",西方的器物、体制、观念为"用";前者同时被视为"本",后者则被理解为"末"。新儒家在哲学思辨的层面上延续了类似的进路,尽管新儒家并非完全不理会西方哲学,其中的一些人物,对西方哲学还颇下功夫,如牟宗三对康德哲学便用力甚勤(他对康德哲学的理解是否确切,则是另外一个问题)。然而,尽管新儒家努力了解西方哲学,在研究过程中也试图运用西方哲学的概念和理论框架来反观中国哲学,但从根本的定位看,他们依然以中国哲学特别是儒家哲学为本位:在其心目中,哲学思想的正途应归于儒学,后者即广义上的中学。在更为极端的新儒家(如马一浮)那里,西方的哲学理论概念和思想框架进而被悬置,其论著中所用名词、术语、观念,仍完全沿袭传统哲学。

以上二重趋向,构成了哲学层面"古今中西"之争的历史格局。如果说,第一种趋向以西方思想观念为评判其他学说的标准,由此将中国哲学排除在哲学之外,那么,第二种趋向则以中国哲学为本位,将哲学的思考限定在中国哲学之中。这二重趋向同时构成了当代中国哲学衍化的背景。

冯契的哲学思考,首先表现为对"古今中西"之争的理论回应。在《智慧说三篇·导论》中,冯契指出:古今中西之争的实质在于"怎样有分析地学习西方先进的文化,批判继承自己的民族传统,以便会通中西,正确地回答中国当前的现实问题"。[1] 可以看到,他在"古今

---

① 冯契:《认识世界和认识自己》,上海:上海人民出版社,2011 年,第 2 页。

中西"之争问题上既非以西拒中,也非以中斥西,而是着重指向会通中西:通过会通中西来解决时代的问题,构成了他的基本立场。

具体而言,会通中西包含两个方面。一是比较的眼光,即对中西哲学从不同方面加以比较。在这里,比较的前提在于把比较的双方放在同等位置,不预先判定何者为正统,何者为非正统,而是将之作为各自都具有独特意义的思想对象加以考察。这一视野背后蕴含着对"古今中西"之争中不同偏向的扬弃。二是开放的视野,即把中国哲学和西方哲学都看做是当代哲学思考的理论资源。从历史角度看,中国哲学和西方哲学固然因不同缘由而形成了各自的传统,但两者都是人类文明发展的成果,也都具有自身的理论意涵。任何时代的哲学思考都需要以人类文明已经达到的理论成果作为出发点,而不可能从无开始,中国哲学和西方哲学作为人类文明发展的成果,都为当代的思考提供了理论资源,这一事实决定了今天的哲学建构不能仅仅限定在西学或中学的单一传统之中。当然,历史的承继与现实的论争常常相互交错,基于以往思想资源的哲学理论,总是通过今天不同观点之间的对话、讨论而逐渐发展。当冯契提出哲学将"面临着世界性的百家争鸣"这一预见时,无疑既展现了哲学之思中的世界视域,也肯定了世界视域下中西哲学各自的意义。

从更广的思维趋向看,中西哲学在具体的进路上,存在不同特点。冯契在进行中西哲学比较时,对两者的不同侧重和特点,给予了多方面的关注。宽泛地看,西方哲学一开始便对形式逻辑作了较多的考察,中国哲学固然并非不关注形式逻辑,但比较而言更侧重于思维的辩证之维。在认识论上,冯契提出了广义的认识论,后者既涉及感觉能否给予客观实在、普遍有效的规律性知识是否可能等问题,也包括逻辑思维能否把握具体真理、自由人格或理想人格如何培养等追问。按冯契的理解,在以上方面,中西哲学也呈现不同特点:如果说,西方哲学在认识论的前两个问题(感觉能否给予客观实在,普遍有效的规律性知识是否可能)上作了比较深入、系统的考察,那么,中国哲学则在逻辑思维能否把握具体真理、自由人格如何培养等问题上作了更多的考察。

不同的哲学传统蕴含不同的哲学进路和趋向,这是历史中的实然。对冯契而言,从更广的哲学思考层面看,这种不同的哲学进路和趋向都是合理的哲学思考的题中应有之义,既不必拒斥其中的某一方面,也不应执着于某一方面。以逻辑分析与辩证思维的关系而言,哲学研究以及更广意义上思想活动既离不开逻辑的分析,也无法与辩证思维相分,对这两者不必用非此即彼的态度对待。同样,广义认识论中的前两个问题(感觉能否给予客观实在,普遍有效的规律性知识是否可能)固然需要重视,后两个问题(逻辑思维能否把握具体真理以及自由人格如何培养)也应该进入我们的视野。对于中西哲学在历史中形成的不同进路,应该放在更广的视域中,从沟通、融合的角度加以理解。

就西方哲学而言,近代以来,可以注意到另一种意义上的不同进路。从德国哲学看,康德比较侧重知性,除了对知性本身的深入考察之外,从总的哲学进路看,康德哲学也趋向于知性化。知性的特点之一是对存在的不同方面作细致的区分、辨析和划界。康德便往往倾向于在对象和观念的不同方面之间进行划界:现象和物自身,理论理性、实践理性、判断力等等,在康德那里都判然相分,其哲学本身也每每限于相关的界限之中。比较而言,黑格尔更注重德国古典哲学意义上的理性。他不满于康德在知性层面上的划界,而是试图通过辩证的方式超越界限,达到理性的综合。以上不同的哲学进路对尔后的哲学思考也产生了重要的影响:从西方近代哲学的衍化看,后来的实证主义、分析哲学,在相当意义上便循沿着康德意义上的知性进路,马克思的哲学思考与理性或辩证思维的进路则存在更多的关联。

在当代西方哲学的衍化中,有所谓分析哲学和现象学之分。分析哲学以语言作为哲学的主要对象,注重语言的逻辑分析;现象学则关注意识,其哲学思考和意识有内在关联。在分析哲学与现象学的以上分野中,一个突出对语言的逻辑分析,一个强调对意识的先验考察,其间确乎可以看到不同的哲学进路。

从哲学关注的对象看,则有各种"转向"之说。在这种视域中,近代哲学首先与所谓"认识论转向"相涉,其特点在于从古希腊以来关注形而上学、本体论问题,转向注重认识论问题。当代哲学则涉及所谓语言学转向,后者以分析哲学为代表,其特点在于把语言分析作为哲学的主要工作。这种不同"转向"背后体现的是不同的哲学进路:在认识论转向发生之前,哲学主要以关注形而上学问题、本体论问题为主要进路;在认识论转向发生之后,哲学则转向对认识论问题的考察:从欧洲大陆的笛卡尔、斯宾诺莎、莱布尼兹到英国的培根、洛克、休谟,以及尔后的康德,等等,其哲学重心都被归诸认识论问题;语言学转向则将哲学的关注之点从认识论问题进一步转向对语言的逻辑分析。在分析哲学中,认识论(epistemology)衍化为知识论(the theory of knowledge),认识本身则主要被归结为基于语言的静态考察,而不是对认识过程的动态研究。

相对于以上诸种进路,冯契的智慧说无疑展现了更为开阔的视野。从知性和理性的关系看,其哲学的特点首先在于扬弃两者的对峙。一方面,冯契注重与知性相联系的逻辑分析,另一方面,又强调辩证思维的意义。智慧说的构成之一《逻辑思维的辩证法》,便较为集中地体现了以上两个方面的融合。就哲学"转向"所涉及的不同哲学问题而言,"转向"在逻辑上意味着从一个问题转向另一个问题,在所谓认识论转向、语言学转向中,哲学的关注之点便主要被限定于认识论、语言哲学等方面。按冯契的理解,转向所关涉的本体论、认识论、语言学等问题,并非分别地存在于某种转向之前或转向之后,作为哲学问题,它们都是哲学之思的题中应有之义,都需要加以考察和解决。将本体论、认识论、语言哲学问题截然加以分离,并不合乎哲学作为智慧之学的形态。以智慧为追寻的对象,哲学既应考察本体论问题,也需要关注认识论、语言学问题。事实上,在人把握世界与把握人自身的过程中,这些方面总是相互交错在一起,很难截然分开。换言之,这些被当代哲学人为地分而析之的理论问题,本身具有内在关联。冯契的"智慧说"即试图扬弃对哲学问题分而论之的方式和进路,回到其相互关联的本然形态。

在哲学进路分化的格局下,治哲学者往往不是归于这一路向就是限于那一路向,不是认同这一流派就是执着那一流派,由此形成相互分离的哲学支脉,在实证主义、传统的形而上学、分析哲学、现象学之中,便不难看到这种哲学趋向。与之相异,冯契的智慧说更多地表现出兼容不同哲学进路的视域。通过对不同哲学进路的范围进退,以彼此沟通、融合的眼光去理解被分离的哲学问题,智慧说在努力克服当今哲学研究中各种偏向的同时,也在哲学层面展现了其世界性的意义。

进而言之,冯契在扬弃不同的哲学进路、展现世界哲学的眼光的同时,又通过创造性的思考建构了具有世界意义的哲学系统。也就是说,他不仅从方式上扬弃了不同的偏向,而且在建设性的层面,提出了自己的哲学系统。后者具体体现于其晚年的"智慧说"之中。在《智慧说三篇·导论》中,冯契指出:"中国近代哲学既有与自己传统哲学的纵向联系,又有与西方近代哲学的横向联系。与民族经济将参与世界市场的方向相一致,中国哲学的发展方向是发扬民族特色而逐渐走向世界,将成为世界哲学的一个重要组成部分。"①20 世纪初,王国维曾提出"学无中西"的观念,认为在中西思想相遇后,不能再执着于中西之分。从近代哲学思想的演化看,冯契进一步将"学无中西"的观念与世界哲学的构想联系起来,并且通过自身具体的哲学思考努力建构具有世界意义的哲学系统。后者既以理论的形式实际地参与了"世界性的百家争鸣",也将作为当代中国哲学的创造性形态融入世界哲学之中。

二 回归智慧:扬弃智慧的遗忘与智慧的抽象化

以世界哲学的视野沟通不同的哲学传统,主要与哲学思考的方式相联系。从哲学思考的目标看,冯契所指向的是"智慧"的探索。从早年时的《智慧》,到晚年的"智慧说",其哲学思想始于智慧,也终于智慧。这一哲学追求究竟具有何种意义? 回答这一问题,需要进一步考察近代哲学的演进。

19 世纪以后,实证主义开始登上历史舞台,作为一种哲学思潮,实证主义的核心原则是"拒斥形而上学"。在实证主义看来,超越经验的形而上学命题没有意义,只有可以验证的有关经验事实的判断,以及作为重言式的逻辑命题式才有意义。实证主义从早期形态到后来的所谓逻辑经验主义,这一基本精神贯穿始终,其影响至今没有完全消除。与西方差不多同时,近代中国也出现了类似的趋向。"拒斥形而上学",意味着关于世界的统一性原理、发展原理的研究都没有任何意义。从知识和智慧的区分看,被拒斥的形而上学问题大致归属于广义的智慧之域。智慧与知识是把握世界的不同观念形态。知识以分门别类地理解世界为指向,每一种知识的学科都对应着世界

---

① 冯契:《认识世界和认识自己》,上海:上海人民出版社,2011 年,第 3 页。

的特定领域或方面。作为知识的具体形态,科学(science)便表现为"分科之学":从自然科学中的物理学、化学、生物学、地质学,到社会科学中的社会学、经济学、政治学,都表现为分科之学。就认识和把握世界而言,将世界区分为不同的方面,无疑是必要的。然而,世界在被科学区分或分离之前,本身乃是以统一的形态存在的,要真实地理解世界,仅仅停留在分而论之的层面,显然不够。如何跨越知识的界限,回到存在本身? 这是进一步把握世界所无法回避的问题。智慧的实质指向便在于超越知识的界限,以贯通的视野去理解世界本身。实证主义在拒斥形而上学的同时,往往忽略了以智慧的方式去理解真实的世界。

20 世纪初,分析哲学逐渐兴起。以语言分析为哲学的主要方式,分析哲学试图在哲学中实现语言学的转向。对分析哲学而言,哲学的工作无非是对语言的逻辑分析,所谓认识世界,也就是把握语言中的世界,而对进入语言中的事物的考察,本身始终不超出语言之域。从反面说,哲学的工作就在于对语言误用的辨析或纠偏。维特根斯坦就曾把哲学的主要任务规定为"把字词从形而上学的用法带回到日常用法"。[①] 在他看来,语言最正当的运用方式就是日常用法,形而上学则每每以思辨的方式运用语言,由此使语言偏离其日常的意义。基于以上看法,维特根斯坦认为:"哲学是以语言为手段对我们智性的蛊惑所做的斗争。"[②]根据这一理解,人的智性总是借助于语言来迷惑人本身,而哲学则要对这种迷惑作斗争。在把哲学的主要任务限定于语言分析的同时,分析哲学也往往以语言层面的技术性分析取

---

① [英]维特根斯坦:《哲学研究》,汤潮等译,北京:生活·读书·新知三联书店,1992 年,第 67 页。

② [英]维特根斯坦:《哲学研究》,汤潮等译,北京:生活·读书·新知三联书店,1992 年,第 66 页。

代了对真实存在的探究。他们只知道一种存在，即语言中的存在，语言之外的真实世界，基本上处于其视野之外。

可以看到，实证主义和分析哲学尽管表现形式不同，但都呈现出将哲学技术化、知识化的倾向。实证主义首先关注经验以及逻辑，并以类似科学的把握方式为哲学的正途；分析哲学则把语言作为唯一的对象，以对语言的技术化分析取代旨在达到真实存在的智慧追问。借用中国哲学的概念来表述，智慧的探索以"道"的追问为指向，以上趋向则执着于知识性的进路，以"技"的追寻拒斥"道"的追问。这种由"道"而"技"的进路，在实质的层面蕴含着智慧的遗忘。

与智慧的遗忘相辅相成的，是智慧的思辨化、抽象化趋向。从当代哲学看，现象学在这方面呈现比较典型的意义。相对于分析哲学，现象学不限于对经验和语言的关注，从胡塞尔追求作为严格科学的哲学，到海德格尔的基础本体论，都体现了以不同于知识的方式理解存在的要求。以建立作为严格科学的哲学这一理想为出发点，胡塞尔将"本质还原"、"先验还原"作为具体的进路，而通过还原所达到的，则是所谓"纯粹意识"或"纯粹自我"，后者同时被理解为以哲学的方式把握世界的基础。对"根基"、"本源"等终极性问题的关切，同时也蕴含了智慧的追问。然而，另一方面，以"纯粹自我"、"纯粹意识"为哲学大厦的基础，又明显地表现出思辨构造或抽象化的趋向。海德格尔提出"基础本体论"，并按照现象学的方式考察存在。这种本体论的特点在于把考察的对象指向"Dasein"（此在），其进路则表现为关注个体的生存体验，如"烦"、"畏"。"烦"主要与日常生活中的各种境遇相关，"畏"则表现为由生命终结的不可避免性而引发的意识（畏死）。在海德格尔看来，人是一种"向死而在"的存在，只有在意识到死亡的不可避免性时，才能够深沉地理解个体存在的一次性、不可重复性、独特性，由此回归本真的存在。

从现实形态看,人的存在固然包含海德格尔所描绘的各种心理体验,如烦、畏等,但又不仅限于自我的体验,而是基于社会实践的人与人的交往、人与物的互动过程,后者构成了人存在的实质内容。离开了以上过程,人本身便缺乏现实性品格。与之相对,海德格尔趋向于把这一过程看成是对本真之我的疏远。在海德格尔对技术的批判中,人与物互动的过程往往被理解为技术对人的主宰,人与人交往的过程,则被视为共在(being-with)的形式,对海德格尔来说,共在并非人的真实存在形态,而是表现为人的"沉沦":个体在共在中同于大众,变成常人,从而失去本真自我。这种观念悬置了人的存在之社会品格,从而难以达到存在的真实形态。可以看到,尽管海德格尔试图寻求本真之我,但是以上的思辨进路,却使这种"本真之我"恰恰远离了真实的存在。概而言之,就其追问哲学的根基、提出"基础本体论"并试图对存在作本源性的考察而言,胡塞尔与海德格尔似乎没有完全遗忘智慧,然而,他们的总体进路又带有明显的思辨化的形态,后者同时在实质上表现为智慧探求的抽象化。

　　相对于当代哲学中智慧的遗忘这一偏向,冯契表现出不同的哲学走向。在早年的《智慧》一文中,冯契便区分了意见、知识、智慧三种认识形态,他借用庄子的表述,认为"意见是'以我观之',知识是'以物观之',智慧是'以道观之'",并指出智慧涉及"无不通也、无不由也"之域①,表现出对智慧追求的肯定。同时,在《智慧》一文中,冯契特别批评当时的哲学末流,称其"咬定名言,在几个观念上装模作样,那就是膏肓之病,早已连领会的影子也没有了"。② 不难看到,这

---

　　① 冯契:《认识世界和认识自己》,上海:上海人民出版社,2011年,第263、264页。

　　② 冯契:《认识世界和认识自己》,上海:上海人民出版社,2011年,第278页。

种批评在相当意义上指向当时方兴未艾的实证主义,特别是分析哲学。通过数十年的智慧沉思,冯契在晚年形成了以《智慧说三篇》为主要内容的智慧学说,从而,以实际的哲学建构克服了对智慧的遗忘。

在超越智慧遗忘的同时,冯契对智慧的抽象化趋向同样给予了自觉的回应。上承马克思的哲学,冯契把实践的观念引入哲学的建构,并将自己的智慧说称为实践唯物主义。在这样的视野之中,智慧所探寻的不再是抽象的对象,而是现实的存在。所谓现实的存在,也就是进入人的知行过程、与人的知行活动无法相分离的具体实在。早期儒家曾肯定人可以"赞天地之化育",由此形成的世界,已不同于知行活动尚未作用于其上的本然存在,这里已包含现实世界乃是通过人的知行过程而建构之意。冯契基于实践的观念,更自觉地强调了这一点。智慧说的主干是《认识世界和认识自己》,这里的"世界"区别于本然的、玄虚的对象而展现为真实的存在,"自己"也不同于海德格尔的此在,而是表现为现实的个体。质言之,作为智慧追寻对象的存在,无论是世界,抑或自我,都是具有现实性品格的真实存在,这一视域中的存在既不同于本然之物,也有别于现象学意义上的超验对象。就以上方面而言,"智慧说"同时表现为对智慧抽象化的超越与扬弃。

可以看到,冯契一方面以智慧的追寻、智慧学说的理论建构克服了智慧的遗忘;另一方面又把智慧的探求放在真实的基础之上,由此扬弃了智慧的思辨化、抽象化趋向。冯契对当代哲学中智慧遗忘与智慧抽象化的双重扬弃,内在地呈现世界哲学的意义。

三　广义认识论:认识论、本体论和价值论的贯通

在冯契那里,作为智慧追寻结晶的"智慧说"同时又体现于广义

认识论之中：广义认识论可以看成是其"智慧说"的具体化。前文已提及，在冯契看来，认识论需要讨论四个问题：第一，感觉能否给予客观实在？第二，理论思维能否达到科学法则，或者说，普遍有效的规律性知识何以可能？第三，逻辑思维能否把握具体真理？第四，人能否获得自由，自由人格或理想人格如何培养？① 前面两个问题属一般认识论或狭义认识论讨论的对象，②后两个问题则不限于一般所理解的认识论。在"逻辑思维能否把握具体真理"这一问题中，所谓具体真理是指关于世界统一性原理和世界发展原理的认识，也即通常所谓形而上学、本体论方面的理论。按冯契的理解，对形上智慧的把握，同样也是认识论的题中应有之义。最后一个问题进一步指向自由人格（理想人格）如何培养的问题。对认识论的如上理解与通常对认识论的看法不同：一般的认识论主要讨论前两个问题（感觉能否给予客观实在，普遍必然的知识如何可能）。如果我们把这一形态的认识论看作狭义认识论，那么，包含后两个问题（逻辑思维能否把握具体真理，自由人格或理想人格如何培养）的认识论则可理解为广义认识论。从哲学演进的层面看，冯契对认识论的这种广义理解，包含多方面的意蕴。

在广义形态下，认识论首先开始扩展到对如何把握形上智慧这类问题的研究。以世界统一性原理和世界发展性原理为指向的具体

---

① 参见冯契：《认识世界和认识自己》，上海：上海人民出版社，2011 年，第 47—48 页。

② 康德在认识论上也涉及第二个问题，但在具体提法上，冯契与康德有所不同。康德关注的是"普遍必然的知识如何可能"，冯契先生则以"规律性知识"取代了"必然知识"。这里涉及冯契对真理性认识的理解，他认为真理性认识不仅仅和必然的法则相关，而且与具有或然性的存在规定相联系，这种或然性不同于因果必然性，可以视为统计学意义上的法则，在冯契看来，认识论应该把与此相关的内容也纳入自身之中。

真理,其认识内容更多地表现为形上智慧,把这一意义上的具体真理纳入认识领域,同时意味着以形上智慧作为认识论研究的对象。在以上形态中,形上智慧所涉及的具体内容是如何理解存在的原理,在此意义上,广义认识论同时需要考察和讨论本体论的问题。进一步看,在广义认识论中,认识世界与认识自己彼此相通:自由人格(理想人格)如何培养的问题便涉及人对自身的认识和自身人格的培养,后者用中国哲学的概念来表述,也就是成就自己。成己(成就自己)的前提是认识人自身:如果说,对具体对象及形上智慧的把握涉及认识世界的问题,那么,自由人格的培养便更多地和认识人自身相联系。在冯契看来,广义的认识论即表现为认识世界和认识自己的统一。具体而言,认识过程不仅仅面向对象,而且也是人自身从自在走向自为的过程。所谓从自在到自为,也就是人从本然意义上的存在,通过知行过程的展开,逐渐走向具有自由人格的存在。成就自己(理想人格的培养)同时涉及价值论的问题:人格的培养本身在广义上关乎价值领域,理想、自由等问题也都是价值领域讨论的对象。在这一意义上,认识论问题又与价值论问题相联系。前面提及,冯契把形上智慧引入认识论中,意味着肯定认识论问题和本体论问题的联系,认识世界和认识自己的沟通以及由此引入"成己"的问题,则进一步把认识论问题和价值论问题联系在一起。这些看法从不同方面展现了广义认识论不同于狭义认识论的具体特点。

把认识论的问题和本体论问题联系在一起,这一进路包含多方面的涵义。从认识论角度看,它不同于对知识的狭义考查;从本体论角度看,它又有别于思辨意义上的传统形而上学。传统形而上学的主导趋向在于离开人自身的知、行过程去考察存在,由此往往导致对世界的思辨构造:或者把存在还原为某种终极的存在形态,诸如"气""原子"等等,或者追溯终极意义上的观念或概念,由此建构抽象的世界图景。与完全离开人自身的存在去思辨地构造存在模式的这种传统形而上学不同,冯契对本体论问题的考察始终基于人自身的知行过程。

这里可以具体地对冯契所论的本然界、事实界、可能界、价值界作一考察,在冯契那里,这四重界同时表现为认识过程中的不同存在形态。所谓本然界,也就是尚未进入认识领域的自在之物。在认识过程中,主体作用于客观实在,通过感性直观获得所与,进而形成抽象概念,以得自所与还治,从而使本然界化为事实界。事实是为我之物,事实界是已被认识的本然界,在冯契看来,知识经验就在于不断化本然界为事实界。

相对于本然界的未分化形态,事实界已取得分化的形式,具有无限的多样性。不同的事实既占有特殊的时空位置,又彼此相互联系,其间具有内在的秩序。冯契考察了事实界最一般的秩序,并将其概括为两条。其一是现实并行不悖,其二为现实矛盾发展。冯契吸取了金岳霖的观点,认为从消极的方面说,现实并行不悖是指现实世界没有不相容的事实,而所谓相容则是指空间上并存,时间上相继的现实事物之间不存在逻辑的矛盾:我们可以用两个命题表示两件事实而不至于矛盾。就积极的方面说,并行不悖便是指一种自然的均衡或动态的平衡,这种均衡使事实界在运动变化过程中始终保持一种有序状态。冯契认为,事实界这种并行不悖的秩序既为理性地把握世界提供了前提,也为形式逻辑提供了客观基础:形式逻辑规律以及归纳演绎的秩序与现实并行不悖的秩序具有一致性。在此,本体论的考察与认识论始终联系在一起。

与并行不悖相关的是矛盾发展,后者构成了事实界的另一基本秩序。自然的均衡总是相对的,事物间的并行也有一定的时空范围,事实界的对象、过程本身都包含着差异、矛盾,因而事实界既有以并行、均衡的形式表现出来的秩序,又有以矛盾运动的形式表现出来的秩序,正如前者构成了形式逻辑的客观基础一样,后者构成了辩证逻辑的现实根据。不难看出,冯契对事实界的理解始终与人如何把握世界本身联系在一起,具体而言,他乃是将事实界的秩序作为思维逻辑的根据和前提来把握。

进一步看,事实界的秩序体现了事实间的联系,是内在于事的理。事与理相互联系:事实界的规律性联系依存于事实界,而事实之间又无不处于联系之中,没有脱离理性秩序的事实。理与事的相互联系,使人们可以由事求理,亦可以由理求事,换言之,内在于事的理既为思维的逻辑提供了客观基础,又使理性地把握现实成为可能。

思维的内容并不限于事与理,它总是超出事实界而指向可能界。从最一般的意义上看,可能界的特点在于排除逻辑矛盾,即凡是没有逻辑矛盾的,便都是可能的。同时,可能界又是一个有意义的领域,它排除一切无意义者。二者相结合,可能的领域便是一个可以思议的领域。冯契强调,可能界并不是一个超验的形而上学世界,它总是依存于现实世界。事实界中事物间的联系呈现为多样的形式,有本质的联系与非本质的联系,必然的联系与偶然的联系,等等,与之相应,事实界提供的可能也是多种多样的。冯契认为,从认识论的角度看,要重视本质的、规律性的联系及其所提供的可能,后者即构成了现实的可能性。现实的可能与现实事物有本质的联系,并能够合乎规律地转化为现实。可能的实现是个过程,其间有着内在秩序。从可能之有到现实之有的转化既是势无必至,亦即有其偶然的、不可完全预知的方面,又存在必然的方面,因而人们可以在"势之必然处见理"。与事实界的考察一样,冯契对可能界的理解,始终没有离开人的认识过程。从事实界到可能界的进展,现实的可能与非现实的可能之区分,由可能到现实的转化,都在不同意义上对应于人的认识秩序。

事实界的联系提供了多种可能,不同的可能对人具有不同的意义。现实的可能性与人的需要相结合,便构成了目的,人们以合理的目的来指导行动,改造自然,使自然人化,从而创造价值。事实界的必然联系所提供的现实可能(对人有价值的可能),通过人的实践活动而得到实现,便转化为价值界,价值界也可以看作是人化的自然。价值界作为人化的自然,当然仍是一种客观实在,但其形成离不开对现实可能及人自身需要的把握。在创造价值的过程中,人道(当然之则)与天道(自然的秩序)是相互统一的,而价值界的形成则意味着人通过化自在之物为为我之物的实践而获得了自由。

作为广义认识论的构成,对本然界、事实界、可能界、价值界的考察无疑具有本体论意义,但它又不同于思辨的本体论:它的目标并不是构造一个形而上的宇宙模式或世界图景,而是以认识世界为主线,阐明如何在实践的基础上以得自现实之道还治现实,从而化本然界为事实界;通过把握事实界所提供的可能以创造价值,在自然的人化与理想的实现中不断达到人的自由。冯契在认识世界的过程中谈存在,并把这一过程与通过价值创造而走向自由联系起来,这一本体论路向无疑有其独到之处。

以上主要着眼于关联认识过程的本体论。从认识论本身看,广义认识论又不同于疏离于本体论的知识论,而是以本体论为其根据。自分析哲学兴起以来,当代哲学对认识论的考察,往往主要以抽象形态的知识论(theory of knowledge)为进路,冯契则不主张仅仅把认识论(epistemology)归为知识论(theory of knowledge)。知识论的进路每每回避了对世界本身的把握问题,从哲学的角度看,这种回避背后常常隐含着消解客观性原则的趋向,后者较为明显地呈现于当代认识论的传统,从所谓观察渗透理论,到拒斥真理的符合论,都不难看到这一点。观察渗透理论本身无疑不无合理之处：它注意到观察过程中并不仅仅包含感性活动，其中也渗入了内在的理论视域。然而，在当代的知识论中，观察渗透理论着重突出的是人的主观背景对认识过程的作用，包括认识者所具有的观念框架对其进一步展开认识活动的影响，这种作用和影响主要突显了认识过程中的主观之维。在真理问题上，当代知识论往往趋向于否定和批评符合论。符合论根据认识内容和认识对象是否符合，判断认识是否具有真理性。这种理论本身的意义以及可能存在的内在问题，无疑都可以讨论。但肯定认识和对象的符合，同时隐含对认识过程客观性的追求，拒绝这一追求，则意味着对客观性的疏离。

在另一些哲学家如哈贝马斯那里，主体间关系往往被提到了重要的位置。哈贝马斯注重共同体中不同主体间的交流和沟通，强调通过以上过程达到某种共识，其中所关注的主要是主体间性。主体间性涉及不同主体之间的讨论和对话，后者在认识过程中无疑具有重要的意义。事实上，冯契也非常注重这一方面，他把群己之辩引入认识过程中，所侧重的便是不同主体间的交流、讨论对认识过程的意义。但是，冯契同时又肯定不能以主体间性拒斥客观性。从逻辑上看，仅仅关注主体间性，认识每每容易限定在主体之间，难以真正达到对象。在疏远、忽略客观性方面，单纯强调主体间性与前面提到的仅仅注重主体性，显然有其相通之处。

在认识论与本体论的关系方面，还存在一种比较特殊的形态，这种形态可以从康德哲学与现代新儒家的相关进路中窥其大概。在康德那里，从知性到理性的进展，构成了其批判哲学的重要方面。知性的讨论主要关乎先天的范畴或纯粹的知性概念，其涉及的问题则包括先天的形式如何与感性提供的质料相结合，以形成普遍必然的知识。理性的讨论则指向超验的理念，包括灵魂、世界、上帝，后者关乎形而上之域。如果说,知性涉及的主要是狭义上的认识论之域,那么,理性则关乎形而上问题,后者在实质上已进入广义的形而上学领域。康德批判哲学的整个构架是从知性到理性,而在由知性到理性的进展中,知性与理性本身似乎也被分为前后两截,从逻辑的层面上看,这种分离的背后,同时蕴含着认识论和形而上学的相分。

与康德的进路有所不同,作为现代新儒家代表人物之一的牟宗三提出了"良知坎陷"说。"坎陷"的本来意义是后退一步或自我否定,"良知"则是道德形而上学视域中的本体,大致可归入康德意义上的理性之域。所谓"良知坎陷",也就是作为理性本体的良知后退一步,进入知性领域之中,由此发展出中国传统哲学相对较弱的认识论、科学理论,等等。这一思路与康德正好相反:康德是从知性到理性,牟宗三则是从理性到知性。但是无论是其中哪一种进路,都内在地隐含着认识论和本体论的分离:不管是从知性到理性,还是从理性到知性,其前提都是二者非彼此融合,而是分别存在于不同领域。这种进路从另一个方面体现了认识论和形而上学的分离。

可以看到,近代以来,哲学演化的趋向之一是认识论与本体论的彼此相分,与此相联系的是对"客观性原则"的拒斥。与这种哲学趋向相对,在"广义认识论"的主题之下,冯契强调,"认识论和本体论两者互为前提,认识论应该以本体论为出发点、为依据"。这一观点明确肯定了认识论问题和本体论问题的联系。在他看来,"心和物的关系是认识论的最基本的关系,它实际上包含着三项:物质世界(认识对象)、精神(认识主体),以及物质世界在人的头脑中的反映(概念、范畴、规律)即所知的内容"①。心物关系涉及人的概念、意识和对象

---

① 冯契:《认识世界和认识自己》,上海:上海人民出版社,2011年,第60、37页。

之间的关系，它同时也属本体论所讨论的问题。按冯契的理解，认识论不能像分析哲学中的一些知识论进路那样，仅仅封闭在知识领域中，关注于知识形态的逻辑分析，而不问知识之外的对象。在此，冯契的侧重之点在于将知识论和本体论的问题联系在一起，并由此重新确认认识的客观性原则。从肯定"所与是客观的呈现"，到强调认识过程乃是"以得自现实之道来还治现实之身"，认识的客观性之维在不同层面得到了关注。宽泛而言，认识过程就在于通过知行活动作用于现实，由此把握关于现实本身的不同规定，形成合乎事与理的认识，然后进一步以此引导新的认识过程。在这里，客观性首先体现在认识的过程有现实的根据，引而申之，概念、命题、理论作为构成知识形态的基本构架，也有其本源意义上的现实的根据，而非思辨的构造。

从广义认识论的角度看，把握存在的形上智慧同时制约着认识世界的过程。形上智慧更多地涉及广义上的本体论问题，与之相应，二者的相关性从另一个方面肯定了本体论是认识论的前提。通过确认认识论的本体论基础，肯定认识过程中主体性、主体间性和客观性不可相分，冯契的广义认识论既扬弃了近代以来认识论隔绝于本体论、能知疏离于所知等立场，也超越了仅仅强调认识领域的主体性、主体间性而排拒客观性的趋向。

认识过程同时涉及"得"（获得）和"达"（表达）的关系。"得"关乎知识的获得过程，"达"则涉及知识的表述或呈现形式。引申而言，知识的获得又与认识（包括科学研究）中的发现过程相关，知识的表述或呈现则与论证或确证（justification）过程相涉。从现代哲学看，主流的西方认识论趋向于将认识论限定在论证或知识的辩护过程，而把知识的获得或科学发现过程归结为心理学的问题。知识的论证或辩护无疑是重要的，认识在最初可能只是某种思想的洞见或直觉，后者往往仅仅朦胧地内在于个体之中，无法在主体间传递、交流，因而还很难视为严格意义上的知识。唯有经过论证过程（广义上的"达"），才能使之获得学术共同体中可以交流、批评的逻辑形态，从而被归入知识之列。不过，离开了知识的获得过程，知识之"达"也就失去了前提。与这一事实相联系，冯契的广义认识论在注重知识的确证（包括逻辑论证和实践验证）的同时，也将关注之点指向知识如何获得的问题。在认识出发点上，冯契把"问题"引入认识过程，以"问题"为具体的认识过程的起点。认识论领域的"问题"有多方面的含义，其特点之一在于"知"与"无知"的统一：一方面，主体对将要认识的对象尚处于无知状态，另一方面，他又意识到自己处于无知之中，亦即自知无知，由此便发生了"问题"。冯契同时肯定，从主观方面看，问题往往和疑难、惊异等心理状态相联系。疑难和惊异显然包含着情感、意愿等方面，从而不同于单纯的逻辑形式；与之相联系，把"问题"引入认识过程并以此为认识过程的开端，表明认识过程不可能把心理的问题完全排斥在外。以上看法与分析哲学中的知识论重逻辑、轻心理的立场显然不同。从认识的方式看，冯契特别提到理论思维的作用，在他看来，理论思维是人的思维活动中最重要的东西，认识过程无法与思维过程相分离。思维过程同样也涉及意识和心理的方面，这一事实进一步表明，广义上的认识不可能和心理、意识的方面完全摆脱关联。最后，冯契还具体讨论了理性直觉的问题。直觉往往被理解为非理性的方面，但在冯契看来，这种认识形式并非与理性截然相分，所谓"理性直觉"，便肯定了非理性意义上的直觉与理性之间的关联。在广义的认识过程中，从科学的发现，到后文将论述的转识成智，理性的直觉都构成了不可忽视的方面。

从问题到理论思维，再到非理性意义上的直觉，这些环节内在于认识过程，构成了科学发现、获得新知以及达到智慧的重要方面。由此，冯契把如何获得、发现的问题与如何论证、表达的问题结合起来，使认识过程回归到现实的形态。按其本来内涵,认识过程的展开并不仅仅限于对知识形式的单纯逻辑论证或对知识确证度的断定,知识的论证与知识的获得难以完全分离。被分析、被确证的知识内容首先有一个如何获得的问题,深层的论证总是关联后者。冯契的广义认识论通过肯定"得"和"达"的统一,将认识过程中获得(发现)的环节和论证的环节结合起来,由此扬弃了现代知识论中仅仅关注形式层面论证的偏向。

从更广的意义看,单纯的论证过程往往和静态的逻辑分析相联系,而科学"发现"、"获得"知识的过程总是展开为动态的活动。冯契在总体上把人的认识过程看作从"无知"到"知",从"知识"到"智慧"的进展,无论是从"无知"到"知",抑或从"知识"到"智慧",都表现为动态的过程。作为这一广义过程的内在体现,"得"和"达"的统一在肯定认识展开为过程的同时,也进一步扬弃了仅仅关注静态逻辑分析的知识论进路。

综而论之,就其联系人的知行过程考察存在而言,广义认识论可以视为基于认识论的本体论;就其以本体论为认识论的出发点而言,广义认识论又表现为基于本体论的认识论。进一步看,在广义认识论中,对自由人格(理想人格)的把握,同时展现了认识论与价值论的关联,这种关联可以看作是事实认知与价值评价相互统一的展开。在这里,广义认识论之"广",即展现为认识论、本体论、价值论的统一,后者既是智慧说的具体化,也是对近代以来认识论趋向于狭义知识论的回应。

四 转识成智如何可能

如前所述,作为智慧说的体现,广义认识论的特点在于其中包含形上智慧的探索和追寻。形上智慧本身又有是否可能的问题,当冯契把"逻辑思维能否把握具体真理"作为广义认识论的问题之时,便已涉及这一方面,而在广义认识论的展开中,这一问题首先得到了肯定的回答。与"是否可能"相关的是"如何可能",二者都涉及转识成智的问题。从源头上看,转识成智与佛教唯识宗相联系。在唯识宗那里,"识"主要表现为分别、区分,其特点是仍停留于我执、法执的层面上;"智"则超越执着、表现为由迷而悟的认识状态。冯契不限于佛教的视域,把转识成智理解为从知识到智慧的飞跃过程,而这一过程如何可能的问题与形上智慧如何可能在实质上呈现一致性。对此,冯契从不同方面作了探索。

首先是理性直觉。前已提及,直觉与理性的分析、逻辑的推论相对,通常被看作非理性的认识方式,其特点在于对事物内在规定和本质的直接把握,理性则更多地表现为以逻辑思维的方式来理解和把握对象。在冯契看来,非理性意义上的直觉与理性不可截然相分。这一看法的背后,蕴含着对人类认识世界过程(包括对形上智慧的把握过程)中理性的方面和非理性的方面彼此交融的肯定,后者赋予"转识成智"以独特的认识论内涵。关于"转识成智",一些研究者往往持怀疑态度,在他们看来,这一过程似乎包含某种神秘主义的趋向。此处的关键在于,对冯契而言,理性和非理性无法完全分离,"转识成智"也不仅仅是非理性意义上的体悟过程:"理性直觉"这一提法,本身即表现了将理性和非理性加以沟通的意向。

在认识论意义上,直觉往往表现为认识中的飞跃。作为飞跃的实现形式,直觉需要理性的长期准备,没有理性的积累、准备,飞跃无法达到。从以上角度看,冯契所说的"转识成智"同时表现为渐进和顿悟、过程和飞跃之间的统一。一般而言,如果仅仅专注于飞跃、顿悟,直觉每每容易流于神秘的体验,然而,把飞跃和领悟与理性的长期积累、逻辑思维的逐渐准备联系起来,直觉之上的神秘形式便可以得到某种消解。

在当代哲学中,牟宗三曾对智的直觉作了考察。牟宗三所说的智的直觉,首先与康德哲学相联系。康德区分现象与物自体,认为人的感性直观只能把握物自体对人的作用,亦即现象,至于物自体本身,则无法由感性直观把握:在逻辑上它只能诉诸理性直观或智的直观。既然人无法直观到事物的本然形态(物自体)而只能直观事物呈现于人的形态(现象),因而人不具有理性直观的能力。牟宗三批评康德否认人具有智的直觉,认为这是对人的认识能力的限制。与康德不同,牟宗三强调人具有理性直观,而这种直观主要又被理解为对形上的道德本体的把握或道德意识(良知)的当下呈现。就其内涵而言,康德视域中的智的直观或理性直观与牟宗三所理解的智的直觉显然有所不同:康德的智的直观或理性直观主要对应于物自体,牟宗三的智的直觉则主要指向形上的道德本体或当下呈现的道德意识(良知)。从形式的层面看,牟宗三所说的智的直觉似乎近于理性直觉,然而,以形上的道德本体或道德意识(良知)的当下呈现为智的直观之内容,无疑在突出直觉的超验性和当下性的同时,既淡化了直觉与理性的联系,也疏远了直觉与现实之间的关联,这一意义上的直觉,在相当程度上表现出思辨、抽象的性质。与之相异,冯契不仅在理性直觉中对非理性与理性作了沟通,而且强调理性直觉与现实存在的不可分离性:"在实践中感性活动给予客观实在感是全部认识大厦的基石。理性的直觉无非是理性直接把握这种客观实在感,于是感性呈现不只是作为知识经验的材料,供抽象之用,而且更呈现为现实之流,呈现为物我两忘,天人合一的境。"①对理性直觉的如上理

---

① 冯契:《认识世界和认识自己》,上海:上海人民出版社,2011 年,第 247 页。

解,无疑使之进一步区别于神秘的体验而展现现实的品格。

按冯契的理解,通过理性直觉而达到对形上智慧的领悟,同时需要经过辩证综合的过程。辩证综合在某种意义上可以理解为逻辑的分析和辩证思维之间的结合,它既以逻辑的分疏、辨析为前提,也意味着超越分辨,把握事物之间的联系,达到整体上的领悟和把握。在辩证的综合中,包含着范畴的运用:"利用'类'的同异,我们讲相反相成的原理;利用'故'的功能、作用,我们讲体用不二的原理;利用'理'的分合,我们讲理一分殊的原理,这些原理都是辩证的综合。"[①]这里的类、故、理,属普遍层面的范畴,其中不仅包含多样性的统一,而且以同异、体用、分合之间的相互作用为更深层的内容。进一步看,辩证的综合同时表现为从抽象到具体的运动,并展开为历史与逻辑的统一。在这里,综合的辩证性质既意味着超越单纯划界、执着分离的视域,从整体、统一的层面把握世界,也意味着扬弃静态规定,从过程的层面把握世界。

在冯契那里,形上智慧如何可能的问题,同时与智慧的实践向度联系在一起,"转识成智"同样涉及智慧的实践层面。智慧的实践向度首先体现于冯契所提出的"化理论为方法、化理论为德性"这两个著名观念。理论既得之现实,又还治现实,所谓"化理论为方法",主要与人作用于对象的过程相联系:广义上的方法既关乎对事物的认识和把握,也涉及对事物的作用,二者都离不开实践过程。"化理论为德性",则体现于人自身的成长过程,其形式表现为以理论引导实践过程,由此成就人的德性。以中国哲学的概念来表述,以上两个方面具体表现为成己与成物。形上智慧来自实践过程又进一步运用于

---

① 冯契:《认识世界和认识自己》,上海:上海人民出版社,2011年,第249—250页。

实践过程;通过"化理论为方法、化理论为德性",形上智慧既落实于现实,又不断获得新的内容,由此得到进一步的深化和丰富。

可以看到,在体现于实践的过程中,智慧同时取得了实践智慧的形式,事实上,与"化理论为方法、化理论为德性"相联系的"转识成智",内在地包含着对实践智慧的肯定。这一意义上的"转识成智"不同于智慧的思辨化,相反,它赋予形上智慧以实践的品格。从最一般的层面看,实践智慧以观念的形态内在于人自身之中,同时又作用于人的知行过程或广义的实践过程。这里既内含与一定价值取向相应的内在德性,又渗入了人的知识经验,这两者又进一步融入人的现实能力之中,并且相应地具有规范的意义。从具体作用看,实践智慧的重要特点在于将实践理性和理论理性、说明世界和改变世界沟通起来:从逻辑上说,纯粹的理论理性仅仅关注说明世界,而单纯的实践理性则主要侧重于变革世界。在实践智慧中,以说明世界为指向的理论理性与以改变世界为指向的实践理性彼此关联,智慧的实践意义也由此得到体现。

正是基于"转识成智"的实践之维,冯契在肯定理性直觉、辩证综合的同时,又提出了德性自证。德性自证侧重于在实践过程中成就自我,它既涉及凝道而成德,也关乎显性以弘道:"我在与外界的接触、交往中使德性得以显现为情态,而具有感性性质的事物各以其'道'(不同的途径和规律),使人的个性和本质力量对象化了,成为人化的自然,创造了价值。这便是显性以弘道。"①这里的"本质力量对象化"便表现为广义的实践过程,它使自我的成就、德性的提升不同于单纯的自我反省和体验。如果说,理性直觉、辩证综合较为直接地与智慧的理论意义相涉,那么,德性自证则更多地突显了智慧的实践

① 冯契:《认识世界和认识自己》,上海:上海人民出版社,2011年,第253页。

意义。在变革世界的过程中成就自我,同时从实践的层面为"转识成智"提供了现实的担保。

对"转识成智"的如上理解展现了走向形上智慧的多重方面。在理性和非理性的沟通、过程和飞跃的统一中,交错着逻辑分析和辩证综合之间的互动,德性的自证则进一步使智慧的实践意义得到彰显。通过理性直觉、辩证综合、德性自证以实现转识成智,不仅是主体走向智慧的过程,而且也是智慧现实化的过程。在此意义上,冯契的以上看法既体现了对形上智慧如何可能的具体思考,也从更深的层面上展现了对智慧遗忘与智慧思辨化的超越。

五　人格学说与价值原则

"转识成智"以德性自证为题中之义,德性自证则涉及自我成就,后者更直接地关联着人格培养的问题。从更广的角度看,冯契的广义认识论已将理想人格如何培养作为追问的内在问题,这同时意味着智慧说以人格理论为其题中之义。以此为逻辑前提,冯契具体提出了平民化自由人格的学说。在中国传统文化中,人格培养的目标往往被规定为成就圣贤,理想人格则相应的表现为圣贤、君子,这种人格形态与等级社会结构存在某种历史的联系。平民是近代视域中的社会成员,"平民化"表现为人格形态从传统意义上的圣贤、英雄向普通人转化,这一转化同时意味着人格形态从传统走向近代。事实上,平民化的人格,便可以视为理想人格的近代的形态。

与"平民化"相联系的是人格的"自由"规定,"平民化自由人格"在总体上突出了理想人格和自由之间的关联。按照冯契的理解,自由是人的本性,人区别于动物的根本之点在于人具有追求自由、实现自由的品格,自由人格可以看作是自由的本性在人格之上的体现。

从价值层面看,人的这种自由品格与真善美联系在一起。冯契从三个方面对自由作了解释:"从认识论来说,自由就是根据真理性的认识来改造世界,也就是对现实的可能性的预见同人的要求结合起来构成的科学理想得到了实现。从伦理学来说,自由就意味着自愿地选择、自觉地遵循行为中的当然之则,从而使体现进步人类要求的道德理想得到了实现。从美学来说,自由就在于在人化的自然中直观自身,审美的理想在灌注了人们感情的生动形象中得到了实现。"①在此,作为人存在的本性以及人追求的理想,自由的实质内涵具体表现为真善美的统一。这一意义上的自由具有现实的价值内涵,而非空洞、无内容的思辨预设。可以看到,以平民化的自由人格为理想人格的内容,既体现了人格形态的近代转换,又赋予它以自由的品格并使之与真善美的理想紧密地联系在一起,从而避免了人格的抽象化。

人的理想存在形态与现实存在形态无法分离,对理想人格的规定,同时基于对人的现实存在的理解。在这一意义上,"何为人"与"何为理想之人"具有内在关联。从历史上看,儒家很早就辨析人禽之分,对人与动物加以区分的背后,便蕴含着何为人的问题。在近代,康德提出了四个问题,即"我可以知道什么"、"我应当做什么"、"我可以期望什么"、"人是什么",其中,"人是什么"构成了康德哲学追问中带有总结性的问题。

关于何为人、何为理想之人,冯契主要从三个方面作了考察。首先是个体性和社会性的关系。在传统儒学中,人禽之辨与肯定人的社会性、群体性具有内在关联。孟子特别强调"圣人与我同类者"②,

① 冯契:《人的自由和真善美》,上海:华东师范大学出版社,1996年,第27—28页。

② 《孟子·告子上》。

亦即从类的角度,肯定圣人与自己属于同一类。就总体而言,人的群体性品格在传统儒学中被置于重要位置之上,后来荀子在考察人与动物的区别时,也把"人能群,彼不能群"作为二者不同的根本之点。相对而言,康德在提出何为人之时,突出的首先是人的自由意志,自由意志总是与一个一个的个体联系在一起,从而,在自由意志之后,蕴含着对人的存在中个体性品格的肯定。广而言之,近代以来主流的近代哲学都把人的个体性品格放在突出的位置之上,个体性原则同时也构成了近代启蒙思想的重要价值原则。可以看到,中国传统哲学和西方近代以来的哲学分别强化了人的存在规定中的一个方面:传统儒学把群体性放在首要地位,西方近代以来的主流哲学则首先侧重于人的个体性规定。

在冯契看来,真实、具体的人一方面具有社会性的品格,另一方面又具有独立性(这种独立性与近代以来所注重的个体性具有相通之处);对于理解人的真实存在来说,社会性和独立性都不可或缺。有鉴于中国传统哲学把群体性放在比较突出的位置之上,冯契对自由个性给予了比较多的关注。按冯契的理解,自由个性具有本体论的意义,可以视为精神创造的本体。所谓精神创造的本体,也就是广义文化创造的内在根据。人的创造活动不仅基于物质层面的资源,而且以创造者本身的精神形态为内在根据,自由个性即与之相关。从何为人与何为理想之人的统一看,人的社会性品格和自由独立个性既是实然,也是应然:就实然而言,社会性品格和自由个性的统一表现为人的现实存在形态;从应然的角度考察,这种形态同时也具有理想的特点,是人应当追求并使之实现的人格之境。冯契的以上看法,可以视为对历史上群己之辩的某种总结,其内在的趋向在于扬弃群己之辩上的不同偏向,走向两者之间的沟通。

人的存在规定同时关乎理和欲的关系。在传统哲学中,特别在宋明理学那里,理欲之辩是重要的论题。从人的存在这一角度看,"理"更多地与人的理性本质相联系,"欲"则与人的感性欲求、感性存在形态相关。传统哲学中的理欲之辩,主要便讨论感性存在与理性本质这两者之间应该如何定位,与之相关的实质问题,则是何为真实的人。一些哲学家往往把感性的方面放在突出的位置,所谓"食色,性也",便体现了这一点。根据这一看法,食、色这种基本的感性需求便构成人之为人的本质,它所强调的是感性存在对于人的优先性。与之不同,主流的儒学将人的理性本质视为人之为人的根本方面,从先秦儒学到宋明儒学,人的理性本质往往被放在首要的位置。在宋明儒学中,理欲之辩便与心与性、道心与人心等论辩联系在一起,人心主要与人的感性欲求相联系,道心则可以看作是天理的化身。关于二者的关系,正统理学的基本理解是:"须是一心只在道心上,少间那人心自降伏得不见了,人心与道心为一,恰似无了那人心相似。只是要得道心纯一,道心都发见在那人心上。"①这一看法的内在意向即净化人心、以理性的本质为人的主导规定。在强调理性优先的同时,正统化的理学对于人的感性存在以及与此相关的感性需求往往表现出某种虚无主义的趋向。理学所追求的理想人格是"醇儒",所谓"醇儒",即以内化的天理为人格的内容,其中已剔除了表现为"人心"的感性规定,这种看法显然未能使人的存在中的感性之维获得合理的定位。

在西方哲学中也可以看到类似的哲学趋向。一方面,从柏拉图到黑格尔,主流的西方哲学把理性方面放在突出地位,理性主义往往成为主流的哲学形态,怀特海所谓全部西方哲学不外乎柏拉图哲学

---

① 《朱子语类》卷七十八,《朱子全书》第 16 册,上海:上海古籍出版社/合肥:安徽教育出版社,2002 年,第 2666 页。

的一个注脚,也涉及这一趋向。后现代主义在批评、反思西方文化之时,常常把拒绝理性主义、解构逻各斯作为它的旗帜,而拒绝理性主义、解构逻各斯的历史前提,就是理性主义曾在西方文化中占据主导地位。另一方面,人的存在中非理性的规定也以不同的形态在西方哲学中得到了关注和强调。近代以来,从尼采、叔本华到存在主义以及后现代主义等等,都在不同意义上突出了人的存在中的非理性方面。在这里,同样不难注意到理性和非理性(包括感性)之间的张力。

可以看到,无论是在中国哲学的衍化过程中,抑或在西方哲学史上,都存在如下现象:一些哲学家比较多地突出了人的存在中理性这一维度,另一些哲学家则更为强调非理性(包括感性)的方面。如何适当地定位理性和非理性(包括感性),始终是哲学史中需要面对的一个问题。哲学衍化的以上历史构成了冯契考察和理解人的前提。按冯契的理解,理和欲在广义上关乎感性、理性和非理性,对人而言,感性、理性和非理性本身是相互统一的,理和欲在人的成长过程中都应加以关注。理欲之间的这种统一,同时也表现为人自身的全面发展:理欲统一与人的全面发展在冯契看来是两个相互关联的问题。对理欲统一与人的全面发展之间联系的确认,意味着在理论上克服仅仅强调"理"或单纯突出"欲"的不同偏向。在这里,何为人与何为理想之人同样相互关联:从"何为人"的层面看,人的现实存在表现为理(理性本质)与欲(感性存在)的统一,从"何为理想之人"的角度看,理欲统一以及与之相关的人的全面发展,则应当成为理想人格的目标。

与理欲关系相关的是天人关系。从中国哲学看,广义上的天人之辩既涉及人与外部自然的关系,也关乎人的天性和德性,这里的德性表现为人化的品格,天性则与人的自然之性相关联。历史地看,早期儒家已提出"赞天地之化育"(《中庸》)、"制天命而用之"(荀子),

其侧重之点在于人对自然的作用。就天人关系而言,儒家的以上观念把人的作用放在更突出的地位:"赞天地之化育"意味着现实的世界并不是本然形态的洪荒之世,其形成过程包含人的参与。换言之,人的活动在现实世界的生成过程中不可或缺。从人自身的存在看,儒家反对停留于本然的天性,要求化天性为德性,后者意味着通过人的知行过程,使人性中的先天性可能转换为合乎伦理规范的德性。不难看到,无论是"赞天地之化育",还是"化天性为德性",天人关系中的人道之维被提到更为优先的层面。与之相对,道家一方面强调道法自然:从人的作用与自然法则的关系看,合乎自然、顺乎自然是其更为根本的主张;另一方面,又强调"无以人灭天",即反对以人为的规范、教条去束缚人的天性。以上两者构成了道家对天人关系的基本理解,其中,与天相联系的自然原则被放在突出的位置上。

天人关系上的不同趋向,同样存在于西方思想的衍化过程。一方面,古希腊的普罗泰戈拉已提出:"人是万物的尺度,是存在的事物存在的尺度,也是不存在的事物不存在的尺度。"[①]在此,人被视为判断万物的基本标准。近代以来总的趋向是强调人对自然的征服,在人对自然的主导、支配过程中,逐渐形成了人类中心主义的观念。从人是万物的尺度到人类中心主义,都把人放在突出、主导的位置上。另一方面,西方思想中也存在推崇自然的传统,即使在近代,也可以看到这一点,卢梭便对自然给予了高度的注重。按照卢梭的看法,"凡是来自自然的东西,都是真的"。"我们的大多数痛苦是我们自己造成的,因此,只要我们保持大自然给我们安排的简朴的、有规律的和孤单的生活方式,这些痛苦几乎全都可以避免。""这种情况(指奴

---

① *Ancilla to the Pre-Socratic Philosophers*, Harvard University Press, 1983, p. 125.参见《古希腊罗马哲学》,北京:商务印书馆,1982 年,第 138 页。

役——引者）在自然状态中是不存在的；在自然状态中，每个人的身上都没有枷锁，最强者的法律是没有用的。"①如此等等。在这里，自然被赋予理想、完美的形态，它构成了西方对天人关系看法的另一面。在当代哲学中，依然可以注意到这一趋向。以海德格尔而言，他曾批评人道主义，认为人道主义本身即是形而上学，其特点在于关注存在者而遗忘了存在。按海德格尔的理解，整个西方传统形而上学的最大问题就是仅仅关注存在者而遗忘了存在，人道主义也没有离开这一传统。与批判人道主义相联系的是对技术的批判，后者意味着拒绝技术的专制、反对技术对人的自然天性的扭曲，等等。这种批评与海德格尔追求所谓"诗意地栖居"彼此呼应："诗意地栖居"意味着超越技术统治，从人走向天，重新回到合乎自然（具有诗意）的生活。现代的一些环境伦理学进一步从批评人类中心主义走向另一个极端，并由此趋向于将人与人之外的其他存在等量齐观：相对于其他存在，人并没有自身的内在价值。可以说，近代以来，广义上的启蒙主义趋向于人类中心主义，而广义上的浪漫主义则强调自然的价值，在这种不同趋向之后，是天与人之间的对峙。

不难注意到，无论是中国传统哲学，还是西方哲学，在如何理解天人关系的问题上，都包含着某种张力。与哲学史上天道与人道相互对峙的趋向不同，冯契认为，"人根据自然的可能性来培养自身，来真正形成人的德性。真正形成德性的时候，那一定是习惯成自然，德性一定与天性融为一体了。就是说，真正要成为德性，德性一定要归为自然，否则它就是外加的东西，那就不是德性了"②。这里一方面肯

---

① ［法］卢梭：《论人与人之间不平等的起因和基础》，李平沤译，北京：商务印书馆，2007年，第48页、第54页、第81—82页。

② 冯契：《认识世界和认识自己》，上海：上海人民出版社，2011年，第223—224页。

定不能忽视人的价值创造、人自身的存在价值,以及人的尊严,其中确认的是人道原则;另一方面又从两个角度强调尊重自然法则、关注人自身的天性:德性的培养需要基于天性所蕴含的自然的可能性,德性的完成则应当归于自然(亦即使之成为人的第二自然),其中体现了对自然原则的肯定。在冯契看来,天人关系上合理的价值取向,就是人道原则与自然原则的统一,这种统一的内在意义,在于扬弃天与人、自然法则与人的价值创造之间的对峙和紧张。价值观上自然原则与人道原则的如上统一,既可以看作是对中国传统哲学中天人之辩的总结,也可以视为对西方近代以来强调自然价值的广义浪漫主义与突出人的力量和价值的广义启蒙主义的回应。从对人的理解看,自然原则与人道原则的统一同样构成了基本前提:唯有从天人统一的观念出发,才能把握人的真实形态。具体而言,对人的内在天性不能忽视,对人之为人的存在价值也应予以肯定。

要而言之,在冯契那里,对何为人、何为理想之人的理解与合理价值原则的把握联系在一起。自由个性和社会性的统一、理与欲的统一、自然原则与人道原则的统一既是理解人的基本出发点,也是实现理想人格应当依循的基本价值原则。

自由人格同时具有实践的向度。就其现实形态而言,人格并非仅仅呈现为内在的精神性规定,而是与道德实践的过程相联系,并具体地体现于其中。作为人格的体现形式,道德实践本身应该如何理解?在这一问题上,哲学史上有规范伦理和德性伦理的分野。从西方哲学史上看,亚里士多德通常被看作是德性伦理的代表,其伦理学则被理解为德性伦理的系统。德性伦理的重要之点,在于注重人的内在德性和品格,以成就人(to be)作为成就行为(to do)的前提。与之相对,康德所建构的义务论则被视为规范伦理的系统,其特点在于强调普遍的道德原则对道德行为的制约意义。当然,康德哲学有其复杂性,前面曾提到,康德对人的自由意志给予了较多关注。然而,在康德哲学中,自由意志同时又被理解为理性化的意志或实践理性:"意志不是别的,就是实践理性。"①这种理性化的意志与普遍的规范具有内在的相通性,事实上,对康德来说,规范本身即理性所立之法。与之相应,出于自由意志的实质涵义,便是服从内在的理性规范,后者被视为道德行为的重要的担保。

在中国哲学中,儒家比较注重普遍原则对人的行为的制约,儒家所倡导的仁义礼智信,等等,便既是德目,又是规范;作为规范,它们同时构成了道德实践中应当自觉遵循的普遍准则,这一进路侧重的是道德实践中的自觉原则。相对而言,道家强调行为应出乎自然、合于天性,合于天性同时意味着合乎人的内在意愿,与之相联系的是道德实践中的自愿原则。进一步看,在儒家内部也有不同趋向,以宋明理学而言,朱熹比较注重天理对行为的制约,天理即形而上化的普遍规范;与之有所不同,王阳明从心体出发,肯定好善当如好好色,由此更多地侧重于人的内在意愿对行为的影响。

在哲学史上的如上衍化中,道德行为的自觉原则与自愿原则呈现相互分离的形态。对冯契而言,这种分离显然未能把握道德行为的合理形式。按冯契的理解,真正的道德行为一方面展现为遵循道德原则的过程,具有自觉的性质;另一方面又出于主体的内在意愿,从而具有自愿的品格。仅仅依从道德原则,行为往往容易引向外在强制;完全以内在意愿为出发点,行为则常常流于自发或盲目的冲动,二者都很难视为完美的道德行为。有鉴于此,冯契将合理的道德行为原则概括为自觉原则和自愿原则的统一,并把二者的这种统一,

---

① Kant, *Grounding for the Metaphysics of Morals*, Hackett Publishing Company, 1993, p.23.

视为达到道德自由的前提。

从人格学说的层面看,自觉与自愿的统一突显了自由人格的实践向度;就伦理的形态而言,自觉原则体现了与规范伦理的某种一致性,自愿原则则更直接地关乎德性伦理。在此意义上,肯定自觉原则与自愿原则的统一既赋予理想人格以更现实的品格,也表现为对德性伦理和规范伦理的双重扬弃。作为智慧说的一个重要方面,以上看法进一步展现了智慧说在哲学史中的意义。

六 语言、意识与存在

前面所论转识成智以及自由人格的学说,都属智慧说的具体内容。从整体上看,无论是智慧的“得”与“达”,还是自由人格的培养或与自由人格相联系的价值系统的把握,等等,都关乎广义的语言和意识。语言和意识有其独特性,它们首先是人这一存在的基本品格:人常常被称为语言的动物,这种看法从一个侧面表明了语言与人的存在之间的内在关联。同时,语言又是人把握存在的手段和形式。与此相近,意识也既与人的存在息息相关(无论从理性的层面看抑或从非理性层面说,意识都与人的存在无法分离),又和人把握存在的过程紧密联系在一起。这样,在讨论智慧的生成、智慧的得与达等问题之时,语言与意识都是无法忽略的方面。

历史地看,关于语言,既有正面肯定其作用的哲学进路,又存在着对语言能否把握存在的质疑。道家提出“道可道,非常道;名可名,非常名”,并一再强调“道常无名”,便突出了道与一般名言之间的距离。在老子、庄子那里,可以一再看到对名言能否把握道的存疑。王弼由得象而忘言、得意而忘象,引出“得意在忘象,得象在忘言”的结论,亦即将放弃名言视为把握普遍原理的前提。禅宗进一步提出了

"不立文字"的主张,其中亦蕴含着消解文字作用的趋向。在当代哲学中,同样存在着对语言能否把握形而上原理的质疑,维特根斯坦便区分了可说与不可说,认为:对不可说的东西,"必须保持沉默"。所谓可说的东西,主要关乎逻辑命题、经验陈述,不可说的对象则涉及形而上的原理。依此,则语言只能止步于形上之域。

对以上立场,冯契始终保持理论上的距离。在他看来,当禅宗说"不立文字"之时,实际上已经有所"立":提出"不立文字",同时即借助文字表达了相关的主张和观念。在此意义上,不立文字事实上难以做到。冯契明确地指出,理论思维离不开语言,"理论思维主要要用语言文字作符号"。"正是词,使人得以实现由意象到概念的飞跃。"①作为理论思维借以实现的形式,语言的作用不仅仅表现在对经验对象的把握之上,而且同样涉及对道的理解。冯契一再确认言、意可以把握道:"我们肯定人能够获得具体真理,那就是对言、意能否把握道的问题作了肯定的回答。"②对语言与道(具体真理)的关系的如上看法,与道家的"道常无名"、禅宗的"不立文字",以及维特根斯坦的"沉默"说,形成一种理论上的对照。

肯定名言不仅可以把握经验对象,而且也能够把握道,这一看法有其哲学史的渊源。在先秦,荀子对名言的性质和作用已作了多方面的考察,概括起来,这种考察体现在两个方面。其一,以名指实(或"制名以指实"),即名言可以把握经验领域的具体对象和事物;其二,以名喻道(或以名"喻动静之道"),即名言能够把握形上原理。王夫之更明确提出:"言者,人之大用也,绍天有力而异乎物者也。"③对王

① 冯契:《认识世界和认识自己》,上海:上海人民出版社,2011年,第88、89页。

② 冯契:《认识世界和认识自己》,上海:上海人民出版社,2011年,第50页。

③ 王夫之:《思问录·内篇》,《船山全书》第12册,长沙:岳麓书社,1996年,第424页。

夫之而言,语言作为人区别于其他存在的规定,其作用不仅仅限定于经验生活,而且也表现在它们与道的关系之中。关于后者,王夫之作了如下概述:"言、象、意、道,固合而无畛"①,"畛"即界限,"无畛"意味着言、意、象与道之间没有截然相分的界限。冯契关于语言和概念既可以把握具体对象,也能够把握普遍之道的看法,无疑上承了荀子、王夫之等哲学家关于名言与物、名言与道关系的观念。

在肯定语言作用的前提之下,冯契对语言的表达方式做了进一步的辨析。在这方面,值得关注的是他对语言的意义和意蕴的区分。意义更多地与语言所指称的对象相联系,"命题的意义就在于命题和事实之间相一致或不相一致"。② 意蕴则与主体意愿、情感的表达相关联,包括意向、意味等。以当代分析哲学为背景,便不难看到这种区分的理论意义。分析哲学对语言的研究,往往表现出某种逻辑行为主义的趋向,后者的特点体现在语言表达和意识过程的分离。在这方面,后期维特根斯坦具有一定的代表性。与前期的图像说相对,后期维特根斯坦将语言的意义与语言的运用联系起来,并把语言的运用理解为一个在共同体中展开的游戏过程。作为共同体中的游戏过程,语言首先被赋予公共性的品格:维特根斯坦之拒斥私人语言(private language),也表现了这一点。然而,由强调语言的公共性,维特根斯坦又对主体内在精神活动的存在表示怀疑。在他看来,内在的过程总是需要外部的标准:人的形体是人的心灵的最好图像;理解并不是一个精神过程(mental process),遵循规则(如语法规则)也主要是一个实践过程(共同体中的游戏),而与内在的意识活动无关。

---

① 王夫之:《周易外传·系辞下》,《船山全书》第 1 册,长沙:岳麓书社,1996 年,第 1040 页。

② 冯契:《人的自由和真善美》,上海:华东师范大学出版社,1996 年,第 84 页。

语言及其意义无疑具有公共性,但另一方面,在不同个体对语言的表达和理解过程中,又可以具有意味的差异。在这里,需要对意义和意味加以区分,语言符号的意义固然包含普遍内涵,但这种普遍的意义在个体的表达和理解过程中又往往存在某种差异:同一语词所表达的意义,在不同的个体中每每引发不同的意味。以"牛"这一语词而言,对动物学者来说,其涵义也许主要是"偶蹄的草食动物",而在以牛耕地的农民心目中,"牛"则首先呈现为劳动的伙伴,后者赋予该词以独特的情感意味。后期维特根斯坦所代表的分析哲学仅仅强调意义的普遍性,而对意味的如上差异则未能给予充分关注。从这一前提看,冯契区分意义和意蕴,无疑对当代分析哲学在语言问题上的偏向(注重语言的普遍形式而忽视其多样意蕴)作了理论上的扬弃和超越。

进一步看,在当代分析哲学中,同时存在着另一种趋向,即仅仅限定在语言的界域之中、不越语言的雷池一步。维特根斯坦比较早的时候就提出:"我的语言的界限意味着我的世界的界限。"①界限意味着区分,在此,语言似乎不再表现为达到外部世界的通道,而是构成了走向外部存在的屏障,人对世界的理解无法超越这一屏障。"当存在被限定于语言或语言被规定为存在的界限时,则语言之外的真实存在便成为某种'自在之物'。确实,在语言成为界限的前提下,主体显然难以达到'界限'之外的真实存在。按其本来形态,语言似乎具有二重性:作为一种有意义的符号系统,它本身既是特定形态的存在,又是达到存在的方式。如果过分强化语言所体现的存在规定,便可能将这种特定的存在形态不适当地夸大为终极的、乃至唯一的存

---

① L. Wittgenstein:*Tractatus Logico-Philosophicus*,5·6,Dover Publication,Inc.,1999,p.88,参见《逻辑哲学论》5·6,北京:商务印书馆,1996 年,第 79 页。

在;另一方面,语言的后一功能(即作为达到存在的方式这一功能),则隐含着如下可能:手段或方式本身被赋予本源的性质,或者说,达到对象的方式,被等同于对象本身。不管处于以上的何种情形,都可能导致对真实存在的掩蔽。"[1]20世纪的所谓"语言哲学转向"衍化到后来,确乎逐渐使语言成为人自我设定的牢笼,与之相关的是仅仅关注语言中的存在形式、忽视语言之外的真实世界这一类偏向。在分析哲学所热衷的思想实验中,亦不难看到这一点。思想实验是一种理想化的方式,理想化意味着抽象化,在理解世界时诚然可以借助各种抽象的手段,在此意义上,无论人文科学还是自然科学,思想实验都有其意义。但思想实验本身应基于现实根据,同时,作为研究手段,其最终目的在于说明现实世界,亦即以得自现实之道,还治现实本身。然而,在分析哲学那里,思想实验往往表现为以逻辑的方式构造现实中不存在的关系或场景,以此展开逻辑层面的分析,在这一过程中,现实的出发点和现实的指向,往往被忽略或模糊,而思想实验本身似乎主要表现为以语言的游戏,满足思辨的兴趣。它从一个方面表明,限定于语言所构造的世界,往往导致疏离于真实的存在。

与以上倾向相对,冯契明确地肯定语言与客观存在或客观世界之间的关联。在他看来,由语言而形成的概念结构"既是客观事物之间联系的反映,又积淀着社会的人们的经验与传统"[2]。也就是说,以语言来表述的概念系统所把握的是客观事物本身,而不仅仅是语言本身的构造物。这一观点的内在旨趣,在于重建语言和真实世界之间的联系:以语言为存在的界限,在实质上导致语言与存在的分离,相对于此,冯契肯定语言和实在之间的关联,则使语言与真实世界由

---

① 杨国荣:《道论》,北京:北京大学出版社,2011年,第160—161页。

② 冯契:《认识世界和认识自己》,上海:上海人民出版社,2011年,第89页。

分离重新走向沟通,后者同时从一个方面折射了冯契智慧说在20世纪所呈现的哲学意义。

前面提到,在20世纪哲学中,与语言相关是意识的问题。从当代哲学来看,较之分析哲学关注于语言的问题,现象学对意识作了更多的考察。尽管现象学的奠基人胡塞尔早期持"反心理主义"的立场,但这并不意味着其哲学与意识、心理完全隔绝。事实上,胡塞尔的整个哲学工作的基点,没有离开对意识的哲学分析和把握。胡塞尔的理想是使哲学走向严格科学的形态,并将整个哲学大厦建立在可靠的、具有明证性的基础之上。在胡塞尔那里,这一基础乃是通过本质还原、先验还原而达到的所谓"纯粹意识"或"纯粹自我"。可以看到,一方面,其整个哲学的出发点表现为纯粹的意识,尽管胡塞尔一再强调这种意识与一般经验意识、日常心理不同,具有先验性质,但相对于语言而言,"纯粹意识"又属意识之域;另一方面,通过多重"还原"过程而达到的纯粹意识,本身带有明显的思辨和抽象性质。

在肯定精神、意识的意义方面,冯契与现象学呈现了某种相通之处。作为智慧说的体现,广义认识论以认识世界和认识自己为指向,对冯契来说,所谓"认识自己"也就是认识作为精神主体的人类本性,而精神主体就是心灵。认识自己具体而言就是认识自己的心灵、德性以及这两者之间的关系,也就是心与性之间的关系。在以上方面,冯契不同于疏离意识及其过程的分析哲学①,而更接近于关注意识的现象学。

不过,在肯定心灵和意识的研究意义的同时,冯契又致力于"精

---

① 分析哲学尽管也包含对心的哲学(philosophy of mind)的研究,但这种研究往往被还原为语言分析,其具体内容不外乎辨析表示心(mind)的语言和概念,后者与分析哲学的逻辑行为主义趋向似乎也呈现某种彼此呼应的关系。

神去魅",后者同时表现为扬弃现象学对意识的思辨化、抽象化。冯契首先上承黄宗羲关于本体和工夫关系的看法。黄宗羲曾指出:"心无本体,工夫所至即是本体。"①这里的本体不是指外在的物质实体,而是人的精神本体或精神形态。按黄宗羲的看法,精神本体不是先验的存在,而是在人的工夫展开过程中逐渐形成的;所谓工夫,可以理解为基于认识世界和改变世界过程的精神活动。冯契肯定了以上观念,并进一步认为:"能动的精神活动中确实形成了一种秩序、结构,有种一贯性的东西,我们所以把它叫作'心之体'。"②根据这一理解,心之体并不具有任何神秘、先验的形式,而是形成于现实的精神活动过程。冯契同时认为,自由的德性不仅与时代精神为一,而且"与生生不已的实在洪流为一"③,后者意味着人的自由德性和实在过程之间并非彼此分离:二者通过成己与成物的现实过程而相互关联。这种看法确认了意识和实在世界之间的关联,从而不同于现象学"悬置存在"的进路。关于德性的具体形成过程和作用过程,冯契以"显性以弘道"和"凝道以成德"加以概括,其中突出的是心和物之间、德性和存在的法则之间,以及根据法则而展开的具体活动之间的相互作用。质言之,德性作为内在的精神品格,其生成过程离不开心物之间以及知行之间的互动,这一意义上的精神本体,显然不同于现象学视域中的纯粹意识。

基于以上看法,冯契进一步对心和性的关系做了具体的辨析。历史地看,对心性问题的考察是中国哲学的重要内容,心性之学本身逐渐成为宋明以来哲学的内在构成。当然,在对心性的理解方面,理

---

① 黄宗羲:《明儒学案·序》。

② 冯契:《认识世界和认识自己》,上海:上海人民出版社,2011年,第204页。

③ 冯契:《认识世界和认识自己》,上海:上海人民出版社,2011年,第260页。

学又包含不同的进路。以程朱为代表的理学将"性"提到重要的地位,由此突显了"性体"(普遍的本质),后者在某种意义上可以视为"天理"的化身;在陆王为代表的心学那里,"心体"则被置于更为优先的地位,后者更侧重于个体意识。冯契对心和性做了独特的分析。在他看来,"心"即作为精神主体的自我,其特点在于有"灵明觉知",在知识经验的领域中,主体意识主要表现为思维能力,后者属理性的功能。在人的知行活动中,理性与情感等非理性的方面相互关联,从"灵明觉知"的角度看,理性在其中处于主导性的地位。所谓"性",主要指人的本性、本质,包括天性和德性。按冯契的理解,一方面,以"性"而言,人的本质并非仅仅通过理性而展现,而是同时体现于非理性和社会性的方面。另一方面,以"心"而言,理性的作用不仅仅在于把握人性,而且也指向天道(自然秩序和自然法则)。

对心性的以上看法,有其不可忽视的意义。在宋明理学,特别是程朱理学那里,对人的理解每每限于理性("理")的方面而漠视其非理性(包括"欲")之维,人性由此被看作是天理的化身,而理性的规定和非理性之维则呈现相互对峙的形态;"心"所具有的"灵明觉知"、理性的功能则主要地被理解为把握人道(包括伦理规范)的能力,而自然秩序和自然法则意义上的天道则疏离于其外。冯契对心和性的阐释则一方面避免了把人性仅仅归结为单一的理性,另一方面也拒绝了将理性仅仅限定在人性和伦理的狭隘领域之中。这一理解既扬弃了理性和非理性的相互对峙,也在理性的层面上沟通了天道与人道,由此超越了将理性仅仅限定于人道的偏向。从逻辑上看,当理性主要与人道相联系时,其价值层面的评价性功能往往得到更多的关注,而当理性以自然法则意义上的天道为指向时,其事实层面的认知功能常常更为突显。通过在理性层面上沟通天道与人道,冯契使理性不再主要囿于人道领域而同时指向自然法则意义上的天道,由此,人道层面理性的评价功能与天道层面理性的认知功能,也由分离走向统一。

以智慧的追寻为进路,冯契关于言意、心性的以上看法既源于中国传统哲学中的言、意、道之辩,又参与了当代哲学关于语言、意识、存在关系的讨论。如果说,普遍层面的语言意义向多样之维的语言意蕴的扩展、重建语言与真实世界的联系,等等,可以视为从不同方面对语言学转向的理论回应,那么,精神本体的去魅、以认识世界与认识自己和成己与成物为精神及其活动的实质指向,则展现了心物之辩的当代视域。名实、心物问题上的这种论辩既具体地参与了"世界范围内的百家争鸣",也从更内在的层面展现了回归智慧的哲学主题。

学术与思想之辩^①

学术与思想的关系有其历史演化的过程。晚近而言，20世纪80年代和90年代间的变化尤为引人注目。如所周知，20世纪90年代出现了各种关于学术与思想关系的论说，其中既有"思想家淡出，学问家凸显"这样的描述性判断；也有对"有学术的思想，有思想的学术"的规范性呼吁，等等，凡此都涉及学术与思想的关系问题。无论是进行历史的回顾，抑或对学术与思想关系的合理规定，都要求我们对两者关系作进一步的反思。

---

① 本文系作者于2017年9月在北京师范大学举行的"学术与思想四十年"名家圆桌会上的发言记录。

何为学术？何为思想？

何为学术？何为思想？在考察两者关系时，首先需要对此有一大致理解。作为两种既相互关联，又彼此区分的观念形态，学术与思想都涉及人文社会科学领域，这可以视为两者的共同特点。然而，比较而言，学术较多地侧重于把握人文社会科学领域中事实性的方面。以表现为文献考证的学术形态而言，其中涉及的事实性的方面包括：相关文献中文字的本来含义和它的历史演变，文献自身的本然形态和它的变迁沿革（包括其真实作者，出现年代，传承过程出现的不同版本），等等。学术研究如果指向更广意义上社会领域中的一些事件或现象，则其主导性的工作便关乎这些事件或现象的真实状况，后者同样涉及事实性的方面。与之相对，思想更多地指向社会、人文领域中的价值取向和价值选择，它所关切的问题包括：什么是理想的社会形态，什么是好的生活，如何实现这种理想的社会和人生，等等。如果涉及历史上的相关现象或具体事件，那么，思想往往与这些事件和现象所隐含的价值意义相联系。

与前述方面相联系，学术比较注重的是经验性的研究，包括具体材料的搜集、考订，以及对这些材料可靠性的核证，等等。思想则更多地关注理论的分析和理论的建构，包括对事实所蕴含的因果关联的追溯和把握。与上述分别相关，学术通常侧重于描述，后者指向的是人文社会科学领域中特定的对象、事件的实际状况，这种描述性的方式所追求的是如其所是地把握相关对象。相对于此，思想更多地关注于解释和规定，解释试图解决的问题包括某种现象为什么会出现、它何以形成某种形态，规定则指向其当然的形态（它应当取得何种存在形态），等等。要而言之，解释主要分析已经出现的现象产生的根源(通过因果分析以说明其何以会出现);规定更多地关乎尚未出现的现象(包括对未来发展应当如何的要求)。

以事实为关注之点,学术同时注重相关事实的完整性。从中国传统学术的演化来看,一方面它追求"无征不信",肯定立论需要以事实为依据;另一方面则要求"孤证不取",强调作为依据的事实需要具有融贯性。在这方面,乾嘉学派的学术工作具有一定的典型意义。以考据为主要的学术旨趣,乾嘉学者主张在考证的过程中应力求"遍收博考",亦即尽可能穷尽相关的文献材料。可以说,追求事实的完整性或充分性,构成了学术活动的内在要求。与此相比较,思想更多地追求观念的系统性。以理论的建构为其内在旨趣,思想往往不限于提出个别的观念,也不仅仅满足于罗列不同的论点,而是同时涉及观念之间内在逻辑关联的论证,并以系统性的考察,提供对相关现象的解释。从思想的本身来看,言之成理,持之有故,并达到观念的前后自洽,这是其基本的要求,而这一过程往往便以观念的系统化形式呈现出来。

再进一步看,学术和思想同时也体现了人与世界不同的关联。学术所体现的,首先是事实层面对世界的认知,思想所体现的,则是理论层面和价值层面对世界的关切。这里所说的事实、理论、价值,分别地与哲学意义上的实然、所以然、所当然相关联。事实更多地涉及"实然",与之相关的是世界实际如何,或者世界(包括人文社会科学领域中的各种现象)以什么样的形态存在和出现。理论所关注的往往是"所以然":从终极的层面来说,世界为何如此;就具体现象、事件而言,这种事件或现象为什么会出现,其前后之间到底有什么样的因果关联,等等,这些问题都关乎所以然。比较而言,价值更多地与"所当然"相联系,"所当然"涉及的,是世界应当如何的问题。质言之,事实体现了世界的实然性(世界实际如何),理论追问世界的所以然(世界为什么如此),价值关切世界的所当然(世界应当如何)。这里所说的事实、理论、价值，以及与之相应的实然、所以然、所当然，都是人和世界互动过程中无法回避的方面。这些方面之间的相关性，制约着思想和学术本身的关联：学术所涉及的事实层面与思想所相关的理论、价值层面在人和世界的关系中都不可或缺，后者同时从本原的层面上规定了学术和思想无法相分。

汉宋中西：历史的变迁

然而，尽管学术和思想具有内在的相关性，但从历史的演化来看，两者往往并未以合而不分的形态出现。在中国文化的演进中，学术思想之间比较明显的张力，首先表现在汉学与宋学的对峙上。汉学和宋学分别地体现了学术和思想的不同关注。宽泛地说，汉学是指从汉代到唐代经学中主流性的或主导性的学术研究趋向，尽管它并非完全不涉及义理，但其注重的首先是考据，宋学则主要指宋元明时代所形成的主流的思想流派，它的关注之点更多地指向义理，汉宋之学的背后，蕴含着对考据和义理不同的侧重。汉学与宋学既有着前后相继的演化过程，也常常在同一历史时期以彼此对峙的形态出现，有清一代，便可看到后一情形。一方面，清代主流的学术是朴学或乾嘉学术，另一方面，清代又存在宋学的研究取向，方东树便是清代宋学的主要代表。他曾撰《汉学商兑》，对当时主流的汉学倾向提出各种批评。在他看来，以汉学为进路的学人"毕世治经，无一言几于道，无一念及于用，以为经之事尽于此耳矣，经之意尽于此耳矣。其生也勤，其死也虚，其求在外，使人狂，使人昏，荡天下之心而不得其所本"[1]。所谓"几于道"，也就是近于道或合于道。从今天来看，

---

[1]　方东树：《汉学商兑·重序》，台北：台湾商务印书馆，1937年，第2页。

关于"道"的讨论即涉及思想层面的内容。按方东树之见,治汉学者完全忽略了思想,仅仅专注于孤立、单一的事实问题。

近代以来,学术和思想的关系在中国呈现比较特殊的形态,两者的关系问题常常和中学与西学的关系关联在一起。从近代以降中学和西学的区分来看,中学和西学各有自身的学术和思想:中学有中学的学术和思想,西学也有西学的学术和思想。然而,中国近代还有一种值得注意的区分,那就是国学和西学之别。当我们谈国学和西学的关系,而不是在宽泛意义上谈中学和西学时,这里的"国学"往往主要偏重于文献的考证和诠释,而西学则与新的思潮、新的理论、新的概念系统相联系。与之相联系,在西学与国学的比较中,中西之间的差异常常以学术和思想的分野这一形式呈现出来。这是中国近代以来非常独特的一种现象。确实,历史地看,"国学"的考察和回溯从 19 世纪末、20 世纪初便受到关注,在新文化运动前后则得到了进一步的发展,其研究常常与整理国故联系在一起:国故每每被视为国学的主要内容。与整理国故相关的国学,更多地体现了学术的进路,与新思潮相涉的西学则常常与新的观念、新的概念、新的主义联系在一起,从而更多地呈现思想的品格。在国学与西学之别的背后,学术与思想的分野取得了独特的形态。

至 20 世纪 80 年代,学术与思想的关系又出现了一些新的变化。在一定意义上可以说,20 世纪 80 年代西学以新的形式再次东渐:大致而言,近代以来西学东渐曾出现两次高峰,19 世纪末到 20 世纪初,西学曾出现东渐的高峰,与此形成相呼应的是 20 世纪 80 年代,西学东渐在此时再次走向高潮。20 世纪 80 年代,与西学东渐又一次趋向高潮相关联的,是整个文化领域中对思想的注重,与之相伴随的,是学术的相对忽视和某种意义上的边缘化。20 世纪 90 年代,这种情况开始发生明显的变化:国学热渐渐取代了西学热。与国学热相联系的是对学术的注重,前面提到的所谓"学问家凸显,思想家淡出",便与国学热这一文化趋向紧密联系在一起。从 20 世纪 80 年代到 20 世纪 90 年代的以上文化转向,也从一个侧面折射了中国近代以来思想和学术的关联与中西之学关联之间的相关性:思想走向前台常常和西学的注重联系在一起,而学术的凸显又往往和国学的复兴彼此关联。以上关联本身似乎也是一种值得思考的文化现象。

从前面的简单勾勒中可以注意到,思想与学术的关系在历史上呈现多样的形态,近代(包括 20 世纪 80 年代)以来,这种形态以不同的方式得到了延续。进入 21 世纪以后,一方面,出现了注重思想创造的现象,在人文社会科学的各个领域中,都可以注意到试图进行理论构建的趋向;另一方面,一头扎到故纸堆里,沉浸于文献梳理或考据的现象也比比皆是,后者体现的是学术为重的取向。两者彼此相异,又同时并存。然而,注重思想创造者虽然想有一个理论、希望构建一种系统,但又常常缺乏比较深厚的学术底蕴,由此其理论构建不免显得空疏。他们致力于搭建某种理论的框架,而其中的学术内涵则往往显得略为单薄。反过来,注重学术考证又常常与忽略或轻视思想联系在一起:对注重学术者来说,相对于学术,思想空洞无物,没有切实的意义。以上现象似乎以另一种方式再现了学术与思想彼此分离的格局。

就学术研究而言,在国学领域中,时下对经学的重新注重,甚而将汉以后整个中国学术思想的主流理解为经学,已蔚为一时之风气。经学的复兴包括对"公羊学"的热衷,公羊学与政治哲学存在某种关联,经学热与政治哲学的显学化彼此相遇,使公羊学也由此得到特别多的青睐。公羊学原是西汉今文经学的一个学术流派,具有注重微言大义的特点,从内涵看,这种微言大义本来更近于思想的品格,然而,在今日的经学研究者那里,公羊学却或者主要与经学史的材料相联系,或者成为借题发挥的凭借。前者注重的是学术层面或历史层面上的材料考订,它使原以思想的阐释为特点的观念系统变成了单纯的学术研究对象;后者所致力的则是思想的发挥,历史的原貌则非其所关切。以上现象从一个方面展现了学术和思想之间的隔阂。

从中西之学来看,大致而言,以中学为业者往往侧重于历史文献的梳理和考订,其中展现的首先是学术的关切;由西学转入中学者,则常常以理论的阐释为主要关注之点,其研究往往并不是从中国本有的学术中去阐发相关的问题,而是借助于某种理论框架去解释传统中的一些思想材料。在此形态下,思想和学术依然呈现彼此分离的格局。

超越分离:可能的沟通

以上现象既构成了时下引人注目的文化景观,也要求人们进一步反思学术和思想之间的关联问题。前面曾提及,20世纪90年代,"有思想的学术"和"有学术的思想"已成为学界的一种主张或愿望。然而,更为实质的问题在于:怎么样达到"有思想的学术",如何实现"有学术的思想"。

从学术和思想的协调和整合来看,首先需要注意的是史和思之间的互动问题。在人文社会科学领域,学术首先总是与一定的文化积累、文化传统相联系,这种文化传统、文化积累同时可以视为广义之"史",后者构成了思想的内在根基和出发点。从以上前提看,注重学术,特别是注重以"史"的形态呈现出来的学术,同时也意味着注重思想的基石。比较而言,思想主要表现为学术的内在灵魂。从观念形态的对象来说,学术史研究所指向的史料、文献,在其形成的时候,本身已内在地包含着思想,而并不仅仅是一堆材料。这一事实从本原意义上决定了对历史材料作重新考释、研究时,不能忽视"思"的进路。与思想脱节的历史材料本身并没有什么生命力,正是历史材料中所隐含的思想使之具有了内在生命,与之相联系,在面对以往的人文社会科学的文献材料之时,需要同时关注其中隐含的深层思想,而这种关注和把握便与"思"紧密相关。在此意义上,"史"与"思"无法相分。

这里可以简略地以中国哲学为例作一说明。从哲学的领域来说,诸子百家,老子、孔子、庄子、墨子等哲学家的思想,现在通常被作为历史考察的对象,然而,这些对象在出现之时,首先是以理论和思想的形态呈现出来的。老子、孔子、庄子,等等,同时是他们所处的那个时代的创造性的思想家,其思想创造的成果即凝结在现在作为史料的原典之中。要深入地理解这些文献,便必须有哲学理论的视野,否则,它们便仅仅是缺乏思想生命的过往陈迹。历史地看,不同时代的哲学家对以往经典往往展现了不同的理解,这种不同,与他们不同的理论视野具有内在的相关性,从中,也不难看到史和思之间的不可分离性。

以中国传统的学术范畴或概念为考察对象,这里同时涉及义理和考据或汉学和宋学之间的关系问题。义理和考据在历史上曾经出现过彼此对峙的形态,但如前所述,从其本来的内涵来看,两者并非截然分离:义理中包含考据,而考据之中也隐含着义理。在同样的意义上也可以说,汉学中有义理,宋学中有考据。就历史层面而言,汉宋之学之间确实曾存在着张力,如前面所提到的清代汉宋之学的对峙、方东树对当时汉学家的尖锐批评就是一例。但另一方面,两者也存在着实质上的沟通。以清代重要的学人戴震而言,作为乾嘉时代皖派的代表人物,他在学术归属上被划入汉学,但戴震同时又往往寓义理于考据,或者以考据的形式阐发义理。他的代表著作之一为《孟子字义疏证》，从书名来看，以字义疏证为形式，无疑合乎汉学家的旨趣，但从实质的内容看，通过字义的考证工作，戴震同时又比较系统地阐发他自己的哲学义理，并由此对以往的哲学观念提出了批评。可以说，他既站在汉学的立场，同时又接纳了宋学研究的进路。另一方面，从宋学本身来看，通常认为宋学以注重义理为特点，然而，宋学在阐发义理的过程中，也并非完全忽略文献考证。从朱熹的学思进路中便不难看到这一点。朱熹的代表性著作是《四书章句集注》，该书可以视为比较集中阐发其思想的文献。然而，该书关于义理、思想的阐发并没有离开文献的考释：书名中的"集注"，便蕴含对以往文献研究的综合，事实上，在该书中，确实也可以看到朱熹对之前的各家各派相关文献以及其中所涉及的注释、考订的关注。在此意义上，朱熹对义理的阐发在相当程度上也基于已有的考据工作，或者说，其义理中包含考据。以上现象表明，汉学和宋学、义理和考据在历史中本身并不是截然相分的，它同时也昭示，今天从事思想学术领域的工作，亦不能以非此即彼的态度对待两者。

进而言之，思想与学术的互动，同时涉及技和道之间的关系。离开了思想，仅仅关注学术层面的考察，往往容易导致人文研究的经验化、技术化趋向。以哲学领域的分析哲学而言，在其发展过程中，随着语言分析越来越趋向于技术化，对于哲学思想本来应当关切的宇宙人生等根本性的问题，每每愈益疏远。事实上，离开智慧追求的思想进路，单纯注重经验层面的问题，确实难以避免技术性的走向。反之，离开学术的积累，仅仅关注于抽象层面的思想，则人文社会科学领域的研究往往会引向"游谈无根"，并趋于思辨化。从哲学的层面看，这里涉及技和道之间的关系。此处之"技"与"道"，都属传统的术语，庄子提出"技进于道"，其中的"技"涉及技术领域或经验领域的研究，"道"则是形而上层面思考的对象。一方面，"道"应基于"技"，

"道"如果离开"技",便意味着脱离经验世界,由此容易流于空疏、抽象。另一方面,"技"又必须进于"道",如果仅仅停留在技术层面上,完全限定于枝枝节节的问题,便会使人文社会科学的研究失去其本来应有的意义。

从事人文和社会科学的研究,当然可以根据个性的不同、兴趣的差异,在具体进路方面有所选择,或侧重于"技"或学术性的考察,或侧重于"道"或思想性的探究。但从总体上来说,"道"与"技"、学术与思想不能截然分离。

前面提及的义理和考据、"道"与"技",大致属于传统的概念系统。从现代的研究形态来看,在人文社会科学领域中,同时又涉及实证与思辨的关系问题。这里的"实证"主要指基于事实,对材料加以把握和考订、对观点加以验证。"思辨"则呈现两种形态,一种是抽象的思辨,其特点是疏离于事实根基,作空泛的形上玄思;另一种是具体思辨,其特点是基于现实,注重普遍和特殊之间的沟通,并肯定逻辑分析与理论思维之间的统一,与实证相关的思辨,主要是后一形态的思辨。清代学者曾提出"虚会"和"实证"之辨,所谓"虚会",近于这里所说的思辨,"实证"则涉及对具体材料的把握和考订以及以事实验证观点。"虚会"和"实证"的统一,与实证和思辨的统一具有一致性,它表明,与之相关的研究方式在学术史和思想史的演化过程中已经受到了某种关注,今天从事人文社会科学领域的研究时,比较自觉地致力于实证和思辨之间的沟通,同样有其不可忽视的意义。大致而言,学术比较侧重于实证方面的研究,思想则更多地关注理论的思辨,与之相联系,实证和思辨之间的沟通同时也从一个方面为学术与思想的统一提供了具体的进路。

从更为哲学化的角度看,这里进而涉及知性思维和辩证思维之间的关系。知性思维是德国古典哲学的概念,它以感性、知性、理性的区分为前提。这一意义上的知性总体上侧重于"分",其特点具体包括两个不同的方面:一是把整体分解为不同的方面,二是把过程截断为不同的片段。以区分或划界为趋向的知性活动对于比较细致、具体地把握对象,是不可或缺的。与之相对的所谓辩证思维,则要求将知性所分解的各个方面重新整合起来,把为知性所截断的片段重新还原为一个过程,由此再现对象的具体性。从人文社会科学领域的研究来看,上述论域中的知性思维和辩证思维不可偏废。时下主流的趋向表现为注重分离,由此往往对知性思维给予过度的关注。前面提及,知性思维对于达到认识的清晰性、准确性,是必不可少的。但是,如果仅仅停留在这一进路,则不免流于枝节化、片面化、抽象化。另一方面,辩证思维对于超越界限、再现整体、把握过程无疑不可或缺,但是,如果完全撇开知性思维,则所谓辩证思维常常会变得空洞化、笼统化、程式化。人们批评辩证思维,其实往往不是辩证思维本身的问题,而是辩证思维游离于知性思维之后所发生的问题。宽泛而言,学术研究追求的是确定性,达到这种确定性,离不开辨析(分),由此,它首先也更直接地关乎知性思维;思想活动或理论探索则关注解释的普遍性或涵盖性,达到这种普遍性或涵盖性,需要跨越界限、走向整体,从而,它与辩证思维比较容易形成亲和性。在此意义上,知性思维与辩证思维的统一,也从一个方面为学术与思想的统一提供了某种担保。

近代以来,思想和学术的互动,与中西之学有着不解之缘。前面曾提到,中西之学各有自身的学术方面和思想方面:中学有中学的"思"与"学",西学同样也是如此。然而,即使在广义的西学研究中,也存在学术与思想的分野:一些治西学者偏重学术,注重学术史层面的变迁沿革,西学领域中各种专家,如所谓亚里士多德专家、柏拉图专家、康德专家,等等,便每每表现出此倾向。与之相对,另一种倾向则是撇开整个西方思想发展的背景,抽取其中的所谓理论、方法、概念,这种抽象甚至寻章摘句的方式,往往并不能真正把握相关思想的内涵。如果说,前一趋向的特点在于重学术的历史而不重思想的逻辑,那么,后一趋向则相反,以思想的逻辑消解了学术的历史。事实上,把握西学同样离不开思想与学术的互动。以康德的思想而言,理解其哥白尼式的革命,需要从学术的角度,对此前哲学的历史衍化,包括经验论与唯理论之间的关系,加以考察。另一方面,如果仅仅限于学术的视域,如康德《纯粹理性批判》第一版和第二版在若干文字上的表述差异,等等,则同样难以深入地把握康德哲学的思想内涵。

进一步看,如前面已提及的,在"国学"和"西学"之辩中,思想与学术往往被分离开来:国学偏重于学术,西学往往和思想有着更多勾连。与之相联系的是不同的偏向,包括"以中释中"和"以西释中"。所谓"以中释中",也就是限定于中国本身的传统文献,拒绝运用传统之外的其他观念,这种进路往往蕴含重学术而轻思想的趋向。"以西释中"虽然注意到西学的观念在理解中国思想中的意义,但常常由此走向极端,甚而以中国的思想迎合西方的观念,后者在实质上表现为重思想而轻学术。在这里,中西之学与学术和思想紧密地联系在一起,而处理好学术和思想之间的关系,则离不开对中西之学的合理定位。要而言之,从中西之学的关系看,一方面应关注中西之学各自所具有的思想和学术以及两者的沟通,另一方面又需要注重中学所具有的学术内容和西学所隐含的思想、理论、概念的框架,既以开放的视野看待二者的关系,又基于切实的考察以实现二者的合理互动。

从事人文社会科学的研究,无疑可以根据性之所近而在学术与思想方面有所侧重,但就总体而言,学术和思想,包括前面提到的义理和考据、实证和思辨、知性思维和辩证思维、中西之学,等等,无法截然相分。仅仅限于一端,往往导向学术和思想的歧途,两者之间的融合则展现了更为合理的取向。

（原载《探索与争鸣》2017 年第 12 期）

历史中的经典^①

一

　　谈到经典,首先涉及经典本身的内涵问题。在比较宽泛的意义上,可以将经典看作思想的载体,与承载思想相应,经典同时表现为文化或观念形态文化的核心。如所周知,中外历史上曾经出现过无数的典籍文献,但是并不是每一种典籍文献都可以成为经典,成为经典需要时间的检验和历史的选择,经典之成为经典,重要的原因在于它们以某种方式真切地反映了人对这个世界、对人自身的深沉认识和多样理解,并从不同的方面实际地影响文化的历史演进。

---

　　① 本文系作者于 2017 年在华东师范大学的演讲记录稿。

以上述认识和理解为内容，经典所包含的思想不同于一般意义上的知识，而是更多地表现为智慧的凝聚。这里涉及知识和智慧的关系。知识从宽泛的意义上说主要以经验领域的事与理为指向，所把握的是世界的各个特定领域或特定方面，所提供的主要是经验性的认识。这一意义上的知识都有自身的界限：如一般所知，现在自然科学的各个分支，从数学、物理、化学，到天文、地理、生物，等等，每一学科都有自身的领域，并分别指向相关的对象，由此同时也形成自身的界限。

然而，世界在被各种知识形态分解为不同的领域之前，本身是一个相互关联的整体，世界的实在性无法离开其具体性、关联性。这样，要真切地认识和把握这个世界，仅仅停留在具有分解性、界限性的知识之上，显然是不够的。这里需要跨越知识的界限，由分门别类进一步合而观之。智慧的特点首先便体现在对知识界限的跨越，这种跨越与以道观之相联系，进一步引导人们走向真实、统一的世界。

知识的特点往往体现于对"是什么"的追问，在知识领域，"是什么"的追问同时与事实层面"真"的追求联系在一起。比较而言，智慧则不仅仅限于事实层面"真"的追求，而是在更广的意义上表现为对真善美的关切，后者同时又包含价值的内涵。在智慧的层面，人们常常会关心什么是好的生活，什么是人的理想存在形态，如何达到这样一种好的生活、理想的存在形态，等等，其中涉及成己与成物，包括成就何种自我，成就何种世界。以智慧为内涵，经典既注重"成就什么"，也关注"如何成就"，两者都包含规范性内涵：把握真实的世界关乎对世界的说明，而成就理想的世界则指向对世界的规范。由此，经典所凝结的智慧也从不同的方面切入了宇宙人生的深处。

如果仅仅从知识的层面看，则经典中所包含的若干内容在今天看来也许显得层次不高，有些方面甚至不免过时。事实上，在自然科学的知识领域如物理、数学、化学等方面,今天中学生所达到的知识水平可能已超过了以往一些思想家。但是,在智慧的层面,却显然不能这样说。以往的思想家通过深层的洞察、创造性的想象,以及基于自身的知和行而达到的对世界的理解,往往包含着创造性的智慧内涵,这种具有原创意义的智慧总是给后人以无尽的启迪。经典的意义正在于包含着上述丰富的智慧内涵。

与以上分疏相联系,今天重返经典,主要不是表现为获取某些特定的知识信息,而更在于回溯前人所经历的智慧历程。具体而言,通过阅读经典,人们可以了解以往的思想家是如何提出问题、思考问题、解决问题,由此提升自身理解世界的能力的。同时,所谓重回经典,也不是简单地返归某种静态的文本。在阅读经典之时,我们总是和经典背后的作者,也就是历史上重要的思想家,展开某种形式的对话,也就是说,通过阅读经典,我们同时穿越历史的时空,直接面对思想家本身。在这里,一方面,经典包含着解决今天所面临问题的思想资源,事实上,在人类的历史发展过程中,每每会面对一些共同的问题,经典则从不同的方面对这些普遍、共同的问题作了独特的回应,后者进一步为解决今天面临的问题提供了启示。另一方面,经典本身也蕴含着今天依然需要面对的问题:以往的思想家通过文本而提出后世需要面对的问题,这种问题同时又激发我们更深入的思考。可以看到,经典的意义不仅仅在于给我们提供某些现成的结论,在解读经典的过程中,我们一方面领略以往思想家的心路历程,另一方面又与历史上的思想家展开独特的对话、形成思想的互动。这里不仅有文字的解读,而且更有观念的激荡。在与以往思想家的这种沟通、互动中,可以不断走向智慧的深层,并由此推进对于世界以及人自身的理解。

从具体的解读过程看,这里涉及文本意义的再现与逻辑关联的重构之间的互动。解读与诠释经典既需要努力把握文本自身的意义，也离不开诠释过程中的逻辑重构。以儒家经典《论语》中讨论的"仁"和"礼"的关系而言，孔子所说的"人而不仁，如礼何"，"礼云，礼云，玉帛云乎"，等等，既在文本的意义上表述了"仁"和"礼"之间的不可分离性，又在逻辑的层面涉及价值观念的内在性和外在性的关系："仁"更多地侧重内在的实质，礼则同时指向外在形式。仁和礼之间的以上关系同时关乎实质层面的价值内涵与形式层面的规范意义之间的关系问题。当我们从以上角度去解释、分析仁和礼以及两者关系时，同时也在进行逻辑重构。儒家另一经典《孟子》中提出的性善说，从直接的文本涵义看，其中表达了对人性的理解：人性本善，或至少具有向善的可能，这一看法属广义上的人性论。但是，就内在的理论层面而言，孟子提出人性论并不仅仅是对人性作某种规定或解说，这些解说与他对成人过程的理解密切相关，并构成了其成人学说的出发点。从后一方面看，性善说的主要意义在于肯定人格的培养需要以内在的根据为出发点，不能将其单纯地视为外在强加的过程。与之相对，《荀子》一书对人性的讨论以人性本恶为预设，后者与荀子强调礼法对人的教化、约束在理论上彼此一致。从逻辑上说，既然人性本恶，所以人格的成就无法从内在根据出发，唯有通过外在的礼义教化，才能将人纳入合乎规范的形态之中。当我们从成人的整个过程去理解《孟子》"性善说"和《荀子》的"性恶说"时，同时也就是在进行逻辑的重构。与文本的历史诠释一样，这种重构对于深入地理解经典，也不可或缺。

二

从其形成来看，经典总是与一定的文化背景、一定的民族和地域相联系,就此而言,经典呈现一定的空间性或地域性,后者赋予经典以某种特殊性的品格。但是,经典所包含的智慧内涵,同时又具有普遍意义:真正的经典总是同时构成了世界文化的共同财富,并呈现世界性的意义,这一点,中外经典,概莫能外。柏拉图的《理想国》是西方文化中的经典,其中讨论的重要主题是正义的问题,而对于社会正义的关切、对于个体权利的尊重,显然不仅仅对西方的古希腊有意义,而且也具有普遍的世界意义。孔子的《论语》是中国文化的经典,其中讨论的首先是仁道的原则,仁道的内涵在于肯定人之为人的内在价值,其意义同样不仅仅相对于中国的先秦时代而言,而是同时具有世界性。在不同的文化尚未相互作用的时候,这样的意义也许隐而不彰,但是,当不同的文化彼此相遇之时,历史就使我们有可能从更普遍的、世界性的层面,揭示不同经典所蕴含的意义。

从价值内涵来看,以往经典总是内在地隐含着多样的取向,其表达方式也带有历史的印记。这些价值取向和表达方式同时呈现特殊的形态。以《论语》中"君君、臣臣、父父、子子"的表述而言,从具体的内涵来看,这里体现了春秋时代政治体制及伦理关系中的内在价值取向,其中打上了历史的印记。然而,它同时也蕴含从普遍的文化层面加以阐释的可能。例如,可以从责任意识、义务意识的层面阐发以上表述内含的价值取向,揭示其中关于如何使个体充分地履行各自所承担的义务等看法。就具体概念而言,《孟子》一书中有"大体"、"小体"的表述,它们在形式的层面展示了具体的历史印迹。从现代的概念系统看,"大体"主要与"心之官"相联系,引申而言,与现代语境中的"理性"等范畴具有相通之处。相对于此,"小体"则更多地与人的感官相关联,在引申的意义上,它同时涉及感性等方面的规定。从以上方面看,"大体"、"小体"的关联,近于现代概念系统中理性与感性之间的关系,并关乎普遍意义上对人的理解,所谓"从其大体",

便意味着赋予理性以优先性,其蕴含的前提之一则是将人视为理性的存在。对这一类概念以及它所蕴含的意义,需要从历史性和普遍性两个层面加以理解。

从更广的视域看,在新的历史时代,一方面需要引入和借鉴西方历史演化过程中积累的文化成果,另一方面中国文化本身也要走出去,并进一步参与世界范围内的百家争鸣。不管是西方文化的引入,抑或中国文化的走出去,都既以其中内含的特殊内涵为背景,也以它们所具有的普遍意义为前提。

承认经典具有普遍的世界意义,同时也要求在阅读、理解经典的过程中形成开放的视野。眼界的封闭,常常会对经典的理解带来多方面的限定,而视域的扩展,则有助于更深入地敞开经典的意义,思想史发展的过程,也昭示了这一点。如所周知,佛教的传入是中外文化史上的一件大事,佛教传入的意义有多重方面,从经典理解的角度看,则可以注意到,佛教传入之后和传入之前,中国思想家对经典的理解存在比较明显的差异。一方面,佛教进入东土之后,一些思想家往往有排佛的倾向,但另一方面,即使是排佛的思想家,自身也常常受到佛教的影响,后者具体地渗入于他们对以往经典的诠释之中。以佛学为背景的经典阐释,同时使经典本身获得了更多的意义向度。这种现象从历史的角度表明:外来的文化和民族文化之间的相互作用,可以深化和扩展对经典的理解。

不同文化之间的互动及其对经典理解的影响,今天依然可以看到。当然,今天所面临的问题已不是单一的佛教文化的引入,而是更广意义上西方文化的东渐。西学东渐这一思想背景,使我们可以在更广的文化参照视野之下,反观经典自身,从经典中读出以往的思想家们未能读出的新的意义。这里包含两个相互关联的方面:一方面,需要揭示经典中实际内含的世界意义或普遍意义,另一方面,又应以世界文化为视域,理解经典内涵。仅仅封闭、限定于单一传统,无助于理解经典的深沉内涵。

基于上述前提,对时下一些流行看法显然需要再思考。这些看法之一,即所谓"以中释中",其内在意向在于以所谓纯粹传统的中国概念去理解中国的问题,净化一切其他观念。这种进路如果推向极端,无疑将形成自身的内在偏向,它与历史已经进入了世界历史这一背景,也彼此相悖。宽泛而言,理解和诠释与语言相联系,经典的现代诠释则离不开现代汉语,而在中西文化的互动中,外来语已逐渐输入并融入现代汉语。作为语言的特定形态,外来语并非仅仅是形式的符号,而是同时表现为思想的载体,其中多方面地渗入了外来的思想和观念内容。当我们用现代汉语去理解经典的时候,相应地也受到这种语言背后的深层观念和思想的影响,从而,试图以"纯而又纯"的中国已有观念去解释以往的经典,事实上已缺乏可能性。与狭隘的"以中释中"相对,王国维在20世纪初所倡导的"学无中西"观念无疑更值得我们关注。"学无中西"所体现的是世界文化的视野,它要求在世界文化的背景之下反观和理解多样的文化传统,包括历史上形成的不同经典。近代以来,中国的思想家在学术上的重要建树,与这一视野无法相分。从康有为、梁启超、严复、章太炎,到熊十力、梁漱溟、冯友兰,等等,其思想系统的形成,都在实质上基于"学无中西"的文化意识,尽管其中的一些人物以回归或延续儒学为学术旨趣,并对西方文化有各种批评,但他们对以往经典的诠释,在不同层面上都受到外来观念的影响,他们之被称为"新儒学",缘由之一,也在于这种影响。

三

经典的世界性品格,同时又与其时代性特征联系在一起。如前面所提到的,经典本身构成了文化的重要方面,对经典的诠释则构成了文化沉积、文化再创造的内容。就中国历史中的经典而言,从先秦以后,对以往经典的解释便没有中断过,这样的回顾和诠释,在相当意义上构成了秦汉以后文化延续和生成的重要方面。这里可以一提的是朱熹的《四书章句集注》。一方面,该书表现为对《论语》、《孟子》、《大学》、《中庸》等历史经典的解释,而在经典的这一解释过程中,解释经典的文献,即《四书章句集注》,本身也获得了经典的意义,并在相当程度上成为新的经典。在此,解释经典成为经典再创造的方式。作为新的经典,《四书章句集注》对尔后中国文化的发展产生了深远的影响。历史地看,中国文化本身并不是既定或一成不变的,而是具有生成性和开放性,其内容乃是不断地在历史过程中丰富和发展,而经典的诠释与新经典的生成,则构成了文化发展的重要形式。

中国文化今天依然面临进一步发展和创造的问题,在这一过程中,经典同样具有不可或缺的作用。从个体层面来说,经典具有人格塑造的意义,所谓通过经典阅读提高人文素养,便从一个方面反映了经典对人格的塑造作用。一方面,经典不仅为我们敞开了世界的图景,而且也赋予我们以进一步把握、理解世界的能力,另一方面,经典又不断引导我们形成合理的价值观念,由此进一步形成健全的人格取向。关注人文教育与经典的联系,无疑具有十分重要的意义。人文教育并不仅仅在于简单地增加某些方面或某些领域的知识,其意义更在于经受智慧的洗礼,这种洗礼既促使人在更广的视野中认识世界和人自身,也引导人基于更为深沉的价值意识去追求、创造真、善、美的世界,由此提高自身的综合素质。

从更广的社会层面看,经典构成了中国文化进一步发展、延续的思想前提。任何时代的文化发展都不可能从无开始,而是需要以往的发展成果作为出发点。蕴含于经典之中的思想内容,便构成了我们今天生成中国文化新形态的重要思想资源。经典从过去延续、传承到现在，很多已逾千年历史，但对于生活在现代的人来说，它们却依然在不断展示其思想的魅力。作为历史智慧的沉淀和结晶，经典也构成了现时代文化发展与思想创作的背景和前提。经典之所以不断吸引我们加以回顾，其内在的原因之一，就在于它为每个时代新的文化创造提供了智慧之源。

从文化建构的层面理解经典，具体涉及学与思的关系。孔子很早就说过："学而不思则罔，思而不学则殆"，这里涉及的便是学和思的关系。所谓"学"，更多地表现为对已有认识成果的接受和掌握。相对于此，"思"更多地与创造性的探索相联系。在此意义上，学和思的统一，表现为接受、掌握已有文化成果与创造性探索的结合。在解读经典的过程中，我们不仅需要了解以往思想家们的思想和智慧，也需要在新的背景下展开创造性的思考。走向经典，既不同于无思考的被动接受，也有别于离开文本的悬思，如何将"学"和"思"结合起来，是回到经典的过程中需要时时关注的问题。

随着科学技术的发展和信息社会的到来，现代社会正在走向技术化、信息化。从日常生活到不同领域的社会实践，人们几乎处处面对技术及其多样产物，需要不断和各种技术及产品打交道，并受到这些技术及其产物的多方面制约。就信息之域而言，对各种数据、信息的关注，已逐渐成为日常生活和各类工作中的重要方面。技术的影响，往往容易产生对技术的依赖性，而信息的不断膨胀，又可能使人淹没在海量的数据中。从文本解读的角度来看，信息的这种不断膨胀，常常使这种解读走向实用化、碎片化。人们曾经赞美"手不释卷"的苦读，然而，现代人似乎更多地表现为"手不释机"（计算机、手机），其日常所知也主要不是来自书卷，而是源于各类电子信息，人自身则往往为这些数据所左右。

基于大数据，由某一关键词引出相关的信息，逐渐成为人们解决各类问题的日常习惯。在学术研究的领域，这样的习惯延续之后，容易使人成为按图索骥、寻章摘句的文化工匠，而不再是自由的思想者。从更广的视域看，对数据的依赖，则往往使人成为信息的附庸。概而言之，现代社会往往面对如下的历史张力：一方面，新的历史时代不断呼唤各种真正具有智慧的创造者，这种创造者不仅需要拥有某一或某些方面的专门知识，而且应当具有深层智慧，另一方面，技术化、信息化的膨胀发展，又常常使人追求各种实用性的知识和信息；网络、手机的阅读方式，则进而使人习惯于实用化、碎片化的阅读，这种实用化、碎片化的信息获取方式，往往压倒了智慧之思。

　　化解以上张力的可能途径之一，是重新关注经典。前面已提到，经典本身包含某种规范性，其中蕴含的观念具有引导性的意义，这种引导作用既体现于日常生活以及前文所说的成就人格，也体现于引导人不断回应时代的问题。在技术化、信息化的背景下，经典可以让人们知道，在外在的纷繁现象之后，还有着更为深层、更为丰富的存在，同时，它也可以引导人们逐渐摆脱信息、技术的支配，真正成为信息和技术的主人。这一过程既以走向经典为形式，也以回归智慧为实质的指向。

浙学概说

一

　　考察浙学,首先需要对"浙学"这一概念作必要的分梳。所谓"浙学",大致可以从广义和狭义二重维度加以理解。狭义上的"浙学"与朱熹提出的"浙学"概念相关,这一视域中的"浙学"所涉及的主要是宋代的特定学派。广义上的"浙学"则既在时间上不限于宋代(不仅应向前追溯,而且需往后延伸),又在内涵上更为宽泛。这里需要将广义的"浙学"与"浙东学派"、"浙东史学"等学派形态作一区分:"浙学"首先关乎地域性,可以视为"浙"地形成的各种学术和思想的统称,相形之下,"学派"则有自身的宗旨、学脉的前后传承,所谓"浙东学派"、"浙东史学"以及"永康学派"、

"永嘉学派"等,便属于后一意义上的学派。章学诚在《文史通义》中谈到"浙东学术"时,主要便着眼于其在学派意义上的内在脉络:"浙东之学,虽出婺源,然自三袁之流,多宗江西陆氏,而通经服古,绝不空言德性,故不悖于朱子之教。至阳明王子,揭孟子之良知,复与朱子抵牾。蕺山刘氏,本良知而发明慎独,与朱子不合,亦不相诋也。梨洲黄氏,出蕺山刘氏之门,而开万氏弟兄经史之学;以至全氏祖望辈尚存其意,宗陆而不悖于朱者也。"①不难看到,这里的浙东之学,一方面被赋予兼容并包的学术取向:朱陆之学皆为其所纳,另一方面又主要以心学为其思想主脉,后一意义上的浙东之学,与基于地域的广义"浙学"形成了某种对照。

如上所述,朱熹与"浙学"这一概念具有比较独特的关系,一方面,他比较明确地提出"浙学"这一概念,另一方面又对其作了狭义的理解,认为"浙学却专是功利"②,这一理解中的"浙学",指向的主要是宋代事功之学。不过,从地域性的角度看,"浙学"的内涵显然不限于朱熹所界定的与事功相关的学术思想。事实上,即使在宋代,"浙"地除事功之学之外,还有吕祖谦、张九成等具有理学趋向的思想家,在宋代之前以及宋代之后,"浙"地之学更呈现复杂多样的形态。就此而言,"浙学"显然并不限于事功之学。

从时间之维看,"浙"地之学并不限于某一个特定的历史阶段。"浙学"的开端可以追溯到汉代的王充:王充无疑可看作是"浙"地之学早期的重要代表人物。王充之后,"浙学"又经历了相当长的演化过程,至近现代,"浙"地之学依然代有人出,诸如章太炎、王国维、马

---

① 章学诚:《浙东史学》,《文史通义校注》,北京:中华书局,1985年,第523页。

② 朱熹:《朱子语类》卷一百二十三,《朱子全书》第十八册,上海:上海古籍出版社/合肥:安徽教育出版社,2002年,第3873页。

一浮等,均为其选,到晚近,尚有金岳霖、冯契等当代学人。尽管与近现代学术活动在空间上的扩展和地域性的突破相应,近现代及当代"浙"地学人的学术活动在地域上已不限于"浙"地,但从其学术风格上,仍可以看到"浙学"的某种印记。

就历史的角度而言,"浙"地的学术衍化有其独特性。如所周知,齐鲁之地在孔孟荀之后,似乎既没有出现气象和格局较大的学派,也未能持续不断地产生具有创造性、系统性和广泛影响的思想家。宋代后,洛学、闽学、关学、蜀学、湖湘之学等先后而起,但其关注之域较为限定,而且除开创者之外,后续也较少形成重要的、有原创性的思想家。与之有所不同,"浙"地之学呈现某种持续发展的态势。除了宋代的婺学或金华学派、永康学派、永嘉学派、张九成的横浦心学以及杨简、袁燮、舒璘、沈焕等所代表的四明学派等之外,宋以后,明代的王阳明以及浙中王门,明清之际的刘宗周、黄宗羲,清代的章学诚,近代的章太炎、马一浮,直到金岳霖、冯契等具有现代意义的重要学者,都可以视为广义的"浙学"的不同代表,这样不绝如缕、代有人出地延至现代和当代的地域性学派,确实较为少见。从气象的博大、学术的创造性、延续的历史持久性以及涉及的广度等方面看,"浙"地之学在整个中国文化演进中无疑具有独特的地位。

二

当然,以"浙"这一地域来命名"学",还只是以地域性概念涵盖学术思想,仅仅关注这一方面,往往会显得头绪纷繁。历史地看,在学术思想的衍化中,地域性与学派性常常彼此重合,如宋代理学的关、闽、洛之学,其形成之初便既涉及相关地域,也关乎同一学脉,尽管其后学未必在地域上同属一地,但学脉上却前后相续,与之相应,对以上诸种学派的考察,也较易把握其学术理路。"浙学"与上述学派显然有所不同,它在呈现地域性品格的同时,并不存在单一的学派传承。从学术趋向看,同为"浙"地之学,有的侧重于哲学,有的偏向历史,其中的学术进路、学术方向也各有不同,即使在哲学之域,也有理学、事功之学等分野。这样,从什么方面把握"浙学"的内在脉络,使之呈现多样而不杂乱的形态,便是需要关注的问题。这里,可以从浙学的为学特点或精神取向上,对此作一大致的考察。概要而言,从王充到现当代的"浙学"人物,其总体的学术特点体现于如下几个方面:

首先是批判意识。对以往思想,"浙学"往往不是简单地认同,而是注重批判性的回顾,从汉代的王充开始,便展示了这一学术进路。王充著有《问孔》、《刺孟》,对当时已被奉为正统的孔孟之学提出种种质疑。在王充看来,"伐孔子之说,何逆于理?"①而他确实也根据事实和逻辑,对孔子的诸种言论提出了种种异议。宋代的陈亮与叶适,对同时代的理学同样也有多方面的批评,如叶适便责难理学"专以心性为宗主,致虚意多,实力少,测知广,凝聚狭,而尧舜以来内外交相成之道废矣"②。明代王阳明的心学虽然也属广义的理学,但对正统的理学却呈现不同的哲学立场:其心学事实上已偏离了以朱熹为代表的正统理学。黄宗羲不仅对宋元明的思想史作了反思,而且提出了工商皆本的观念:"世儒不察,以工商为末,妄议抑之。夫工固圣王之所欲来,商又使其愿出于途者,盖皆本也。"③以上看法无疑包含着对传统儒学思想的某种责难。章学诚在乾嘉考据学盛行的清代,另辟思想路径,其中也蕴含对当时主流学术的不认同。同样,章太炎对维

① 王充:《问孔篇》,《论衡》卷九,长沙:岳麓书社,2006年,第114页。
② 叶适:《习学记言序目》卷十四,北京:中华书局,1977年,第207页。
③ 黄宗羲:《明夷待访录·财计三》,《黄宗羲全集》第一册,杭州:浙江古籍出版社,1985年,第41页。

新派的批评,构成了近代思想的重要景观,直至现代,金岳霖对西方哲学史上的"唯主"观念以及休谟因果观的质疑,也成为其自身哲学创造的前提。批判性和创造性往往联系在一起,浙学以注重学术创造性为进路,这种学术创造同时以对以往思想的批判为前提。

"浙学"的第二个特点是注重理论的思辨。王充尽管常常被称为经验主义的代表人物,但是在其哲学中,同时也可以看到对多样问题的理论分疏,如以天道自然无为驳斥目的论,主张"不徒耳目,必开心意"①,肯定认识过程中感性与理性的互动,都展现了独到的见解。宋代的事功学派同样不是简单地提出功利的观念,而是形成一套理论的系统,从政治的运行,到社会的演化,都作了理论上的说明。王阳明心学在理论的建构和理论的思辨方面,达到了更为显著的深度,他在心物关系上实现的形而上学转向,以良知融合心与理,从过程的层面肯定知与行的统一,可以视为哲学思辨的不同体现。清代的章学诚、近代的章太炎所展示的学术与思想的统一,金岳霖所建立的现代哲学体系,当代冯契以智慧说对马克思主义哲学、中国哲学以及广义西方哲学的会通,都从不同方面展现了"浙学"的以上特点。

"浙学"的第三个特点,呈现为现实的关切。从思维趋向看,"浙学"注重理论思辨,但并未由此导向抽象的玄思。王充的"疾虚妄"②,陈亮、叶适对经世致用的注重,都体现了现实的关切。即便在王阳明那里,其思想似乎主要呈现为抽象形态的心学,但其中依然可以看到多重意义的现实关怀。王阳明不仅实际地参与了事功的现实活动,而且提出了"事上磨练"的涵养观念,肯定知与行的统一,强调真知需落实于行,等等,都从不同方面展现了现实的关切。章学诚将

---

① 王充:《薄葬篇》,《论衡》卷二十三,长沙:岳麓书社,2006年,第296页。
② 王充:《佚文篇》,《论衡》卷二十,长沙:岳麓书社,2006年,第266页。

经理解为器,以为道即内在于六经之器中:"圣人即器而存道。"①"道不离器,犹影不离形。"②与道不离器的观点相应,章学诚强调即器而明道,而由器言道的逻辑前提,则是确认道内在于现实存在。章太炎对近代社会变革的关注,也从不同维度体现了现实的指向。可以说,理论的思辨和现实的关切相结合,构成了浙学的特点。

"浙学"的第四个特点,体现于历史的观念。王充的哲学系统在逻辑上发端于对以往思想包括先秦儒学的反省,这同时也从思想史的层面,展现了历史的意识。陈亮等对历史上的英雄豪杰一再推崇和赞赏,王阳明、章学诚提出六经皆史之说,黄宗羲对宋元明儒学历史的梳理,以及后来进一步发展出来的浙东史学,等等,都从不同角度体现了"浙学"中的历史意识。现实的关切既与理论的思辨意识相关,也与历史的观念相关,在浙学中,以上方面内在地关联在一起。

要而言之,批判的意识、理论的思辨、现实的关切、历史的观念,从总体上构成了"浙学"的内在特点。不同历史不同时期的"浙"地学人尽管学术面目各异,思想兴趣不同,所致力的具体学术思想领域也不尽一致,但在其思想系统中都或多或少体现了以上四重特点。当然,"浙学"中的人物往往也呈现自身的学术侧重:一些学人可能突出了上述诸种特点中的某一方面,另一些人物则或许更为侧重其中的另一方面,但从总体上看,他们在展现某一方面特点的同时,并不完全忽略其他方面。这里既有不同的理论侧重,又有共同的理论关切,或者说,在呈现各自特点的同时,又具有共同的理论趋向。

前面已提及,"浙学"涉及多样的人物和学术进路,并且派中有派,其形态复杂而多样。要将如此纷繁的"浙学"加以整合,使之呈现

---

① 章学诚:《原道下》,《文史通义校注》,北京:中华书局,1985 年,第 138 页。
② 章学诚:《原道中》,《文史通义校注》,北京:中华书局,1985 年,第 132 页。

具有内在学术脉络的系统，便需要揭示其中内含的共同的学术精神，展现其"家族相似性"，以避免因简单罗列而引向理解方面的杂乱无序。就实质的方面而言，以上所论"浙学"的特点，在一定意义上体现了"浙学"之为"浙学"的内在风格，关注这些普遍特点，同时也为展示其学术脉络提供了可能的进路。

进而言之，就"浙学"与中国文化或中国思想的关联来说，中国文化或中国思想不仅有主流，而且有支脉，在总体上呈现多重面向的结构，这种多重性同时展现了中国文化的丰富性和多样性。"浙学"所包含的诸种学派和人物，从中国文化或中国思想的角度看，常常处于边缘性的地位；同时，它往往挑战主流思想，呈现某种异端色彩，在整个"浙"地之学中的重要人物或其中的不同派别中，都可以看到以上这一点。事实上，作为主流中的支脉，"浙学"每每通过挑战主流思想的方式，显示自身的学术品格：王充挑战当时主流的经学，事功学派挑战主流的儒学，王阳明挑战正统的理学，章学诚挑战主流的乾嘉学派，等等。直到近现代，马一浮的思想也蕴含着对西学思潮的某种挑战。可以看到，以有别于主流的独特方式延续中国文化和中国思想，构成了浙学的个性特点。综合而言，异于主流之学的取向与批判意识、理论思辨、现实关切、历史观念的相互融合，使"浙"地之学的学术进路具体地突显了其自身的学术品格，后者同时也从一个侧面展现了中国文化或中国思想的丰富性、多样性。

中国哲学的当代演进：
反思与展望

一

　　自 20 世纪 50 年代以来,中国哲学经历了衍化和发展的过程。这种哲学变迁当然并非凭空而起,它乃是以整个中国近代哲学演进过程为其历史前提：20 世纪 50 年代以来的发展与此前中国近代哲学的过程彼此关联。与之相联系,考察 20 世纪 50 年代以来的哲学历程,首先需要简略回顾整个近代中国的哲学演化过程。大致而言,中国近代哲学的衍化呈现为两重形态：其一,借用冯契先生的看法,其演进表现为哲学的革命进程;其二,中国近代哲学又呈现走向现代的趋向。

　　从哲学的革命进程看,中国近代哲学展开为多重方面。在人道观上,中国传统哲学首先关乎对历史的理解。以历史观而言,传统哲学对历史的理解往往与变易观念相联系,同时,其特点往往在于通过回溯过去以指向理想之世。到了近代,变易的历史观开始与进化论相结合,面向过去的回溯,转换为对未来的展望。由进化论,又进一步演化为唯物史观,从社会经济的变动考察历史过程,成为新的历史视域。人道观同时涉及何为人、何为理想之人等问题,后者所指向的,是理想人格的学说。从主流的方面看,传统的理想人格主要以圣人为形态,而人格的培养则以"成圣"为目标。比较而言,中国近代更多地追求人格的多样形态,包括平民化的自由人格。

从天道观上说,传统意义上的天道观的特点是基于直观和思辨,通过理气关系、道器关系、心物关系等辨析,以构造某种思辨的系统。近代以来,对自然、世界的认识越来越趋向于基于科学发展的理解。思辨的形而上学,开始转向对现实世界的理解和把握。辩证法与唯物论的结合,则赋予宇宙观、世界观以新的内涵。

从认识论上说,传统的知行观主要涉及对个体日用常行以及伦理践行和伦理原则的思考,到了近代以后,知行之辩开始转向以广义上的实践为基础的认识理论,认识的对象,也不再限于日常生活和人伦关系,而是同时指向更广的世界。基于实践的这种认识理论,可以看作是对仅仅关注日用常行、伦理践履的一种超越。进一步,认识论上的知行之辩与心物之辩,逐渐引向"能动的革命的反映论"。[①]

就哲学的现代走向而言,近代哲学的演化过程首先表现为实质意义上的体系开始向形式的体系转化。冯友兰先生曾经区分了实质体系与形式体系,实质体系主要侧重于围绕某个核心观念展开相关

---

① 冯契:《中国近代哲学的革命进程》,上海:华东师范大学出版社,1997年,第22页。

哲学思想,形式体系则注重在形式化的系统中,通过概念的重重辨析、理论的层层推演而展开较为严密的哲学构架。中国哲学在古典形态下主要侧重于实质体系。到近代以后,形式化的体系开始得到较多的关注,实质意义上的古典哲学逐渐趋向于近代的形态。

与以上转换相联系,传统的天道观开始转化为现代意义上的本体论或形而上学理论;传统的知行观则演化为现代意义上的认识论,后者注重考查认识所以可能的条件,认识过程展开的不同环节,包括感觉、概念、推论,等等;与知行之辩相关的名学,则开始转化为现代意义上的逻辑学。相应于以上过程,传统意义上的人道观进一步展开为现代形态的伦理学、历史观,其中的治道或所谓"外王之道",则逐渐转换为现代意义上的政治哲学,如此等等。

中国近代哲学的以上趋向,包括前面提到的革命进程与现代走向,在 20 世纪 50 年代以来的演化过程中并未中断,事实上,它在某种意义上依然得到了延续。就哲学的革命进程而言,1949 年以后,哲学革命延续的重要表征是马克思主义哲学逐渐在哲学的各个领域中占据主导地位,后者可以看作是中国近代哲学革命的深化。到了 20 世纪 70 年代末,出现了关于真理标准问题的讨论,这既是近代哲学革命的进一步延伸,又展现为哲学革命新的形态,而实践是检验真理的唯一标准的再次确认,则是其积极的成果。在理论层面上,这样的讨论也许没有提供很多新的看法,但在实践上又确实产生了重要影响:它在某种意义上成为开始于 20 世纪 70 年代末的社会变革的先导。恩格斯曾经提到,哲学革命可以成为政治革命的先导。哲学变革与社会变革之间的关系,也可以看作是哲学革命进程的延续与深化。

就哲学的现代走向而言,20 世纪后半叶以来,伦理学、美学、逻辑学、认识论等哲学的分支,在不同层面上都得到了现代意义上的具体考察。在 20 世纪 50 年代,先后有关于形式逻辑、美学等问题的讨论,在中国哲学方面,也有对中国哲学中的不同人物,如孔子、老子、庄子等人物的研究。到 20 世纪末,中西哲学的互动再度成为引人注目的景观。纵观 20 世纪的思想衍化过程,可以看到一个值得关注的现象:20 世纪初,随着西学东渐的推进,中西哲学之间开始了某种互动的过程;20 世纪中叶以后,随着马克思主义哲学主导地位的确立,西方哲学逐渐走向沉寂,然而,到了 20 世纪 80 年代以后,中西哲学的交流、互动再次成为一种引人关注的历史现象。这一时期,中国哲学的研究与西方哲学的研究呈现某种同步的现象,西方主流的现象学、分析哲学不仅都在中国哲学中得到传播,而且在各个方面得到了比较深入的研究和探讨。

进一步看,20 世纪 50 年代后,哲学的革命进程与哲学的现代趋向之间往往呈现互动的格局。以中国哲学的研究而言,一方面,古典的中国哲学得到了系统性的、现代意义上的梳理,在专题的研究和不同观点的争鸣中,出现了各种形式的中国哲学论著,这可以看作是中国哲学走向现代的具体成果。但另一方面,尤其是在 20 世纪 70 年代末以前,哲学的近代走向同时也受到了哲学革命进程中某些教条化的影响,如以两军对战(形而上学与辩证法、唯心主义与唯物主义)作为梳理哲学史的模式,后者深深地影响着前三十年对哲学史的研究。在这里,哲学的革命进程与哲学的现代走向在另一种意义上呈现相互关联的形态。

在这段时期,各个具体领域中,也出现了多样的研究成果,中国哲学史、西方哲学史,各个哲学的分支,都可以看到不少研究论著。同时,在哲学理论方面也有较为个性化的研究,后者同时以较系统的理论建构的形式呈现,这方面至少可以举出两个代表,即冯契和李泽厚。冯契提出"智慧说",其内容集中地体现在他的《智慧说三篇》中。《智慧说三篇》由三部相互联系的著作构成,这三部著作即《认识世界和认识自我》《逻辑思维的辩证法》《人的自由和真、善、美》。冯契对认识论作了广义的理解，认为它不应限于知识论（the theory of knowledge），而且应研究智慧的学说，要讨论元学（形而上学）如何可能、理想人格如何培养等问题。这里既涉及具体经验领域的知识，又涉及关于性与天道的智慧，元学与知识论统一于广义的认识论。冯契肯定，逻辑思维能够把握具体真理：人能够在有限中认识无限，在相对中揭示绝对，而这一过程即表现为从知识到智慧的飞跃。就对象而言，通过如上飞跃，自在之物不断化为为我之物；就主体而言，精神由自在而自为，自然赋予的天性逐渐发展为自由的德性，从而达到理想的人格。从无知到知、又从知识到智慧的飞跃，既是知识论的问题，又是元学或本体论的问题；以广义的认识论为基础，冯契先生对知识论与本体论作了沟通，并由此展示了统一本体与现象、名言之域与超名言之域的独特思路。

李泽厚不仅构建了历史本体论，而且提出了许多为人所熟知的命题。如经验变先验，即经验形态知识，可以逐渐提升为一种普遍的概念形式；历史建理性，即在历史的发展过程中，在运用工具的活动中可以逐渐形成理性知识并提高人的理性能力；心理变本体，即人的心理趋向可以沉淀为人的内在心理本体。肯定心理本体的理论意义之一，在于回应现代哲学中消解本体的哲学趋向。在现代哲学中，实用主义便往往由注重特定的问题情境、将概念加以工具化而表现出对哲学意义上的精神本体的消解。从现实的认识和实践过程看，内在的本体是不可忽视的，中国传统哲学（特别是宋明理学）中对工夫与本体的关系讨论，也涉及这一方面。在中国哲学的语境中，本体指涉的是内在的意识结构，它以价值取向和知识观念为内容，其意义不同于形而上学意义上的实体。对中国哲学而言，工夫的展开需要以精神本体为内在依据。从实质的层面看，心理变本体之说在某种意义上可以视为对中国古典哲学以上思想的现代提升。

从以上方面看，在20世纪50年代以来的哲学演进中，中国哲学确实取得了多方面的积极成果。

二

然而，如果撇开纷繁多样的哲学衍化现象，从更为内在的深层面考察20世纪50年代以来哲学发展的趋向，便可以看到，尽管哲学的演进取得了引人注目的成果，也出现了一些具有创造意义的哲学系统，但总体上，这一过程中仍然存在着需要加以反思的趋向。具体来说，这种趋向表现为如下几个方面：

首先是哲学向哲学史的还原。从总体上看，20世纪50年代以来，无论是中西哲学还是马克思主义哲学，其关注的重点始终主要是哲学的历史而非哲学理论本身。马克思主义哲学虽然通常被视为哲学原理，然而，对马克思主义哲学的探讨仍然主要关注历史上马克思主义者的观点，包括马克思主义经典作家的相关思想，而对马克思主义本身的理论内涵，却缺乏较为系统的、创造性的探讨。从更广的视域看，哲学领域中包含的问题，往往古老而常新：古希腊、中国先秦时期所提出的问题，在后世都不断地被审视并重新加以讨论，可以说，每个时代都以不同的方式关注以往的哲学问题并对此作出新的理解。从本体论上看，中国哲学主要以性与天道方面的论题为关注之点，西方哲学则常常指向何物存在、如何存在等问题，这些具有形而上学意义的问题，都是哲学研究之域题中应有之义。但是，在哲学向哲学史还原的格局之下，这些理论问题却难以在新的历史背景中得到深入的探讨。从伦理学层面看，何为善，如何理解道德实践，道德中的德性和规范关系如何定位，道德实践的主体、自由人格如何培养,等等,这些根本性的问题也没有得到十分系统的讨论。在认识论上,虽然对某些认识环节已有若干考察,但是在创造性地对认识过程的研究和把握方面,仍显得比较薄弱,一个显而易见的事实是,20世纪50年代以来,没有出现一部类似于康德的《纯粹理性批判》的认识论著作。

如果对20世纪50年代以来的中国哲学与现代西方哲学,尤其是分析哲学,作一比较,便可发现一个饶有趣味的现象:较之20世纪50年代以来中国哲学表现出的将哲学还原为哲学史的倾向,现代西方的分析哲学呈现相反的立场,即趋向于将哲学史还原为哲学。分析哲学对哲学史的问题往往并不十分关切,其关注之点主要指向当代分析哲学共同体中所提出的问题,如果涉及哲学史,也常常是因为需要解决当代哲学关切的问题。可以看到,分析哲学的总体取向是关注其所谓的哲学问题而疏离于哲学史,这种将哲学史还原为哲学的倾向与中国20世纪50年代以来将哲学还原为哲学史的趋向,表现为不同的哲学进路。从哲学之思看,两者都呈现各自的偏向。

人的存在和世界之"在",都包含多方面需要探究的问题。对这些问题的考察首先需要以哲学史为背景:离开哲学史的反思,便无法对宇宙人生的根本问题作出有推进意义的把握。哲学不能从无开始,它总是以历史上的哲学家的研究成果为出发点,并表现为相关思考的延续和展开。另一方面,哲学的研究又始终不能遗忘对哲学理论问题本身的关注。如果把哲学的理论问题推向边缘,仅仅关注历史上的哲学家的工作,便容易限定于对历史材料的罗列梳理而缺乏对问题本身的深层理论思考。就此而言,无论是将哲学史还原为哲学,还是把哲学还原为哲学史,都需要加以扬弃。

20世纪50年代以来哲学发展中的第二个问题,是哲学趋向于专业化、学科化。对哲学二级学科的关注,构成了引人注目的哲学现象。伦理学、逻辑学、西方哲学、中国哲学、科学哲学或自然辩证法，等等，都作为二级学科而彼此相分，一般哲学系中建立的教研室，也是基于二级学科的划分。二级学科的这种区分，是哲学学科化、专业化的外在体现，而哲学的学科化与专业化，则关联着哲学的知识化。如所周知，哲学的本来形态，表现为智慧的追问和智慧之思，作为现代汉语的"哲学"是对西语 philosophy 的翻译，而 philosophy 则涉及智慧。中国古代哲学虽然没有"智慧"这一现代术语，但它以性与天道的考察为指向，性道之学可以视为"philosophy"的中国古典形态，其实质的内涵也指向智慧的追求。与智慧相对的是知识，知识与智慧展现为把握世界的不同方式，相对而言，知识的进路主要表现为以分门别类的方式去理解世界，科学可以视为其典型的形态。然而，世界在被知识加以分解之前，其本身并不是以此种彼此分界的方式呈现，仅仅停留在知识的进路，显然难以真实地把握世界：对世界真实形态的理解，需要跨越知识的界限。智慧在实质上即体现了跨越知识界限以理解世界的进路，哲学之所以必要，也在于它以智慧的方式追问、思考世界。然而，当哲学趋向于学科化、专业化之时，其以智慧追求的方式把握世界这一内在意义便会逐渐退隐，哲学本身则容易由此被降低为知识。事实上，这种现象在 20 世纪 50 年代的哲学衍化中便不难注意到，就哲学研究者而言，常常只能看到某种二级学科的专家，如中国哲学史专家、西方哲学史专家、伦理学专家、认识论专家，等等，却很少有一般意义上的哲学家。从研究学会的角度看，可以看到各种二级学科的学会，如现代西方哲学学会、伦理学学会、逻辑学学会或者中国哲学史学会，等等，却没有形成统一的哲学学会。以哲学研究刊物来说，虽然有《哲学研究》这样的综合性刊物，但其中仍然以分门别类的方式，如西方哲学、中国哲学、马克思主义哲学，对其中的论文进行分类。在这样的构架下，一些本来属于一般哲学理论问题的研究,也往往被人为地归入某种二级学科中。作为智慧的探索,哲学按其本义与知识相对,当哲学被还原为知识时,哲学之为哲学的根本特征就会被模糊。与哲学的专业化、学科化相关的是中国哲学、西方哲学、马克思主义哲学的分离:后者可以看作是哲学的学科化、专业化的自然延续与展开。在这种分化中,中、西、马的区分也逐渐演变为壁垒分明的界限。

以上的学科化的现象与哲学的本来品格显然存在距离。如前面提到的,按其本质,哲学本身具有超越学科的性质:以智慧的追求为指向,表明哲学既不同于特定学科,也不能限于某一具体的学科之中。然而,随着近代大学的形成,哲学逐渐成为大学中的一个学科,哲学也由此取得了学科性的特点,这是一种历史发展过程中出现的现象。从更广的世界哲学的演进过程看,哲学的专业化、学科化趋向,也有哲学自身衍化的内在根源。近代以来,世界哲学的演化经历了几次重要的转向,首先是所谓哲学的认识论转向,20 世纪初以来,又出现了哲学的语言转向,这一类转向同时意味着哲学侧重于或偏向于存在的某个方面。哲学本来表现为以跨越界限的形式把握世界的观念形态,无论是侧重于认识论,抑或偏向于语言哲学,都可能导致遮掩哲学的以上品格。20 世纪 50 年代来中国哲学中出现的学科化、专业化偏向,从一个方面折射了世界范围内哲学的以上历史演化过程。

以上趋向主要表现为多样的思想现象。如果更为深层地考察以上现象产生的内在根源,便可注意到,其出现与知性思维方式的泛化密切相关。“知性”这一概念首先与德国古典哲学相联系:德国古典哲学至少从康德开始,便已区分感性、知性与理性。从思维方式的角度看,知性的特点在于或者把过程截断为一个个片段,或者将整体划分为不同的部分。在 20 世纪 50 年代来以来的哲学衍化过程中,上述知性思维方式以不同的方式表现出来。

在 20 世纪 50 年代至 70 年代的三十年中,引入注目的现象是辩证法形式下的知性思维。从形式上看,这一时期辩证法得到了推重,不仅马克思主义的辩证法,而且黑格尔的辩证法也得到了关注。然而,在实质的层面,知性思维的方式却往往大行其道。各种形式的划界,如两军对战,亦即划分唯物与唯心、形而上学与辩证法,成为重要的思想景观。这样,形式上的推崇辩证法与实质上的侧重知性划界,往往并存,这种现象显然疏离于真正意义上的辩证法:真正贯彻坚持辩证法,便应该扬弃这种简单的、非此即彼的划界方式。同时,辩证法本身也往往被公式化,一些概念、范畴每每被形式化地套用,几对范畴、几大规律彼此区分清楚、界限分明,这种划分也从一个方面体现了知性思维的方式,辩证法的内在精神则由此逐渐趋于消退。20世纪 60 年代曾有关于"合二为一"与"一分为二"的争论,"合二为一"被视为形而上学的观念而受到批判,"一分为二"则被看作是需要加以坚持的辩证原则。按其本来意义,辩证法既应讲"一分为二",也需要谈"合二为一",二者彼此相关。片面强调"一分为二"而拒斥"合二为一",实质上偏离了辩证法而趋向于知性思维。

在 20 世纪末以来的四十年中,知性思维取得了另一种形态。步入 20 世纪 80 年代以后,黑格尔的哲学渐渐处于被遗忘的状态,其辩证法思想也很少有人问津。与拒斥黑格尔的哲学相应,辩证法不仅备受冷落,而且成为被质疑的对象。相应于疏远辩证法的立场,知性成为普遍接受的思维方式,在各种形式的划界、区分中,便不难看到这一点。以心物、主客关系的讨论而言,晚近以来主流的哲学趋向是"凡合皆好,凡分皆坏"。一谈到西方近代哲学,便常常批评所谓笛卡尔以来的西方近代哲学观念,后者主要被概括为执着于主客、心物的两分,对这种近代哲学的否定,则每每与推崇主客合一、心物不分的哲学观念相联系。事实上，"合"本身需要加以分析："合"既可以指未分化的"合"，也包括分化之后重建之"合"。分化之前的"合"往往表现为混沌、朦胧的状态，尚未经过理性分析的洗礼，从理论上看，不经历分化的过程，思维便将单纯地停留在朴素、直观的状态。在这一意义上，我们固然不能仅仅停留在"分"之上、将"分"绝对化，但从"分"构成了超越混沌、朦胧的状态而走向更深沉之"合"的前提这一方面看，它在逻辑上又有其必要性，笼统地说"凡合皆好，凡分皆坏"，无疑忽略了这一点。

在天人关系的理解上，也可以看到类似趋向。谈到天人关系或人与自然的关系，晚近的中国哲学常常责难近代西方哲学只讲天人相分、仅仅注重对自然的掠夺与征服，颂扬中国传统哲学如何肯定天人的合一。这里同样存在前面提到的问题，即对"合"未作分梳。天与人在原初的形态下，呈现合而未分的形态，但这是一种未经分化的"合"，此时人还没有完全走出自然，与之相应，天与人的合一尚处于混沌的形态。在人对天的作用过程中，人逐渐走出自然，成为自然的他者。当然，天与人之间的这种分化既推进了人对自然的认识和变革，也包含着天人疏离甚至对峙的可能，后者决定了不能仅仅停留在"分"的状态，而是需要超越单纯的"分"，走向天人之间合一的重建。这种经过分化而重建的合一，不同于未经分化的原始合一，笼统地以"凡合皆好，凡分皆坏"理解天人关系，显然既没有看到作为重建合一历史前提的"分"的意义，也未能注意到重建的合一对原始的（混沌的）合一之超越。

进入 21 世纪以后，如何把握中西哲学的关系，成为引人注目的问题。随着社会经济的发展，对传统文化的认同感也不断增长，相应于此的是对西方哲学的疏远以及向中国传统思想的回归，在国学热、儒学热等现象中，便不难注意到这一点。与以上现象相呼应，在研究方式上，所谓"以中释中"等主张也随之而生，后者的核心是要求在中国哲学的探索中剔除一切西方哲学的概念和理论，纯粹从中国哲学自身的角度理解中国哲学。这种主张的背后蕴含如下观念：中国传统思想自成系统、完美无缺，运用西方哲学的观念，将偏离中国哲学本来具有的完美形态。事实上，在走向世界哲学的历史背景下，哲学思考需要多元的智慧之源，对哲学传统的理解，也需要有不同的思想参照系统，中西哲学作为不同文明传统发展的成果，既构成了当代哲学思考的思想资源，也是深入阐释各自传统的重要思想背景。相对于此，"以中释中"的主张所执着的却是中西之间的划界，它从研究方式的层面，体现了知性思维的趋向。

三

知性思维的方式的多重呈现，构成了 20 世纪 50 年代来哲学演进中无法忽视的方面。从认识世界与认识人自身的维度看，以知性思维的泛化为哲学思考的进路，显然难以真正达到真理性的认识。未来哲学的发展，无疑需要超越以上趋向。

具体而言，首先需要注重史与思的统一，两者的关联以哲学史与哲学的统一为其实质的指向。前面已提到，哲学的问题总是古老而常新，在当代的背景下对历史中哲学问题进行深入的探讨，哲学史的反思是不可或缺的。在智慧之思的展开过程中，需要运用哲学史上已有的成果来回应、解决哲学中具有恒久意义的问题。与之相联系，哲学史的考察与哲学的思考无法彼此分离。在伦理学上，对德性与规范、成就人与成就行为关系的探讨，便既涉及历史的考察，也关乎理论层面的关切。从中西哲学的演进来看，不同的哲学家对相关问题提出了什么观念，留下了何种思维教训，这都是在面对具体哲学问题的时候需要加以关注的。从认识论来说,将认识理解为狭义上的认知,还是更广义上的认知、评价、规范的统一,同样是难以回避的问题。认知、评价、规范统一的背后,涉及世界是什么、世界对于人具有什么意义、世界应当成为什么形态(如何按照人的理想去变革世界)等问题。从哲学史上看,不同的哲学家对于这些问题往往有不同的看法,理解这些问题,便需要对历史上哲学家的考察加以梳理,这种梳理又并非仅仅满足某种历史的兴趣,而是始终包含理论的关切,在这里,史与思、哲学史的回溯与哲学的研究呈现互动的形态。

从学科与超学科的关系看,在肯定哲学具有学科形态的同时,需要关注其超越学科的性质,避免不同的哲学分支之间形成壁垒分明、画地为牢的格局。就中国哲学、西方哲学、马克思主义哲学而言,应当在世界哲学的视野下理解中国哲学、西方哲学、马克思主义哲学及其相互关系,将其发展成果理解为形成世界哲学的不同思想资源。如上所述,在当代思考哲学问题,需要运用人类文明衍化过程中积累起来的多方面成果,中国哲学、西方哲学以及马克思主义哲学都应理解为建构具有世界意义的当代哲学的智慧之源。与之相联系,不能以简单划界的方式来处理三者的关系,而是需要基于哲学基本问题的考察,展示这些哲学传统的不同意义,并进一步实现三者的内在融合。

就思维方式而言,如何超越知性思维,同样是一个无法回避的问题。在这里,重要的是对辩证思维予以必要的关注。哲学所指向的对象本身是具体的,世界也具有多方面性,并处于过程之中。唯有注重对象本身的多方面性及过程性,才能再现其真实的形态。辩证思维的基本要求之一,便在于从整体及过程的视域考察对象,以对其加以全面地把握。从这些方面看,扬弃知性的方式、注重辩证的思维,是真实地把握世界的方法论前提。

史与思的统一、不同哲学传统之间的融合以及对辩证思维的认同，体现了在更高层面上回到智慧的走向。前面提到的认识论转向、语言哲学转向，往往使哲学偏向一端，史与思的统一、不同哲学传统之间的融合以及对辩证思维的认同，则意味着扬弃这种转向所内含的理论偏向，由此以更深沉的方式确认哲学作为智慧之思的本来形态。进一步看，智慧的探求本身又展开为一个多样化、个性化的过程，就此而言，回归智慧并不是走向千人一面的形态。恰好相反，回到智慧与智慧的多样化、个性化探索具有内在的一致性。

超越非对称：
中西哲学互动的历史走向^①

一

　　中西哲学之间的关系，展开为一个历史变迁和衍化的过程。在早期，中国哲学（首先是其中的儒学）除了先后传播于周边区域，如朝鲜半岛、日本、越南等东亚或东南亚地区之外，对世界的其他区域并没有形成实质性的影响。在这一历史时期，中国哲学和世界其他文化传统（包括西方文化）之间，主要表现为空间上的并存关系，而没有内涵上的实质交流和互动。

　　到了明清之际，情况开始发生某些变化。从中西

---

　　① 本文系作者于 2018 年 8 月在银川举行的"国际儒联学术委员会会议暨多元文化与儒学文化民族化论坛"上的发言记录。

文化之间的相互关系看,明清之际是非常值得关注的一个时期。这一时期,早期来华的传教士开始把西方文化,即古希腊以来欧洲的哲学思想、宗教思想和科学思想,包括基督教(天主教)思想介绍、引入到中国。与此同时,他们也逐渐将中国古代的若干典籍,首先是儒家的经典,翻译、介绍到西方世界。17 世纪的时候,《大学》、《论语》、《中庸》、《孟子》都已被比较完整地翻译成拉丁文,并渐渐为当时主流的西方思想家们所关注。

这一时期中西文化交流中值得注意的特点在于,中国哲学与欧洲文化或西方文化之间存在某种不平衡或不对称的关系,这种不平衡或不对称表现在:当传教士把中国的典籍以及其中包含的文化、思想观念介绍和引入欧洲的时候,当时主流的思想界及其代表性人物给予其以相当的关注,然而,中国的哲学家却未能对西方主流的文化和思想予以同等的关注。在欧洲,这一时期主流领域的思想家和哲学家如莱布尼茨、伏尔泰、孟德斯鸠、狄德罗以及莱布尼茨的后学沃尔弗,等等,都开始对中国哲学的思想内涵加以关注。莱布尼茨便对中国哲学予以很高的评价,认为在"实践哲学方面",欧洲人不如中国人,而且,"中国哲学比古希腊人的哲学更接近于基督教神学"。[1] 考虑到莱布尼茨时代基督教神学在欧洲仍具有独特的地位,这一评价无疑是相当高的。莱布尼茨同时认为,中国的伦理学要比西方更完善。他的后学沃尔弗进一步指出:"自身包含有基础的东西就是真,自身不包含有基础的东西就是伪。运用这块试金石来判断,中国哲学的基础有其大真。"[2]基于以上看法,沃尔弗肯定:"中国人的哲学基

① [德]莱布尼茨:《致德雷蒙先生的信:论中国哲学》,《中国哲学史研究》1981 年第 4 期。

② [德]沃尔弗:《关于中国人道德学的演讲》,《德国思想家论中国》,陈爱政等译,南京:江苏人民出版社,1995 年,第 33 页。

础同我个人的哲学是完全一致的。"①这里体现了从理论的层面对中国哲学的认同和推崇。

18 世纪法国启蒙思想家同样表现出对中国哲学(包括儒学)的多方面肯定。伏尔泰指出："中国的儒教是令人敬佩的。毫无迷信,毫无荒诞不经的传说,更没有那种蔑视理性和自然的教条。"②这里无疑有见于中国哲学(包括儒学)内在的理性精神。比较而言,孟德斯鸠更多地着眼于政治和法律领域,认为儒学以"和而不同"作为治国原则,体现了"伟大的天才"智慧。③ 在肯定中国哲学与文化方面,狄德罗展现了相近的立场。对他而言,"中国人历史悠久、智力发达,艺术上卓有成就,而且讲道理,善政治,酷爱哲学;因而,他们比亚洲其他各民族都优秀。依某些著作家的看法,他们甚至可以同欧洲那些最文明的国家争辉"④。他同时肯定了中国哲学的智慧,认为这种智慧会"冲破一切羁绊"⑤。

以上提及的,都是当时主流的西方思想界的人物。他们的共同特点,在于不仅对中国文化给予了相当的关切,而且对其普遍的意义作了肯定。尽管这些思想家和哲学家对中国哲学和中国文化的具体内涵也许没有其后人了解得那样详尽,但对中国哲学的主要趋向与主导观念,却已有不同程度的把握。他们对中国哲学的积极评价,便

---

① [德]沃尔弗:《关于中国人道德学的演讲》,《德国思想家论中国》,陈爱政等译,南京:江苏人民出版社,1995 年,第 45 页。

② [法]伏尔泰:《哲学辞典》,王燕生译,北京:商务印书馆,1991 年,第 331 页。

③ [法]孟德斯鸠:《论法的精神》下册,张雁深译,北京:商务印书馆,1982 年,第 302 页。

④ [法]狄德罗:《中国人的哲学》,《中国哲学》第 13 辑,北京:人民出版社,1985 年,第 378—379 页。

⑤ [法]狄德罗:《中国人的哲学》,《中国哲学》第 13 辑,北京:人民出版社,1985 年,第 400 页。

基于这种把握。

反观那一时期的中国思想界和哲学界(包括儒学之域),其中的一些代表人物对于传教士介绍的西方思想观念固然也给予了某种关切,但是这种关切首先指向科学与技术的层面。即使对天主教思想表现出某种认同和肯定的徐光启,也将主要的兴趣放在几何学等科学知识之上,他所提出的"欲求超胜,必须会通"①,也主要指向科学领域。以亚里士多德的哲学而言,徐光启时代的中国哲学家感兴趣的,主要是其中与几何学比较接近的、形式层面的逻辑学(名理学),对其形而上学、伦理学,则很少问津。较之徐光启,方以智对西学有了更进一步的了解,他区分质测之学与通几之学,其中质测之学与物理学等自然科学相涉,通几之学则与哲学相关,方以智对质测之学及其意义作了多方面的肯定,并认为质测与通几无法相分,既不能以质测否定通几,也不能以通几否定质测:"不可以质测废通几,岂可以通几废质测?"②然而,关于中西之学的总体特点,方以智的观点是:西学"详于质测,而拙于言通几。"③这一看法意味着西方固然在自然科学方面有所长,但在哲学上却不如中国传统的性道之学(在方以智那里,通几之学与中国传统的性道之学属同一领域)。类似的情形也见于王夫之。王夫之认为:"盖格物者,即物以穷理,惟实测为得之。"④这一看法无疑受到西方实测之学的影响,但在哲学层面,却几乎很难看到王夫之对西学总体上的正面评价。

可以注意到,明清之际重要的中国思想家,从徐光启、方以智到

---

① 徐光启:《历书总目表》,《徐光启集》卷八,北京:中华书局,1963年,第374页。

② 方以智:《药地炮庄》卷之一《齐物论》,北京:华夏出版社,2011年,第148页。

③ 方以智:《物理小识·自序》,北京:商务印书馆,1937年,第1页。

④ 王夫之:《船山全书》第十二册,长沙:岳麓书社,1992年,第637页。

王夫之,对西学都已有不同程度的接触,但他们所关注的主要还是西学中技术性的层面,如历法、数学、实测之学,等等,对于哲学层面的普遍思想内涵、价值观念,在总体上并没有给予实质上的肯定。相对于莱布尼茨、沃尔弗、伏尔泰等对中国哲学普遍内涵的关注和实践哲学等方面的推崇,中国哲学家显然没有在这方面给予西学以同样的关切。这里的原因当然是多方面的,包括由于缺乏专业哲学家的介绍和阐释,西方哲学难以展示系统的图景,从而妨碍了中国哲学家对西学的理解;同时,价值观方面的差异,也容易使中国思想家对外来文化保持某种距离,等等。由此形成的结果之一,就是前面提及的,中西文化之间在这一时期形成某种不平衡或不对称:西方主流思想家对中国文化的重视超过了中国主流思想家对西方文化的重视。

二

步入近代以后,情况开始发生不同的变化。从 19 世纪中期开始,中国文化与西方文化之间的互动,经历了新的衍化过程。这一时期,中国思想家首先所注重的是器物,与之相关的主张则是"师夷长技以制夷",尔后逐渐关注西方的"制度",最后则开始突出"观念文化"层面的西学。在观念文化这一层面,以"中体西用"为先导,西学最初在价值之维仍处于边缘地位,这一文化立场可以视为明清之际思维趋向的某种延续。然而,自 19 世纪后期开始,中国一些主流思想家开始深入于西学之中,逐渐了解西方文化的内在精神,并从不同层面趋向于认同西方文化的价值观念、接受西方主流的哲学思想。尽管其中的一些人物在价值观上往往站在儒学立场上对西方文化做某种批判,但从思想系统来看,近代思想家已开始以不同的方式运用主流的西方哲学的思想资源来建构自身的思想体系。这是一个值得关注的变化。

　　从总体看,中国近代真正称得上具有创造性的思想家,其共同特点在于不仅上承了传统的中国哲学,而且也以不同的方式接受了西方思想的诸种观念。以 20 世纪以来中国哲学的演进而言,从梁漱溟、熊十力,到金岳霖、冯友兰,都在不同程度上关注西方哲学,并受其影响。尽管其中一些人物并不是以专家的身份来了解西方文化,他们对西方哲学的具体细节、历史变迁也不一定十分了解,然而,在实质性的层面,他们却把握了西方哲学和西方文化的主导性观念,并以此作为建构自身体系的重要思想资源。诚然,在价值取向上,中国现代的一些哲学家(特别是上承儒学的哲学家)对西学仍有种种的批评,但即使这种批评,也构成了其形成自身思想系统的一个环节:通过对西学的这一类批判性回应,相关哲学家的思想系统从形式和内容上都取得了不同以往的形态。可以说,如果没有西学的东渐、缺乏西方哲学的背景,就不会有现代形态的中国哲学。

　　这种情况较之明清之际显然发生了明显的变化,后者具体表现在:主流的中国思想家开始对西方文化中带有普遍意义的思想资源加以认真关注,这种思想资源在得到认同以后又以不同的形式参与了现代中国哲学思想体系的建构过程。

　　然而,在西方,人们看到的则是另一种情形。从技术性的层面来说,明清之际以后,西方对中国文化的翻译和介绍无疑更为精致、细化,如某种中国的经典,常常会有十几种、甚至数十种的译本,对于中国文化的典籍、思想、学派等方面的了解程度,也开始远远超过了明清之际的传教士以及欧洲近代的思想家。但是,从 19 世纪以后,一直到晚近,都不难注意到一种现象:中国文化和中国哲学逐渐衍化为汉学研究的对象,对中国文化(包括儒学)的研究、介绍,也相应地主要限定于汉学家之域,17、18 世纪时主流思想家莱布尼茨、沃尔弗、伏尔泰等关注中国哲学、中国思想的现象，自 19 世纪之后已难得一见。

不难注意到，虽然在细节上西方汉学家对中国典籍文化的了解已非明清之际的传教士可比，但是西方主流思想家却不再把中国哲学作为真正的哲学来理解。汉学家们的研究，侧重于中国文化中学术性的层面和领域，他们主要不是把中国哲学作为对人类思想文化的建构具有普遍意义的对象，而是更多地关注文化的差异。在相当程度上或实质的层面，其研究类似于文化人类学家对早期原始文明的考察。就哲学领域而言，自黑格尔始，西方主流哲学家便以比较轻视的眼光看待中国哲学。黑格尔在《哲学史讲演录》中虽然提到中国哲学，却并未把中国哲学纳入他所理解的哲学之列。在他看来，孔子"是中国人的主要的哲学家"，但他的思想只是一些"常识道德"，"在他那里思辨的哲学是一点也没有的"。《易经》虽然涉及抽象的思想，但"并不深入，只停留在最浅薄的思想里面"。① 这种看法在此后的主流西方哲学中以不同的方式得到了延续。

尽管晚近以来，随着留学西方（欧美）的一些中国学人进入西方的学术领域，包括哲学界，中国哲学开始在不同层面进入某些西方高校的学科领域，西方的一些思想家们、哲学家们也逐渐对中国哲学给予了某种关注。但是，这种"进入"和"关注"主要仍然停留在西方非主流的哲学和思想领域，而没有走进和融入西方哲学的主流。在这方面，一个显而易见的事实是：中国哲学，包括儒学，始终没有进入重要的西方高校的哲学系中，它们依然主要在历史系、宗教系、东亚系等学科，除了夏威夷大学等少数的哲学系讲授中国哲学，主流的大学如哈佛大学、耶鲁大学、斯坦福大学、剑桥大学，等等，都没有把中国

---

① ［德］黑格尔：《哲学史讲演录》第一卷，贺麟、王太庆译，北京：商务印书馆，1981 年，第 118—132 页。

哲学作为哲学来看待。同样,西方主流的思想家、哲学家,也没有真正地把中国哲学作为其建构自身体系必不可少的资源。晚近人们往往津津乐道海德格尔如何重视道家哲学,其哲学与中国哲学的道怎样具有相关性,等等,然而,如果深入地考察其哲学的内在逻辑脉络,则不能发现,这种推测显然言过其实。事实上,海德格尔的哲学本质上仍源自西方哲学传统,尽管包含了其中非主流的方面。与海德格尔同属现代西方现象学的梅洛-庞蒂,以更为明晰的形式表达了关于中国哲学的看法:"人们有这样的感受:中国哲学家没有像西方哲学家那样懂得理解或认识的观念本身,他们没有向自己提出过对象在理智中的发生,他们不寻求去把握对象,而只是在其原初的完满中唤起它。"①依此,则中国哲学似乎尚未达到西方哲学的高度:相对于西方哲学,中国哲学仍处于较低的层面。当然,近来西方的一些哲学家们确实开始注意中国哲学,并试图以此作为自身哲学思考的参照,如斯洛特(M. Slote)在研究情感伦理学之时,便对中国的阴阳观念等给予了很多关注,但这种理解还处于比较表层或外在的阶段,尚未真正深入中国哲学思想的深层内涵之中。

这里,可以看到与明清之际不同的另一种不平衡或不对称。在明清之际,西方主流思想家们对中国思想和哲学的普遍意义给予了相当的关切,而中国的主流哲学家和思想家,却在注重西方的实测之学的同时,或多或少将西方的哲学思想置于比较边缘的地位。然而,19世纪之后,中国思想家热忱地了解西方思想,并将其作为普遍的思想资源加以运用,而西方主流的思想家和哲学家,却既不深入了解、也不具体关切中国哲学,更遑论以之为建构自身体系的思想资源。

---

① [法]梅洛·庞蒂:《哲学赞词》,杨大春译,北京:商务印书馆,2000年,第109页。

以上是中西思想和哲学在新的历史背景下呈现的另一种不平衡或不对称的现象,如果这种不对称状况没有根本的改观,那么,即使试图通过翻译、介绍等形式让中国思想走出去,依然是无济于事的。这里的关键是,以上一厢情愿的"走出"方式,并不能使中国思想和哲学进入主流的西方思想、成为他们建构自身体系的必要资源。也就是说,当中国的哲学思想作为人类文明普遍成果这一点没有得到深层面的认可,中国文化、中国哲学走出去便只能停留在表面的热闹之上,而很难获得实质性的内涵。

三

中国哲学真正进入西方主流哲学的视野,可能会经历一个漫长的过程,这一过程的展开并不取决于热切的倡导、标语口号式的呼喊。事实上,就翻译工作而言,西方和中国的学人在这几百年中已取得了引人注目的成绩,但中国哲学的研究却至今依然主要止步于汉学圈,没有真正进入主流的西方思想世界。中国的哲学如欲真正走进西方主流的哲学,首先便必须把中国哲学中真正具有普遍性意义的思想内涵,以西方主流的思想所能理解和认可的形式呈现出来。也就是说,应该使中国哲学在西方主流哲学的视域中不再是某种特殊乃至"异己"的存在的形态,而是人类文明中普遍性的思想成果。唯有如此,中国哲学才可能逐渐走进西方哲学思想的内在领域。

从具体的历史过程来看,这里至少涉及两个方面。首先是通过切实的研究,以展示中国哲学(包括儒学)在解决哲学演进过程(包括西方哲学的演进过程)中出现的诸种问题方面所具有的独特思想价值,这种价值如果能够真正得到体现,则中国哲学所具有的普遍性品格也相应地将得到承认。从广义上的哲学发展过程看,不同的哲学传统中所提供的思想资源确实可以为解决历史中和当代的各种理论性问题提供多样的启示,如果能够在这些方面切切实实地做一些具体的研究工作,无疑将有助于主流西方哲学发现和承认中国哲学所具有的内在价值。令人欣慰的是,近来一些学人,包括海外的学人等等,已经开始注意并从事这一方面的工作。就内在的层面而言,哲学领域中的比较研究,不能停留在中国哲学如何、西方哲学怎样,什么是相同之点、何者为差异之处这一类同异对照和罗列之上,而是应该进一步以中外之学共同面临的普遍性问题为对象,探索在解决这些普遍性的哲学问题上,中国哲学与西方哲学分别可以提供什么,从而为思考相关问题提供更为宽广的视域。

以德性伦理而言,对德性伦理的批评之一,是德性伦理仅仅关注自我德性的完善,对他人德性的完善则未予关注。以关心他人为例,通过关切、帮助他人,行为者自身的德性得到了彰显,但在这一关系中,被关切的对象主要是受惠者,其内在德性如何完善的问题则未能落实,这种单向性的关联,似乎同时也赋予德性伦理以某种理论上的片面性。然而,如果引入中国哲学的视域,对以上问题便可能获得不同的理解。从孔子开始,中国哲学便注重"己欲立而立人,己欲达而达人"①,其中所蕴含的,并不仅仅是一种对他人的外在关切或行善式的照顾,而是意味着推动他人在道德上自我完成、自我完善,在此意义上,德性伦理并非仅仅停留在德性主体自身的完美上,而且同时指向他人的完美,包括让他人靠自身的力量完善起来。这一思路,对德性伦理学所遭遇的批评,至少可以提供一种角度的回应。

另外,知和行之间脱节,常常成为伦理学讨论的一个重要问题。"知而不行"与伦理学上所面临的"意志软弱",也有理论上的关联:

---

① 《论语·雍也》。

明知其善,却未能去行,虽知其恶,却依然去行。对这一问题,可以从不同的视野去考察,中国哲学在这方面则同样也提供了独特的进路。中国哲学在较早的时期便区分了身心之知与口耳之知。荀子已指出:"君子之学也,入乎耳,箸乎心,布乎四体,形乎动静,端而言,蝡而动,一可以为法则。小人之学也,入乎耳,出乎口,口耳之间,则四寸耳,曷足以美七尺之躯哉。"[①]这里的"学"与广义之知相联系,所谓"君子之学",也就是中国哲学所理解的人应当具有之知,而"布乎四体,形乎动静",则既涉及"身"(四体),又关乎"行"。与之相对的小人之学,则仅仅限于口耳之间,未能引向以自我完善(美其身)为指向的践行。王阳明对此作了更具体的考察。在谈到广义的知行关系时,王阳明便区分了口耳之学与身心之学:"世之讲学者有二:有讲之以身心者;有讲之以口耳者。讲之以口耳,揣摸测度,求之影响者也。讲之以身心,行著习察,实有诸己者也。"[②]"口"引申为说,"耳"则借喻为听,在言说过程中,说与听都首先涉及话语意义的辨析,其目标首先在于达到语词层面的理解。此时,主体常常耳听而口说,所谓入乎耳而出乎口;其所说所听,并未化为内在的德性和人格。唯其如此,故虽在语义的层面能明于理,但仍不免做悖于理之事。与这种口耳之知相对,身心之知已经化为人的内在意识,成为人在精神层面的具体构成,并与人自身同在。当知识不再表现为对象性的了解,而是化为自身存的内在部分并与行为者融为一体之时,人的所作所为、举手投足,便会处处受到这种内在之知的制约,从而避免仅仅在观念的层面有所知而在行动层面上却付诸阙如。从荀子到王阳明,对口

---

① 《荀子·劝学》。

② 王守仁:《传习录中》,《王阳明全集》,上海:上海古籍出版社,1992年,第75页。

耳之知和身心之知的如上区分,无疑为回应知行之间的脱节以及与之相关的意志软弱问题,提供了一种哲学视野。

以上这一类的思想资源,在中国哲学中体现于多重方面,如果能够把这些对于解决哲学问题具有普遍意义的独特视野充分地揭示出来,那么,至少有助于使西方哲学逐渐比较深切地了解并关注中国哲学对思考哲学问题所具有的意义。历史地看,中西哲学往往面临共同的哲学问题,在解决这些问题方面,中国哲学究竟可以提供什么东西?真正通过切实的研究工作,把中国哲学在这方面的价值充分凸显出来,显然将从实质的方面推进中国哲学走向世界。

进而言之,不同的哲学传统,都是人类文明发展过程中形成的思维成果,这种成果是人类的共同财富,它们同时构成了今天哲学思考和建构的资源。从哲学建构和发展的层面看,中国哲学显然不能仅仅停留在解题的层面,而是需要一方面立足于自身的思想传统,另一方面又以开放的视野面对西方哲学的思维成果,以多重的智慧资源建构自己的体系。在这一过程中,中国传统的哲学(包括儒学),便是需要关注的重要方面。晚近以来,冯契、牟宗三等哲学家以自己的创造性研究,对性与天道、宇宙人生等根本的问题,作出了自身的独特思考,形成了具有个性特点的哲学系统。这种哲学思考和建构既是传统中国哲学的延续,又使之获得了当代新的形态,可以说,它从理论建构的层面,彰显和突出了中国哲学的普遍意义。如果这样的哲学研究继续深入地、持之以恒地加以推进,那么,中国哲学在建构哲学思想系统、深化对世界和人自身的认识这些方面所具有的意义,也将得到真正的确认。由此,中国哲学也将不再仅仅在文化人类学意义上限定于某一特定的文化圈之中,而是同时展现其普遍的品格和创造性的内涵,并真正融入包括西方主流文化在内的世界文化过程之中。

从中西哲学的互动看,正如 19 世纪以来,西方哲学逐渐成为近代中国哲学发展的重要背景并构成中国哲学所运用的重要资源一样,中国哲学也应当进入主流西方哲学家的视野,成为其哲学思考的重要背景。只有当主流的西方哲学,包括其中真正重要的哲学家们,都以中国哲学为哲学思考和建构的必要理论资源,并以不了解中国哲学为其哲学思维的缺憾,中国哲学才能够真正实质性地走进世界哲学的领域,而中国哲学自身通过创造性的研究以展示其普遍而深沉的哲学意义,则是实现如上转换的基本条件之一。以明清之际和近代以来中西哲学之间两度经历不对称的关系为背景,这一意义上的"进入世界哲学",意味着中西哲学相互承认、彼此肯定,既各美其美,也美人之美。唯有基于以上前提,中西哲学之间的关系才能在经历不同意义上的非对称关系之后,超越这种非对称性,真正走向合理的互动。

当然,哲学是对智慧的多样化、个性化的探索,而非千人一面。每一个哲学家都是从其自身所处时代、个人的背景、兴趣、积累、理解、对世界的感悟等出发,形成自己新的思考。同样,不同的哲学传统在彼此互动的过程中,也不会由此失去自身的特点。在走向世界哲学的过程中,中国哲学依然将呈现自身的个性品格。

(原载《华东师范大学学报(哲学社会科学版)》2018 年第 6 期)

以道立言

——《老子》首三章释义

《老子》前三章在老子哲学中具有重要意义。这里主要通过文本诠释的方式，考察和分析《老子》前三章的内在意蕴，以从一个方面具体地把握老子的哲学思想。

一

《老子》第一章："道可道，非常道；名可名，非常名。无，名天地之始，有，名万物之母。故常无，欲以观其妙，常有，欲以观其徼。此两者，同出而异名，同谓之玄，玄之又玄，众妙之门。"

在此，老子开宗明义，首先把"道"提了出来。从宽泛的意义上看，中国哲学中的"道"既指存在的法则,又指存在的方式,二者难以分离。这里所说的"道",也包含以上两重含义。"道可道,非常道;名可名,非常名",其中包含"常道"与"可道"之道、"常名"与"可名"之名的区分。"常道"也就是表现为存在原理的道,作为存在法则与存在方式的统一,其实质的内涵不同于"可道"之道。与"常道"相对的"可道"之道,也有两重含义:它既关乎言说,也蕴含引导之意。前者涉及言语的运用,《诗经》中有"中冓之言,不可道也"①,其中的"道"即表示言说;后者与规范性相联系。在先秦,"道"与"导"相通,常常在规范的意义上被使用。孔子曾说:"道之以政,齐之以刑,民免而无耻;道之以德,齐之以礼,有耻且格。"②其中的"道"便以"导"为实际所指。按老子的理解,作为存在法则和存在方式,"道"既无法用一般的语言、概念来加以表述,也不具有引导日常行动的特定规范意义。作为存在的方式,"道"固然具有普遍的引导性意义或规范性意义,但这样的规范不同于日常生活以及活动过程所遵循的特定规则,"可道"之道主要涉及日用常行中特定的行动规则,"常道"作为普遍的原理,则与之不同。正是在以上两重意义上,老子强调"道可道,非常道"。同样,老子对"常名"和"可名"之名也作了区分。中国哲学中所说的"名",既指语言,也是指概念。按老子的理解,"常名"以"常道"为内容,日常生活中运用的"名",则不同于这一意义的"常名"。

"无名天地之始;有名万物之母",可以有两种断句的方式,其一:"无,名天地之始;有,名万物之母";其二:"无名,天地之始;有名,万物之母"。这两种断句在文法结构上无疑存在分别,但是从实质的含义来看,并没有根本的差异。从文法结构上说,以"无""有"为断,其

---

① 《诗·鄘风·墙有茨》。
② 《论语·为政》。

中的"名"作动词用,而在"无名""有名"为断的情况下,其中的"名"则是名词。从实质含义来看,以"无"来表述"道"和以"无名"来表示"道",则具有相近的意义指向:它们所指称的,乃是同一对象。"有"与"有名"的情况,也与之类似。

"无"与"道"之间究竟呈现何种关系? 为什么需要以"无"表示"道"? 按老子的看法,"道"作为第一原理,无论表现为存在的法则,抑或存在的方式,本身没有任何规定性:它与经验世界中的具体对象,如树木、花草、房屋等不同,后者都有特定的属性或规定,如颜色、形态、重量,等等,"道"则与之相异 不具有这一类属性和规定,"无"主要便表示"道"无特定规定这一品格。王弼曾对此作了如下解释:"若温也则不能凉矣,宫也则不能商矣。""无形无名者,万物之宗也,不温不凉,不宫不商。"①温、凉表示物的不同属性,宫、商则是相异的音阶,这些规定彼此相分,道则"无"这一类特定的规定,故可作为世界统一的根据。比较而言,"有"可以理解为"道"的具体体现,在老子那里,这一意义上的"有"同时与"德"相联系。在先秦时期,"德"与"得"具有同义性,《管子》所谓"德者,得也"②,便表明了这一点。从"道"与"德"的关联看,"德"即从"道"那里有所"得","道"与"德"的这种关联,对应于"有"与"无"的关系。从"道"那里之所得,具体化为某种存在形态,这就是"德"。王弼后来也指出了这一点:"何以得德? 由乎道也。"③相对于本来没有具体规定的"道"而言,"德"展开为多样的规定性,这种规定同时表现为不同的"有"。"有"所规定的万物既与"无"具体规定性的道彼此相异,又最终源于后者。

---

① 王弼:《老子之略》,《王弼集校释》,北京:中华书局,1980 年,第 195 页。
② 《管子·心术上》。
③ 王弼:《老子道德经注·第三十八章》,《王弼集校释》,北京:中华书局,1980 年,第 93 页。

"无，名天地之始"中的"天地之始"，可以理解为万物或整个存在的终极根源。在中国哲学中，"天地"常常指宽泛意义上的世界，所谓"天地之始"，在此意义即指世界的终极根源，而"无"则指没有任何规定的"道"。"有，名万物之母"中的"万物"是我们在经验世界中所见的千差万别、形态各异的具体对象，从经验世界来说，一个具体事物总是由另一个具体事物所构成，经验世界中的每个具体对象追溯起来，都有其产生的特定根源，相对于"无"任何规定性的"道"之为世界的统一本源，作为众多特定对象（万物）不同根据的"有"，更多地表现为事物的多样之源。

一般说来，"母"隐喻着某种生成关系，在日常用语中，"母"通常指"子"的生成本源：谈到"母"，总是隐含着生成之意。与之相近，"始"表示某种开端，这种开端既有本源之意，也具有生成性。以"母""始"表示的生成性，在某种意义上体现了宇宙论的观念。宇宙论往往讨论宇宙的开端、起源，宇宙的演化过程，以及宇宙的具体构成，等等。比较而言，本体论并不涉及时间意义上的起源、开端，它更多地从何物存在、如何存在，什么是存在的根据等方面讨论存在的问题。在老子那里，"无"或"道"既指存在的根据，又指存在的开端，"有"则构成具体对象之母，就此而言，本体论和宇宙论似乎彼此纠缠。引申而言，在中国的哲学传统中，宇宙论和本体论一开始并非界限分明，它们更多地呈现相互交错的形态。

"故常无欲以观其妙；常有欲以观其徼"，此句的断句也可有两种：其一，"故常无，欲以观其妙；常有，欲以观其徼"；其二，"故常无欲，以观其妙；常有欲，以观其徼"。从语法上看，这两种句读都可读通，因而都可以成立，但从具体含义来看，联系前后的逻辑思路以及老子对"道"的理解，则以"常无"和"常有"为断可能较为合乎老子的思想形态。事实上，"故常无，欲以观其妙；常有，欲以观其徼"，这一断句更能体现老子的前述哲学观念。这里的"常无"与"观"联系在一起,"观"与日常看东西的"看"相关联:"观"所引向的是审视、考察。与此相联系,"常无"意味着从"无"的视野出发观察这个世界。一般而言,看问题、考察事物总是从具体的视野出发,"常无"便提供了这样的视域:它表现为站在"无"这一角度去看待世界。与之相对,"常有"则是从形态各异的万物这一角度考察事物。这两种"观"法所引出的结论,也彼此相异。从"无"的视野出发,所把握到的是世界之"妙",这一意义上的"妙"在中国哲学中常常与变动不居、神秘莫测、隐而不现等联系在一起,"观其妙"即从"无"的角度来考察隐而不现的世界。与之相对,从"有"的视野出发,所把握到的是世界之"徼",这一意义上的"徼",与"显"或显现于外相关。在中国哲学中,隐和显涉及存在的不同形态。"隐"意味着不可见,"显"则表现为可见:所谓"徼",也就是明白地显现在外面,可以为人所见。

以上方面都与人的视觉相联系。"无"没有任何规定性,从"无"这一视角来看,存在不可见。"有"包含多样的规定,从"有"这一视域来看,则万物呈现为千差万别的可见现象。在此,老子把世界的呈现形态和"观"联系在一起;"观"的不同方式,蕴含着把握世界的不同方式,世界的呈现形态,则相应于人对世界的不同之"观"。这一看法注意到世界以什么样的形态呈现,与人以什么方式观察世界难以相分。

由此,老子进一步将"无"和"有"与"道"联系起来。"同出而异名"中的"同出",意即追本溯源,"无"和"有"都源于"道"或以"道"为本;"异名"的直接涵义是名称不同,其蕴含之意则是"道"具有不同的呈现或表现方式:"无"表现了"道"没有任何规定或最为本原意义上的呈现方式;"有"则是"道"在化为"德"、从而有了具体规定之后所呈现出的具体形态,两者最后都可以追溯到"道",此即所谓"同出而异名"。

"玄"本指黑而带赤,引申为混而未分:"同"体现了"道"自我同一的形态,"玄"更多地指出其浑而为一的特点。在没有任何规定的本然形态中,"道"所表现的即这种自我同一的玄混存在方式。后来庄子以"浑沌"隐喻道,其思路与老子前后相承。浑沌意味着未分化,一旦分化,浑沌就不复存在了。"玄之又玄,众妙之门",表现为完全自我同一、没有任何分化的形态,后者又被视为世界的终极之源。

要而言之,名和言具有"分"的功能:以某一名去指称某一对象,意味着把该名所指称的对象与其他对象区分开来。比较而言,"道"首先是大全,它自我同一,没有分化,一旦以"名"去分而别之,便失去了"道"的本然形态。这是从"道"与"名"的关系来看。"道"同时具有规范的意义,但这种规范又不同于实践过程中具体的操作规则或规程:规则本来带有限定性,规定什么应该做,应该如何做,这种规定容易被凝固化。"道"则超越了这种限定,其规范意义更多地以出神入化、灵活应变的形式表现出来,后者不同于具体规则的作用方式。王弼在注《老子》时曾指出:"道泛滥无所不适,可左右上下周旋而用,则无所不至也。"①这一看法也涉及道的以上特点。同时,老子又从"无"和"有"两个层面来阐发"道"的具体含义,并将人"观"世界的方式与世界本身的呈现形态联系起来,肯定两者难以分离。

从哲学思维的发展来看,在老子之前,中国哲学已经有"阴阳""五行"的观念,阴阳涉及变化运动的根源,五行关乎世界的构成质料,二者都与具体的存在形态相联系。比较而言,"道"已超越了特定的质料以及具体的变化方式,从更普遍的层面解释和说明这个世界。阴阳和五行在相当意义上还与质料及特定的存在形态纠缠在一起,

① 王弼:《老子道德经注·第三十四章》,《王弼集校释》,北京:中华书局,1980年,第86页。

相对于此,"道"已从具体质料中抽象出来,表现为一种新的理论提升,有助于更好地理解经验现象及其根源。

二

《老子》第二章:"天下皆知美之为美,斯恶已。皆知善之为善,斯不善已。故有无相生,难易相成,长短相形,高下相倾,音声相和,前后相随。是以圣人处无为之事,行不言之教;万物作焉而不辞,生而不有,为而不恃,功成而弗居。夫惟弗居,是以不去。"

这里首先提到文明发展过程中的若干现象。从人类社会演化的过程来看,最初人乃是处于前文明或自然状态之下,此时并不存在美丑、善恶之分,一切都以本然的形态存在,这种状况,可以视为前文所说的"同""玄"在社会领域的体现。随着文明的发展,开始逐渐出现诸如美和丑、善和恶等区分,在老子看来,这种区分是随着文明的演进而产生的,表现为文明的某种伴随物。

具体而言,文明发展到一定的时期,总是会形成普遍的价值判断标准,这些准则出现之后,往往导致人们有意地使自己的言行去符合这些标准,以博得美名,这一过程在相当意义上表现为有意而为之,它与自然无为彼此相对。当人人都知道美的东西所以为美的原因时,美就可能向相反的方向发展。这一看法涉及老子对美的理解。按老子之见,美应该是本然或自然的,其中没有任何人为的矫饰,一切都自然而然,这种自然之美可以视为真正的美。然而,随着文明的发展,美之为美的评判标准逐渐确定,由此,人们往往会按通常所理解和接受的审美标准去有意而为之,刻意地合乎这一类规范。当美基于外在的刻意模仿,从而成为某种矫饰时,其自然形态就失去了,开始向相反方面转化。质言之,对美的准则或规范的这种刻意迎合,往往使美走向自身的对立之面——丑,这就是老子所说的"天下皆知美之为美,斯恶(丑)已"。在这里,美和丑之间的界限并非凝固不变,而是呈现为相互转化的关系。

同样,善和不善之间也是如此。此所谓"善",首先指道德意义上的人格善、行为善,等等,这一意义上的善也是随着文明的发展而逐渐出现的:凡是合乎某种规范的行为和品格,通常便被认为是善的;与这种规范相对立的行为和品格,则被视为恶。然而,当善的规范确立之后,也会导致刻意地迎合这种外在的规范,这也就是后来孔子所说的"为人"。孔子曾区分了"为人"和"为己","为己"固然也遵循某种规范,但它旨在自我实现、自我提升;与之相对,"为人"则是为了获得外在的赞誉而刻意地合乎某种普遍规范,其特点在于迎合他人的评判或外在的社会舆论。老子说的"善"和"不善"与上述论域中的"为人"和"为己"具有相关性。一旦知道了普遍的社会评价准则,即合乎什么样的规范会被视为善、背离什么样的原则将被看作不善,人们就会有意地迎合这一类规范,以便获得社会或他人的赞誉。然而,这样一来,真诚意义上的"善"便失去了:在刻意的迎合之下,本来应该是自然而诚(善)的品格,便往往可能转化为其相反的方面——"伪善"。"伪善"实质上是对善的否定,老子说"皆知善之为善,斯不善已",便就此而言。"善"与"不善"的以上分化,本身也是随着文明的发展而产生的现象,这两者同样不是固定不变,而是可以相互转化。

引申而言,不同事物或相反之物的相互转换,不仅存在于社会价值的领域,而且普遍地发生于自然之域。本章后面提到了"有无""难易""高下""音声""长短",等等,这都是人们经常注意到的自然现象,在老子看来,一方面,不同的对象是相比较而存在,"有无"、"难易"、"长短"、"高下",都表现为彼此对照的关系;另一方面,它们又可以相互转化,"难"可以转化成"易","长"可以转化成"短","高"

可以转化为"下",反之亦然。这是从普遍的层面,概述彼此对立的现象之间的关系。

当然,如果作进一步考察,则可注意到,老子固然有见于美与恶、善与不善等可以相互转换,但似乎对转换的条件性这一点没有给予充分关注。事实上,自然之美乃是在刻意仿效、违背了审美规律要求的情况之下,才会转换为恶(丑),"东施效颦"即是典型的例子。同样,不顾对象本身的内在的根据,一味地从自己的主观意愿或功利目的出发,则善的意图便可能转换成不善的结果。与之类似,缺乏内在的为善意愿、仅仅为了获得外在赞誉而迎合某种规范,则本然之善便会向"伪善"转换。在此。美之向丑转化、善之向不善转化,都基于一定的条件。如果无条件地断定一旦天下皆知美,美就会变成恶;皆知善,善就必然化作不善,显然容易导向相对主义。

本章最后又回到了社会领域。从这一章的整体思路来看,先是分析观察社会领域中的价值形态,而后延伸到更广的自然对象,最后又返归社会领域。从逻辑上来说,"是以圣人处无为之事"中的"是以",是从前面的讨论中引出的结论,有的研究者认为"是以"这两个字是后来加上去的,这一说法从文献上看似乎缺乏充分的根据。尽管在形式上,此句及后面的论述主要讲如何治国,前面则论善恶、美丑的关系以及更普遍意义上对立面之间的比较和转化,两者似乎没有十分直接的关系,但如果作进一步的分析,则可注意到两者之间事实上存在逻辑上的关联。前面主要指出了对立面之间的相互转化是普遍的现象,并列举了若干方面,以此隐喻社会之中对立双方相互转化同样是一种普遍的现象。从实践领域的行为方式来看,人往往追求有所作为,提出不同的价值目标,通过有意而为之的行动过程以达到这种目标,这种行为的最后目的所指向的,乃是社会领域中的成功:达到相关的目标,便意味着成功。然而,根据老子前面的分析,成功和不成功同样也可以相互转化,执着于某种目的、刻意地追求某种成功形态,往往会转向其反面。在老子看来,最合适的方法是"处无为之事",这种行为方式在第三章中又被称"为无为":这固然也是一种"为",但这种"为"乃是一种特定的"为",其特点在于以"无为"的方式来展开。具体而言,"处无为之事"或"为无为"意味着人的行为方式完全合乎自然之道或自然法则,具有合法则性。对老子而言,行为的目的必须与自然之道相一致,合目的与合法则不能彼此分离。

与"处无为之事"相联系的是"行不言之教"。从社会教化的角度看,治国过程总是既涉及体制层面的治理方式、治理程序,又关乎价值取向上引导一般民众的问题。所谓"行不言之教",主要是指不单纯地以言语说教的方式去教化民众,而是更多地诉诸于示范等作用。"不言之教"也就是"无言之教",它不同于以外在灌输的方式教导民众,而是通过自身的言行为民众提供某种榜样、示范的作用,在老子看来,这是一种更为合理的引导方式。这种方式也可以看作是"无为"的原则在社会领域中的引申:从治国的过程看,"无为"以合乎自然法则为指向;就如何引导民众而言,"无为"则不同于外在的教化,而是以榜样、示范的方式来影响民众。

作为本章的核心,"无为"观念的内在含义在于合乎自然。前面提到的善恶之分、美丑之别以及它们之间的相互转化,蕴含着文明社会的进步往往不仅仅带来正面的结果,相反,它常常伴随着某种负面的效应:随着美丑的分化,审美意义上的自然之美可能丧失;善与不善界限的确认,则导致了各种伪善的现象。从治国的方式来看,在文明已经发展的前提下,重要的是遵循自然之道。言辞说教、有意为之都与自然相对,应当加以超越。可以看到,尽管形式上前后所述似乎没有什么直接联系,但进一步的分析则表明,其中包含一以贯之的观念。

三

　　《老子》第三章："不尚贤,使民不争;不贵难得之货,使民不为盗;不见可欲,使民心不乱。是以圣之治,虚其心,实其腹;弱其志,强其骨。常使民无知无欲,使夫智者不敢为也。为无为,则无不治。"

　　这里所说的"贤"、"货",等等,与前面提到的美与善相关,都是文明社会中的不同存在形态。"贤"更多地与"名"相联系,"尚贤"即标榜"才"和"德",其具体内容则关乎所谓"名声"、"名望"。当社会都尊崇、标榜这些名声和名望时,往往会导致人人争相显示自己的美德或"良好"品格,以获得社会肯定。所谓"争名于朝",从根源上说,就是因为社会上存在并倡导"尚贤"这一类价值取向,由此,一般民众便会起而效之,务求获得此类名声和名望。"货"更多地与利相联系,涉及具体的利益问题,"难得之货"也就是被奉为不易获得的财物。本来,从物质构成来说,它们也许不过是普普通通的东西,如果将其还原为自然对象,实际上并无特别之处。然而,一旦被赋予某种特殊价值,则这种东西便会成为人们追逐的目标。在文明的社会形态中,某些东西确实被看成特别贵重的对象,因其稀有、贵重,人们往往务求得之,有时甚至铤而走险,以盗或抢的方式去获得。从这一意义上说,以"难得之货"为贵,实际上构成了盗、抢行为出现的内在根源。争名于朝、争利于市,是文明社会的常见现象。老子在此将"名"和"利"的分析与"争"和"盗"根源的追溯联系起来,从一个方面考察了文明发展的过程。

　　"不见可欲,使民心不乱",涉及如何从本源上根绝社会上纷争、抢夺等现象。这里的"见"即"现",有显现之意。所谓"不见可欲",也就是使世界上不再呈现引发人们欲望的东西。"可欲"意味着引发人们的欲望,如果这个世界不再呈现引发人们欲望之物,那么,人们也就不会为了获得这种对象而争抢、偷盗。这样,杜绝争、盗的根本途径,便是不再让"可欲"之物呈现于世:没有可欲之物,也就没有欲求之念;无欲求之念,便不会引发争抢、偷盗这一类行为。从经济学的角度来看,生产和需要之间往往存在相互转化的关系,生产常常由需要所推动,而新的东西产生之后,又会引发新的需要。可欲与欲求的关系,也与之类似:某种可欲之物的存在,往往会刺激人们形成某种欲望,根绝了可欲之物,则与之相关的欲求之念也将随之消失。

如何做到以上方面?老子在本章后续的讨论中,进一步从心和身的关系对此加以考察。"虚其心,实其腹",涉及"身"与"心"的关系。"心"属于精神和观念的层面,"腹"则更多地关乎人之身或人的生命存在。这里所说的"虚其心",与后来庄子所说的"心斋"、"坐忘",有相通之处,其要义在于净化人们通过教育、外界影响等而形成的各种世俗观念化,包括排除世俗之智。"可欲"和"欲求"与人们在外界的影响下所形成的观念相联系,世俗之智常常使"名"和"利"成为普遍接受的价值形态,这种"名"和"利"又进一步扰乱人们的精神世界,使之形成多方面的欲求。唯有"虚其心",才能排除世俗之智的影响。"实其腹"则意味着由关注文明社会所形成的各种观念,转向关切人的生命存在。对老子而言,生命存在具有自然的形态,也包含更高的价值。

"心"作为观念的存在首先与文明的发展相联系,"身"作为自然的存在则更多地与前文明发展相关联。在"心"之中的文明观念没有形成之前,"身"已经存在,就自然的层面而言,"身"具有本原的意义。从这一角度看,"虚其心,实其腹",意味着自然之"身"对文明之"心"的优先性。后面"弱其志,强其骨",可以视为对这一点的进一步引申。"志"作为志向,常常与欲望相联系,在志之所向的过程中,总是伴随着意欲和意向，"弱其志"也就是将这种与意向和意欲相关的志向加以减弱。"骨"与"身"相联系，指向自然的生命力量，"强其骨"意味着将"身"所体现的生命力量放在更为重要的地位。对老子来说，正如自然对文明而言具有更优先的地位一样，生命存在较之意欲和志向具有更本原的意义。

后面"使民无知无欲"的具体涵义，与"不尚贤""虚其心"等相联系，趋向于消除与"尚贤"、"可欲"联系在一起的世俗之智、世俗观念、世俗的欲求，而并非绝对地排除一切观念。治人者往往以人们的名利之心为工具，以此来驾驭、支配、操纵民众，如果消除了民众的好名和好利之心，则这种控制也就失去了前提。与之相关的是"为无为，则无不治"。其中的"为无为"与前面提到的"处无为之事"相通，如前所述，这是一种以"无为"的方式展开的特定之"为"，其特点在于合乎自然法则、超乎文明价值所引导的名利追求。在老子看来，治国治民的过程，也应当体现这一进路。"使民无知无欲"与"虚其心，实其腹"相联系，往往容易被理解为所谓愚民之学，然而，从以上分析中不难看到，这里的内在意义在于以具体的方式，将自然原则提到更为突出的位置，并以自然的原则扬弃以名利为内容的世俗追求。

在本体论上，老子把"道"作为世界的第一原理，在价值论上，他则突出了自然原则，"道"和自然本来具有相通性，但两者的侧重之点有所不同："道"更多地关乎存在的法则和存在的方式，"自然原则"则从价值意义上，展现了与文明的形态不同的价值关切；"使民无知无欲"便体现这一以自然为指向的价值原则。事实上，在批评追逐名利的价值取向之后，已蕴含对自然原则的肯定，以上观念则进一步突出了这一原则。

当然，从历史的角度看，尽管老子主要侧重于自然原则，但上述看法也隐含导向愚民之学的可能性，或者说，可以被引向相近的发展过程;在道家思想尔后的演化过程中,不难看到这一趋向。事实上,老子批评文明的发展,赞美自然的状态,在某种意义上确乎与开民智的要求彼此疏离。从总体上看,这里需要避免二重偏向:或者简单地认为老子提倡愚民之学,或者完全否认自然观念蕴含的消极内涵;前者容易将问题过于简单化,使之无法把握相关思想背后更为深层的意义,后者则可能导致忽视内在于其中的另一重逻辑与历史意蕴。

(原载《上海师范大学学报(哲学社会科学版)》2021 年第 1 期)

真知与真人

——《庄子·大宗师》的哲学论旨[①]

    在字义上,《大宗师》涉及"所宗而师"[②]。逻辑地看,这里既牵涉以什么为"宗",也关乎何者从事于"宗"。从《大宗师》的具体阐述看,所"宗"者,不外乎道,而"宗"道者,则是"真人"。对庄子而言,"真人"所"宗"之道,同时构成了"真知"的真切内容。由此,"宗"道的过程便具体展开为"真人"与"真知"之辩。庄子以"真人"为"真知"所以可能的前提,其关注之点首先在认识的主体,而不是认识的形式条件。作为"真知"所以可能的前提,"真人"的特点在于超乎目的和

---

① 本文作者近年曾为研究生作《庄子》讲疏,本篇为其中之一,由研究生根据录音记录而成,并经作者修订。

② 郭象:《庄子注·大宗师》,郭庆藩撰,王孝鱼点校:《庄子集释》,北京:中华书局,2004 年。

意向,不以生死为念,与自然为一。以合于自然为指向,真人同时与仁义、是非、礼制等社会的规范和体制保持了某种距离。就更为本源的层面而言,合于自然引向"藏天下于天下",后者意味着让事物回到本源处;对人而言,也就是让人自身内在于自然之中或与自然同在。上述视域中的"真人"可以视为"能知",与之相关的是"所知",后者既是"真人"所指向的对象,也为"真知"提供了真切的内容,其具体形态则表现为"道"。"道"首先呈现为真实的存在("有情有信"),同时又不同于感性的对象,无法用感性的方式来把握。它以自身为原因,又构成了万事万物的终结根据;具有时空上的无限性,又内在于多样的事物之中。从达到道的方式这一角度看,庄子以"忘仁义""忘礼乐"以及"坐忘"为进路,其侧重之点在于对已有文化成果和知识经验的消解。这一看法既注意到了把握形而上层面的"道"与积累经验层面的知识有所不同,也有见于知识经验在衍化为"成心"后,可能在认识论上限定人的视域。不过,人的认识不能从无开始,无论是对具体事物的认知,还是对形而上之道的把握,都需要以已有的知识和观念系统为背景,庄子以"忘"为进路,似乎忽视了这一点。

一

为人与为学的统一,构成了庄子重要的思想取向。对庄子而言,从终极的意义上说,达到真知,乃是以真人的存在为前提:"且有真人而后有真知。"① 什么是"真人"? 庄子曾自设问答,对此作了阐释:"何谓真人? 古之真人,不逆寡,不雄成,不谟士。若然者,过而弗悔,当而不自得也。若然者,登高不慄,入水不濡,入火不热,是知之能登

---

① 《庄子·大宗师》。以下凡引该篇,不另行注明。

假于道者也若此。"如后文将论及的,这里的"真知"固然有别于一般意义上的经验知识,但也具有认识论的含义,以"真知"为指向讨论"真人",相应地涉及对认识过程的理解。与康德这样的近代哲学家有所不同,庄子所关注的不是认识展开的先天条件,而是认识的主体本身:"真人"也就是具有"真"的品格之主体,在庄子看来,这种主体构成了真知所以可能的前提。

具体而言,按庄子的以上解释,真人的特点首先在于"不逆寡,不雄成,不谟士"。"不逆寡"既包含对少数的尊重,也意味着主体自身的独立特行:其主张和见解皆非迎合主流、拒斥少数(逆寡);"不雄成"表明不以强势的方式去有为;"不谟士"则强调不有意谋事,庄子在《德充符》等篇章中谈到"圣人不从事于务","不谟士"与"不从事于务"具有一致性。做到以上几个方面,就可"过而弗悔,当而不自得"。后面"登高不慄,入水不濡,入火不热",着重从内在感受这一层面加以描述:即使登凌绝顶、出入水火也能泰然处之,从容应对,一切皆超乎人为,顺乎自然。由此,"真人"便可以达到道的境界,这一人格境界的特点在于与自然为一。

从认识论上看,真人与真知当然呈现更为复杂的关系。庄子所说的"有真人而后有真知",突出了认识主体在认识过程中的作用,但另一方面,认识内容的积累、发展也会对人产生影响,并由此改变认识主体,提升认识主体的能力、扩张主体的知识结构,等等。在此意义上,也可以说"有真知而后有真人"。就其现实性而言,真人与真知之间存在着互动关系。认识具有过程性,作为主体的"真人"本身也处于不断形成之中:其认识能力乃是随着真知的丰富、积累而发展。真知与真人之间的互动,体现的是认识主体与认识过程之间的相互作用。事实上,对人的认识的考察可以从不同角度进行,康德之侧重于先天条件、现代西方分析哲学之聚焦于已有知识的分析,便体现了相异的视域;此外,还可以从认识主体和认识过程的互动来考察,庄子的考察便主要涉及后一进路。不过,就其强调"有真人而后有真知"但未能注意"有真知而后有真人"而言,其中又表现出某种思维的单向性。

作为"真知"所以可能的前提,除了前面提到的各种规定,"真人"还包含其他多重品格。在谈到其日常存在形态时,庄子指出:"古之真人,其寝不梦,其觉无忧,其食不甘,其息深深。真人之息以踵,众人之息以喉。屈服者,其嗌言若哇。其耆欲深者,其天机浅。"日有所思,夜有所梦,无梦,表明平时无思无虑,也因无所思虑,故清醒的时候不会忧心忡忡("其觉无忧")。思与虑广义上都属于人为,无思无虑则表现为合乎自然的过程。引申来说,"食"关乎人在维持生存的过程中所形成的最基本的需要和追求,"其食不甘"则表明对食物不求美味,仅仅满足于果腹而已,其中包含超越世间的感性欲望之意。"其息深深",涉及养生,与道家讲"吐纳"等似乎相关。在真人那里,"其息深深"的前提是没有什么操心之事,其呼其息,非刻意为之,皆自然而然,后者与"天机"具有一致性,呈现为广义上自然的精神形态,与之相对的"耆欲"则意味着执着于欲望。可以看到,"耆欲"与"天机"的对峙,表现为人为与自然、天与人的分野。

"耆欲"既内含目的意识,也体现了目的性追求。在庄子看来,目的性是一种消极意向,它与"真人"的品格无法相容:"今之大冶铸金,金踊跃曰'我且必为镆铘(莫邪)',大冶必以为不祥之金。今一犯人之形而曰:'人耳人耳',夫造化者必以为不祥之人。今一以天地为大炉,以造化为大冶,恶乎往而不可哉!"刻意地追求某种形态("我且必为镆铘(莫邪)"),意味着执着于人为的目的,这与自然的过程格格不入。同样,在成为人之后,如果试图突出"人"不同于其他存在的特殊品格("人耳人耳"),也将呈现否定性的品格(成为"不祥之人")。与之相对,若以天地为熔炉,以自然为大匠,则可以进入自由(自然)之境：所谓"恶乎往而不可"，便隐喻了这一点。

在如何对待生和死的问题上，"真人"的品格得到了更为深沉的体现："古之真人，不知说生，不知恶死；其出不䜣，其入不距；翛然而往，翛然而来而已矣。不忘其所始，不求其所终；受而喜之，忘而复之。是之谓不以心捐道，不以人助天。是之谓真人。"生死，关乎人的存在与否，在这一问题上，真人的特点在于既不以生为喜，也不以死为悲。"其出不䜣，其入不距"，是超越生死的具体体现：不以获得生命而感到欣然，也不对生命的终结加以拒斥，完全置生死于度外。"翛然而往，翛然而来"，可以视为对真人从容面对生死的形象描述。有意追求意味着人为，真人则完全超乎人为的形态，能够自然而然地对待生死。在生命的延续过程中忘却生命过程本身，体现的便是这样一种从容的自然态度。

在"不以心捐道"中，同样渗入了以上取向。"捐"有不同解释，一说为"损"，一说为"背"。从前后的逻辑关系看，"不以心捐道"的含义是心合乎道（不以心背离道）。前面提及的对待生死的从容，便体现了与道为一的态度：从消极方面说，顺乎自然而不违背道；从积极方面看，则表现为以上引文所强调的"不以人助天"。对庄子而言，天与人各有职能，"不以人助天"的前提是把握天人的各自所为："知天之所为，知人之所为者，至矣！知天之所为者，天而生也；知人之所为者，以其知之所知，以养其知之所不知，终其天年，而不中道夭者，是知之盛也。"在庄子以前，荀子也曾提出"明于天人之分"①，不过，荀子由此突出的是人为（"制天命而用之"）的必要，庄子则由天人之分而强调顺乎自然、合乎天道。可以看到，真人超乎生死的更内在意蕴，是在知"天之所为"和"人之所为"的同时，不以人之所为偏离天道

---

① 《荀子·天论》。

（"不以心捐道"）。

　　顺乎自然的真人,具有与常人不同的一面。无论是其内在的心志,还是外在的容貌和行为,都体现了这一点:"若然者,其心志,其容寂,其颡頯,凄然似秋,暖然似春,喜怒通四时,与物有宜而莫知其极。"从内在心理层面来说,真人的特点是意向专一("其心志");从外貌上看,则表情冷峻,如同秋天。其情感状态与四季一致,其行为则合乎自然、应变无穷:与自然万物变动不居相应,真人也不限定于某种行为方式,而是随物而应,与物为宜。通过对真人具体容貌和心理特征的如上形象化描述,庄子进一步突显了内在的自然与外在的自然在真人之中的合一。

　　真人之"真"既具有认识论意义,也表现为一种本体论的规定,在这方面,它与海德格尔所讲的"真",具有某种相通之处。作为海德格尔哲学重要范畴的"真",其本体论意义与认识论意义同样相互关联:海德格尔所说的"真"不仅包含"去蔽"或"解蔽"的认识论内涵,而且具有本体论意义,对他而言,"事实上存在就同真理'为伍'"[1],这一视域中的"真"同时呈现为一种存在的状态。与之相近,"真人"首先也表现为本体论意义上的存在,认识论层面的"真知",则以本体论意义上"真人"之"在"为前提。当然,在庄子那里,"真人"又具有价值内涵:作为"真知"所以可能的条件,他同时表现为合乎自然的理想人格。

二

　　真人以合于自然为指向,后者同时意味着与仁义、是非保持某种

---

[1]　[德]海德格尔:《存在与时间》,陈嘉映、王庆节译,北京:生活·读书·新知三联书店,2006年,第246页。

距离。在《大宗师》中可以看到意而子与许由的如下对话：

> 意而子见许由。许由曰："尧何以资汝？"意而子曰："尧谓我：汝必躬服仁义而明言是非。"许由曰："而奚来为轵？夫尧既已黥汝以仁义，而劓汝以是非矣。汝将何以游夫遥荡恣睢转徙之涂乎？"

意而子与许由都是传说中的贤人。所谓"躬服仁义而明言是非"，也就是以仁义为行为的规范、在言说过程中明于是非之辩。仁义是普遍的社会规范，是非则涉及价值上的正确与错误，两者都不同于自然而与文明的演进相涉。对庄子而言，仁义、是非作为文明社会的存在，意味着背离自然，后者同时表现为对人的束缚、惩处，所谓"黥汝以仁义，而劓汝以是非"，便形象地表明了这一点。按庄子的理解，背离了自然的仁义规范、是非之辩，使人难以真正达到逍遥之境。在这里，束缚与逍遥构成了一种对照，儒家所推崇的价值原则（仁义等）和道家所崇尚的逍遥之境的分别，也得到了彰显。

进一步看，在如何对待"礼"的问题上，也不难注意到价值取向上的分野。庄子通过如下对话，对此作了具体的阐述：

> 莫然有间，而子桑户死，未葬。孔子闻之，使子贡往侍事焉。或编曲，或鼓琴，相和而歌曰："嗟来桑户乎！嗟来桑户乎！而已反其真，而我犹为人猗！"子贡趋而进曰："敢问临尸而歌，礼乎？"二人相视而笑，曰："是恶知礼意！"子贡反，以告孔子曰："彼何人者邪？修行无有，而外其形骸，临尸而歌，颜色不变，无以命之。彼何人者邪？"孔子曰："彼游方之外者也，而丘，游方之内者也。外内不相及，而丘使女往吊之，丘则陋矣。彼方且与造物者为

人,而游乎天地之一气。彼以生为附赘县疣,以死为决疣溃痈。夫若然者,又恶知死生先后之所在！假于异物,托于同体,忘其肝胆,遗其耳目,反覆终始,不知端倪,芒然彷徨乎尘垢之外,逍遥乎无为之业。彼又恶能愦愦然为世俗之礼,以观众人之耳目哉！"

子桑户、孟子反、子琴张均为庄子所虚构的人物,其行为方式和对死亡、礼的理解,都与孔子、子贡所代表的儒家不同。对他们而言,死亡意味着回归自然("反其真"),因而当子桑户死后,孟子反、子琴张不仅没有举行具有悲悼意义的仪式,而且"临尸而歌"。儒家显然无法接受这种观念,子贡"礼乎"的质疑,便表明了这一点。根据后面庄子笔下之孔子的解释,这里存在"游方之外"与"游方之内"的差异。"游方之外"体现了道家的思想进路,"游方之内"则表现为孔子所代表的儒家取向,在对"礼"的理解方面,前者将"礼"视为合乎自然的形式,后者则把"礼"主要看作是一种规范自然的社会准则。合乎自然趋向于人和自然的合一,所谓"游乎天地之一气";规范自然则以化天性为德性为指向,它所体现的是所谓"世俗之礼"。与自然合一而"游乎天地之一气",可以达到"逍遥"之境;"世俗之礼"则仅仅示之于外("以观众人之耳目")。以上分野既表现了价值取向上的不同,也展现了人格及其行为方式的差异,其中"反其真"之"真"与"真人"之真具有相通性,对"反其真"的肯定,则进一步将合乎自然与"真"联系起来。

不仅个体自身的价值取向和行为方式须合于自然,而且个体之间的交往和关联,也无法离开自然。庄子以寓言为形式,对此作了说明:"泉涸,鱼相与处于陆,相呴以湿,相濡以沫,不如相忘于江湖。与其誉尧而非桀,不如两忘而化其道。夫大块载我以形,劳我以生,佚我以老,息我以死。故善吾生者,乃所以善吾死也。"水干涸之后,显出陆地,处于其中的鱼相濡以沫,后一现象隐喻了基于仁道原则的相互关切。然而,在庄子看来,与其如此,不如两者相忘于江湖:江湖中充满了水,不必相濡以沫。江湖表现为自然的存在形态,较之相濡以沫,相忘于江湖更多地蕴含了回归自然状态的要求。二者的以上差异表明,自然原则较之仁道原则具有更原初的意义。与之相联系的是"与其誉尧而非桀,不如两忘而化其道"。初看,这一表述似乎与"相忘于江湖"没有直接的逻辑关联,然而,深入地考察则表明,二者存在着内在的相关性。"尧"与"桀"在此分别表征着正面的价值形态和负面的价值形态,所谓"两忘",也就是悬置和超越两者的价值差异。这种超越和悬置从另一方面来说即由社会的价值分野回到更本源的自然之道。后面进一步谈到人和大地之间的关联:"大块"即大地,可以看作是自然的符号化形态。大地承载人的形体,让人在劳苦中生存,在年迈时获得安逸,在死亡来临时得以安息。以生善待自己和以死善待自己是同一个过程的相关方面。此处的讨论依然没有离开自然这一主题:人之生、人之死,都是自然的过程;生来自于自然,死则是回归自然。

可以看到,以自然为指向,以上所述包含三重涵义,其侧重之点则各有不同。"相忘于江湖",强调回到本源的自然之境;"两忘而化其道",进一步将本源性的存在与超越价值追求上的差异联系起来;最后则引向生死这一终极性问题,肯定生与死都是一个自然的过程。对自然的以上讨论与前述对"真"的讨论具有一致性:回到自然之境,也就是回归原初意义上本真的存在之境。

从存在的方式看,自然之境中的人以"安时而处顺"为其特点:"且夫得者时也,失者顺也,安时而处顺,哀乐不能入也。此古之所谓悬解也。"就个体存在而言,"得",主要是指获得生命,作为一个自然过程,生命的获得需要时间等条件,所谓"得者时也";"失"则指失去生命,这同样是一个顺乎自然的过程,所谓"失者顺也"。人所应该选择的,是"安时而处顺",如此则可避免因为生死而引发哀乐之情。一旦能做到这一点,便能得到解脱("悬解")。如前所述,《大宗师》一再提到的真人即以超越生死为其内在规定,与之相联系,以"真人"为理想人格,本身已包含超越生死、合乎自然的取向。追求精神的解脱,是人存在于世需要面对的问题。世事纷繁复杂,从中得到解脱,不是一件容易的事情。对庄子而言,解脱的前提,是超越生死以及与之相关的哀乐之情,"安时而处顺"则是人应有的"在"世方式。

就更为本源的层面而言,回到自然意味着"藏天下于天下":"夫藏舟于壑,藏山于泽,谓之固矣。然而夜半有力者负之而走,昧者不知也。藏大小有宜,犹有所遁。若夫藏天下于天下,而不得所遁,是恒物之大情也。特犯人之形而犹喜之,若人之形者,万化而未始有极也,其为乐可胜计邪!故圣人将游于物之所不得遁而皆存。善妖善老,善始善终,人犹效之,又况万物之所系而一化之所待乎!"藏舟船于沟壑,把捕鱼的工具隐于湖中,看起来似乎很安全,但是遇到力大者背起来就走,而昧者浑然不知。相形之下,如果藏天下于天下,便不会再发生任何丢失的现象。这里所说的"藏天下于天下",也就是让事物回到本源处,对人而言,则是让人自身内在于自然之中或与自然同在,"圣人将游于物之所不得遁而皆存",便表明了这一点:归根到底,无可遁之处,也就是自然本身;所谓"一化之所待",其意即自本自根,以自然为存在根据。

以自然为存在根据,同时要求以自然为师:"吾师乎!吾师乎!齑万物而不为义,泽及万世而不为仁,长于上古而不为老,覆载天地、刻雕众形而不为巧。此所游已。""为义""为仁",也就是出于"义"和"仁"而做某事。"齑万物而不为义",首先涉及万物的变迁,"不为义"表明这种变迁并非基于某种当然之则。引申而言，就人与物的关系来说，"不为义"则意味着人不是在某种规范的引导下作用于物。"泽及万世而不为仁"，关乎社会领域的活动：给予社会中世世代代以恩泽，并不是有意识地出于仁道的规范。从本体论的意义看，自然虽然在时间上永恒延续，但这并不是为了显示自己的恒久而刻意为之，所谓"长于上古而不为老"，便表明了这一点。同样，万物的分化、众形的生成，也并不是为了显示自然本身之"巧"。这里讨论的四个方面，其共同点在于疏离人为、超越有意为之、拒绝目的性的追求。不难注意到，这里的"吾师乎"，意味着以自然为师。

从人自身的存在看，自然的变迁体现于生与死。前面已提及，庄子将死生视为自然的过程，对他而言，这一过程同时包含"命"："生死，命也，其有夜旦之常，天也。人之有所不得与，皆物之情也。彼特以天为父，而身犹爱之，而况其卓乎！人特以有君为愈乎己，而身犹死之，而况其真乎！""命"是一种包含必然性的趋向，它同时又具有自然的性质，所谓"天也"。在此，庄子以白天与黑夜的更替为喻来说明生死：生死之由命，犹如白天与黑夜之交替，自然而然。自然（天）与必然（命）在这里相互重合，与之相应，生死既是一个必然的过程，也是一个自然的过程。"有所不得与"，说明人对包含内在必然法则的生死过程是无能为力的。在庄子看来，这就是事物的真实形态，所谓"皆物之情"即侧重于这一点。人以自然为存在根据，"以天为父"便以形象的方式指出了人的存在与自然的以上关系。但同时，人又关注其自身，所谓"身犹爱之"便表现为对自身的一种关切。进而言之，人对自身尚且知道注重，对卓然之天道便更应加以重视。同样，在当时的历史条件下，君臣关系是基本的政治关系，人往往以君为尊，甚至为之献出生命，对于世俗意义上的君主尚且如此，对终极意义上的"真"（自然之道）便更不能忽视。这里再次提到了"真"，事实上，对庄子来说,天道之"真"与前面提到的"真人"之"真",具有一致性,两者均本于自然。

三

以上所论表明,"真人"与自然为一。从"有真人而后有真知"这一角度看,合于自然既体现了真人的内在品格,也构成了"真人"所以能够达到"真知"的前提。这一意义上的"真人",可以视为"能知",与之相关的是"所知",后者既是"真人"所指向的对象,也为"真知"提供了真切的内容,其具体的形态则表现为"道"。正是与"道"为一,使"真知"不同于一般意义上的经验之知。

何为道? 在《大宗师》中,庄子从不同方面对此作了考察:"夫道有情有信,无为无形;可传而不可受,可得而不可见;自本自根,未有天地,自古以固存;神鬼神帝,生天生地;在太极之先而不为高,在六极之下而不为深,先天地生而不为久,长于上古而不为老。"以上所论,可以视为从形而上的层面对道的规定。这里首先提到"有情有信"。"情"在中国哲学包含两重涵义,一是情实之情,二是情感之情,"有情有信"中的"情"属前者。"情"与"信"相互融合,表明道是一种真实的存在。后面"无为无形"之"无为",与有意而为之相对,侧重于自然;其中的"形"具有可以用感官来把握的特点,"无形"则表明缺乏可以用感官来把握的属性,在此意义上,"无为"与"无形"分别指出了道的自然性质与超乎感性的品格。"可传而不可受"肯定了道可以达到,却无法以凝固的方式为人所受。"可得而不可见"对此作了进一步论述:"可得"确认了其可以把握的一面,"不可见"则与前面的"无形"相呼应,指出"道"不具有感性属性,无法用感官方式(包括直观)加以把握。"自本自根"与前文"一化之所待"相联系,主要是指"道"

以自身为原因:"本"与"根"具有根据、根源的意义,"自本自根"意味着道以自身为存在的根据。"未有天地,自古以固存"着重指出了"道"在时间上的无限性:天地有开端,在天地之先,意味着超乎时间上的开端。"神鬼神帝,生天生地"涉及"道"与万物及现实世界的关系:万物的化生,以"道"为源。"在太极之先而不为高"进一步强调了"道"在本体论上的终极意义:太极是最原初或最本源的存在,"在太极之先而不为高",既肯定了时间上的在先性和空间上的至上(高)性,又隐喻了存在之维的终极性。后面所说的"六极"关乎空间(上下和四方),"在六极之下而不为深"则着重突出了"道"在空间上的无限性。"先天地生而不为久,长于上古而不为老"则再次指向时间,强调了"道"在时间上的无限性。

从言说方式上,以上所论与现代哲学注重逻辑推理不同,主要以叙事、描述为讨论方式。在关于"道"的后续论述中,可以进一步看到这一特点:"豨韦氏得之,以挈天地;伏戏氏得之,以袭气母;维斗得之,终古不忒;日月得之,终古不息;勘坏得之,以袭昆仑;冯夷得之,以游大川;肩吾得之,以处大山;黄帝得之,以登云天;颛顼得之,以处玄宫;禺强得之,立乎北极;西王母得之,坐乎少广,莫知其始,莫知其终;彭祖得之,上及有虞,下及五伯;傅说得之,以相武丁,奄有天下,乘东维、骑箕尾而比于列星。"这里涉及众多传说中的历史人物,庄子以此进一步说明"道"与多样存在形态之间的关联。"豨韦氏"是传说中的远古帝王,他得道后便以此来规范天地。"伏戏氏"即伏羲,得道后即用以调和元气。北斗星得道后,在指示方向上始终不发生差错。日月得道后,终古永恒发光。昆仑山之神(勘坏)得道后,入于昆仑山之中。河神冯夷得道之后,游于大川大河。泰山之神(肩吾)得道之后,内处于泰山。黄帝得道后,登天而化为仙。颛顼得道之后,处于北方之宫。水神禺强得道之后,站在北方之端。西王母得道,坐于西极山。道在总体上无始无终,彭祖得到道之后,生命绵延于漫长的历史过程,上至远古有虞时代,下至春秋的五霸。殷代名士傅悦得道之后,成为殷高宗武丁之相,使之拥有天下,乘着东维、骑着箕尾两星而列于众星之中。在此,庄子以十分形象的叙事方式展现了道的特点:它本身超越时空,但得道之士又可悠游于时空之中。就形而上的层面而言,以上描述彰显了道内隐于天地万物之中、无处而不在的品格;从描述的具体形态看,其中自然的过程与超自然的过程又交错在一起:"无为而无形"等体现了道的自然过程,后面借助传说中的圣王、历史人物而作的叙述则带有神话的色彩,并呈现超自然的趋向。自然与超自然在庄子关于道的描述中常常交融在一起,这既表现了对自然的过度渲染往往容易走向自身的反面,也为后来道家思想向道教的转化提供了某种前提。

可以看到,道首先表现为一种真实的存在,这种存在不同于感性的对象,无法用感性的方式来把握。它以自身作为原因,又构成了万事万物的终极根据;具有时空上的无限性,又内在于多样的事物之中。道自身的作用,乃是通过内在于事物之中而展开,后者不同于超然万物而支配万事万物。在这里,"何为道"与"如何达到道"彼此关联:对道的如上描述中,同时蕴含着达到道的方式。

道作为存在原理,并非疏离于人。庄子仍以叙事的方式,对道与人的存在之间的关系,作了叙述:

> 南伯子葵问乎女偶曰:"子之年长矣,而色若孺子,何也?"
> 曰:"吾闻道矣。"南伯子葵曰:"道可得学邪?"曰:"恶! 恶可!
> 子非其人也。夫卜梁倚有圣人之才而无圣人之道,我有圣人之
> 道而无圣人之才。吾欲以教之,庶几其果为圣人乎? 不然,以圣
> 人之道告圣人之才,亦易矣。吾犹守而告之,参日而后能外天

下；已外天下矣，吾又守之，七日而后能外物；已外物矣，吾又守之，九日而后能外生；已外生矣，而后能朝彻；朝彻而后能见独；见独而后能无古今；无古今而后能入于不死不生。杀生者不死，生生者不生。其为物无不将也，无不迎也，无不毁也，无不成也。其名为撄宁。撄宁也者，撄而后成者也。"

南伯子葵和女偊都是庄子虚构的人物。女偊虽然年迈了，却仍貌如孩童。南伯子葵对此有些不解，便询问女偊何以如此。女偊的回答是：因为他闻道了。这一问答中包含如下寓意：得道（闻道）之后，即使年长，依然可以保留少时的生命力量（如同孩童）。进一步的问题是：道是不是可学？这是一个具有哲学意义的问题。女偊的回答是否定的："恶可"意味着无法学。当然，这并非一般意义上否定道可学，而是针对南伯子葵而发：所谓"子非其人也"，亦即表明他非学道之人。通过女偊与卜梁倚的比照，庄子进一步展开了相关论述。卜梁倚有圣人之才而无圣人之道，女偊则有圣人之道而无圣人之才。与道相对的"才"既表示人从事活动的能力，也指人所具有的禀赋、资质，道则是最高的存在原理。卜梁倚有圣人的资质或能力，是可以教的，但似乎没有成为与道为一的圣人之志向。这里已暗示：仅凭资质、能力不足以得道，把握道同时需要有为道的旨趣。女偊守道，首先置天下以度外，不再以天下为念，之后又不以外物为念，最后，不以生死为念。将生死置之于度外后，便达到了一朝了悟；一朝了悟后，即能见独，这里的"独"近于道，由此可进一步超越历史的变迁，随之而来的是超越生死。古今相对于社会而言，生死则关乎个人的变迁。消解"生"之后也即无所谓"死"，保持生命存在则无所谓再生，这样，生死之间的界限也就不复存在。由此，可以进一步达到既不生成也不毁坏。这样一种超越生死、古今、成毁的状态，意味着让扰乱者归于宁静。在庄子看来,守道与得道,便以超越世间的以上纷扰和变迁为前提。

就道与人的关系而言,以上论述中值得注意之点,首先在于提出了道是否可学这一问题。何为道? 这一问题引向对道的规定,道是否可学? 属于进一步的追问,后者关乎能不能把握道。尽管在庄子那里,对后一问题的讨论主要以叙事为方式,关于道是否可学、如果可学其根据何在等问题,尚未从理论的层面作出系统说明,但提出问题本身具有重要的意义。同时,"外天下"、"外物"、"外生(死)"等要求,已蕴含悬置关于天下、外物、生死的已有观念的意向。"天下"指整个世界,"物"是世界中的具体对象,"生死"则与特定个体相联系,这三者构成了把握道的相关方面,而外天下、外物和外生死,则被视为学道、得道所以可能的条件。超越生死、趋于宁静,指向的是回归自然,后者既是前述"真人"的内在品格,也构成了学道的前提。在这里,"道是否可学"与"人如何存在",表现为同一问题的两个方面。

四

"非其人",固然难以学道和得道,但"道"本身并非无法把握。事实上,"有真人而后有真知"这一判断已表明,以"道"为内容的"真知"并不完全为人所不可及,而把握"道"的前提则是达到"真人"之境。

从把握道的视域看,问题首先涉及以何种方式得道。庄子通过虚构孔子与子贡的对话,借孔子之口对此作了考察:

> 子贡曰:"然则夫子何方之依?"孔子曰:"丘,天之戮民也。虽然,吾与汝共之。"子贡曰:"敢问其方。"孔子曰:"鱼相造乎水,

人相造乎道。相造乎水者,穿池而养给;相造乎道者,无事而生定。故曰:鱼相忘乎江湖,人相忘乎道术。

"何方之依"与"敢问其方"中的"方"既涉及区分"方外"和"方内"的依据,也在引申的意义上关乎得道的方式。鱼彼此在水中相处,而人则是在道的基础上相互交往。在水中相互交往,以池水的存在为前提;基于道的共处,则以"无事"为条件。"事"指人之所为,"无事",也就是放弃有意而为。庄子看来,人的存在是一个自然过程,后者与"事"无涉。值得注意的是,这里特别突出了"忘":"鱼相忘乎江湖,人相忘乎道术"。宽泛而言,这里的"忘"既意味着悬置或不执着于某种对象或存在形态,也指超越有意而为之。鱼悠游于水中,彼此不复执着,所谓"相忘"即就此言。前面在谈到人与人之间的交往时,庄子已以鱼为喻,指出:"相濡以沫,不如相忘于江湖",其中同样包含对刻意地基于某种关切而展开交往这种存在方式的否定。与之相关的是"与其誉尧而非桀,不如两忘而化其道",后者强调顺乎自然而扬弃某种价值原则或价值观念。在道的基础上超越人之所为或有意而为之所指向的,便是合乎自然之境。与"无事"相对,儒家一开始即重视"事",孟子所谓"必有事焉"[①],便强调以"事"为成就自我的前提。庄子在这里借孔子之口,则表达了道家的立场:如前所述,"无事"构成了道家的基本主张。就"事"和"物"的关系而言,儒家趋向于以"事"来解释"物",道家则强调"不以物为事",由"无事"而"相忘于道术",表现为由消解"事"而悬置对道的刻意追寻,后者以否定的形式提示了人应如何把握道。

"相忘乎江湖"和"相忘乎道术"都关乎"忘",就个体存在而言,

---

① 《孟子·公孙丑上》。

更进一步的"忘"关乎个体之"生"。庄子以问题的形式,指向了后一意义的"忘":"孰能相与于无相与,相为于无相为?孰能登天游雾,挠挑无极,相忘以生,无所终穷?"相与即交往,所谓"相与于无相与",也就是以非交往的方式来交往,这种交往方式不同于出于功利意图的交往。"相为"即相互作用,"相为于无相为"即不以互动的方式达到互动,这种交往方式与老子"为无为"①的主张具有相通之处。"登天游雾,挠挑无极"即悠游于虚空之中,辗转于无限之境,它隐喻着逍遥的存在方式。最后,"相忘以生"即彼此忘却生死,这也是《大宗师》反复提到的主题;"无所终穷"则是参与自然的无限循环过程。这一意义上的"忘",同时具体地呈现为个体的存在方式,在庄子那里,这种存在方式又进一步引向得道的方式。

从"相忘乎江湖"、"相忘乎道术"到"相忘以生","忘"都被提到突出地位。以孔子与颜回对话为形式,庄子对"忘"这一主题,作了进一步的讨论:

> 颜回曰:"回益矣。"仲尼曰:"何谓也?"曰:"回忘仁义矣。"曰:"可矣,犹未也。"他日复见,曰:"回益矣。"曰:"何谓也?"曰:"回忘礼乐矣。"曰:"可矣,犹未也。"他日复见,曰:"回益矣。"曰:"何谓也?"曰:"回坐忘矣。"仲尼蹴然曰:"何谓坐忘?"颜回曰:"堕肢体,黜聪明,离形去知,同于大通,此谓坐忘。"仲尼曰:"同则无好也,化则无常也。而果其贤乎!丘也请从而后也。"

"回益矣"之"益",本义为增加或提升,然而,庄子在此却借颜回之口,将其与"忘"联系起来,后者以消解、退隐为实质的内涵,其特点

---

① 《老子·六十三章》。

在于有而无之,亦即将已融合于主体精神世界并入主其中的内容加以消除。仁义是儒家所主张的基本社会价值规范,所谓"忘仁义",意味着消解传统伦理的影响。相对于仁义,礼乐表现为制度化的形态,"忘礼乐"即消解礼乐制度,由此在体制层面摆脱文明和文化发展的影响。最后是"坐忘",其具体内容表现为否定身体,废弃感知能力(聪明),疏离形体,摒弃已有之知,由此达到大道。仁义、礼乐属价值、体制层面的文化成果;聪明、已有之知则既表现为获得知识成果的能力,也包括已积累的人类之知,"忘仁义"、"忘礼乐"以及以"堕肢体,黜聪明,离形去知"为内容的"坐忘",则以消解以上各个方面为指向。

在庄子看来,对已有文化成果的如上消解,构成了达到道的前提:"同于大通",意味着合于大道;"同则无好"表现为基于道而认同普遍性、超越偏私(个人所好);"化则无常"肯定了变动性,其中蕴含着对独断性的扬弃。对庄子而言,已有的原则、体制,对人而言是一种束缚;已有的知识、观念,则构成了人的"成心":"夫随其成心而师之,谁独且无师乎?"[1]成心产生于一定的社会文化背景,在形成之后,又构成了相关个体的思维定势及考察问题的前见,这种成心类似黑格尔所说的"出于自信的意见":"遵从自己的确信,诚然要比听从别人的权威高强些,但从出于权威的意见转变为出于自信的意见,意见的来源虽有转变,并不必然地就使意见的内容也有所改变,并不一定就会在错误的地方出现真理。如果我们执着于意见和成见的系统,那么究竟这种意见来自别人的权威或是来自自己的信心是没有什么差别的,唯一的差别是后一种方式下的意见更多一种虚浮的性质罢了。"[2]相信外

---

① 《庄子·齐物论》。

② [德]黑格尔:《精神现象学》上卷,贺麟、王玖兴译,北京:商务印书馆,1981年,第55页。

在权威,往往具有盲从的性质,遵从自己的确信,在非反思这一点上,与盲从权威并无根本不同。同样,师其成心,表现为限定于个体已有成见,对庄子而言,这一过程意味着与道相分。与之相对,唯有"忘"其成心,才能臻于道,所谓"致道者忘心矣"①,这种以"忘"为前提的得道进路,与老子"为道日损"②观念,呈现某种一致性。

把握形而上层面的道,与经验层面知识的积累无疑有所不同:达到"道"往往需要经过转识成智的过程。同时,知识经验在衍化为"成心"后,常常可能在认识论上限定人的视域。就这些方面而言,通过"忘"以消解已有的知识和观念系统,显然不无意义。胡塞尔要求悬置已有的知识与信念,也在某种程度上体现了类似的观念。不过,已有知识经验在成为"成心"之后固然可能呈现独断的意义,但知识经验以及已有观念系统本身并非仅仅呈现消极的一面,事实上,人的认识不能从无开始,无论是对具体事物的认知,还是对形而上之道的把握,都需要以已有的知识和观念系统为背景,庄子以"忘"为进路,似乎忽视了这一点。

单纯地消解已有观念,对道的把握本身便容易趋于神秘化,在庄子那里,也确实可以看到如上趋向。正是以"忘"或"坐忘"为进路,庄子提出了"以神遇而不以目视"③的主张,这里的"以神遇"所体现的,乃是具有神秘意味的直觉。当然,从"有真人而后有真知"这一角度看,"真人"作为"能知",以合于自然为特点,"坐忘"对已有知识经验的消解,也以回归前知识的自然之境为指向,就此而言,"有真人而后有真知"与由"坐忘"而"同于大通"(达于大道),体现了前后一致的逻辑进展。

---

① 《庄子·让王》。
② 《老子·四十八章》。
③ 《庄子·养生主》。

"德有所长而形有所忘"

——《庄子·德充符》解读

  人的存在既关乎内在之德，也涉及外在之形。在庄子看来，两者往往并不一致：内在之德的充实，与外在形体的残疾支离可以并存于同一个体。对庄子而言，形体残疾支离的意义，在于反衬内在之德的充实和完美；人之"在"世，则基于人的内在之德。

一

  在《德充符》中，庄子开宗明义，通过常季与孔子的对话，引出了"德"与"形"关系的论题："鲁有兀者王骀，从之游者与仲尼相若。常季问于仲尼曰：'王骀，兀者也。从之游者与夫子中分鲁。立不教，坐不议；虚而往，实而归。固有不言之教，无形而心成者邪？是何人也？'"①以上对话无疑具有虚构的性质，庄子主要以此表述了自己的相关看法。根据这里所述，王骀是鲁之兀者，亦即受过刖刑（断足）的人。然而，此人身虽残疾，但跟随他学习的人数却几乎与孔子差不多。就这一现象而言，当时鲁国的贤人常季特去请教孔子。通过突出其肢体残缺，常季首先彰显了王骀内在德性的充实或完美，由此暗示王骀能够获得和孔子同样多的学生，并不是因为其外在肢体不全，而主要是内在德性使然。在此，外在之形和内在之德彼此分别。后面进一步指出了王骀吸引人的具体方式。所谓"立不教"，也就是学生在其前，他并不教授什么东西；"坐不议"，则是学生围坐于周边，但也不讨论什么论题。"教"意味着传授什么，"议"则是相互之间的切磋讨论，既"不教"，又"不议"，表明远离通常的"教"和"议"。需要注意的是，不管是教还是议，都是借助语言而展开的活动，而所谓不教不议，则超越了语言的中介。尽管"立不教，坐不议"，彼此之间并未用语言来展开交流，但受教者都很有收获，所谓"虚而往，实而归"，便表明了这一点。

不借助语言而展开的传授观念的方式，也就是"不言之教"。在庄子以前，老子认为："是以圣人处无为之事，行不言之教。"②其中已明确提出"不言之教"。这种方式当然并不仅仅是老子和庄子所主张的，如所周知，儒家也强调不言之教。不过，在儒家那里，不言之教更多地与身教、示范联系在一起，表现为道德上的示范作用。在庄子那里，"不言之教"作为思想表达和传授的方式，则似乎侧重于意会或默会。这里的意会或默会主要相对于借助语言而展开的思想传授方式，与之相关的是"无形而心成"。所谓"心成"，包括观念的获得、意

---

① 《庄子·德充符》。以下凡引该篇，不再另行注明。
② 《老子·第二章》。

念的提升,等等。"无形"与"心成"的关联,表明以上过程既非借助"形"之于外的语言传授方式,也非依赖于通过"形"而展开的行为。在此,"不言之教"与"无形而心成"相辅而相成,个体通过超脱语言、不借助于行为的领悟,以形成某种观念,提升自己的思想境界。庄子一开始便把王骀的残疾特点提出来,主要是为了衬托出外在之形和内在之德、外在之言和内在之意之间的反差,其总体趋向在于不借助于外在之形与言而获得体验和领悟。这里包含两个方面:从知和行的关系来看,知识不借助与"形"相关的行动而形成;从言和意的关系来说,意念的形成也并不以语言为中介。

与庄子的以上思想呈现某种关联的是后来的禅宗。从否定的方面来说,禅宗强调不立文字;从肯定的方面看,禅宗则主张棒喝、机锋。棒喝借助于"形",通过某种行动来展现,它在一定意义上涉及所谓肢体语言,这与庄子所说的"无形而心成"似乎有所不同。机锋则是独特的对话,其目标在于由这种对话而达到某种领悟。以机锋为形式的对话常常是非逻辑的,但是通过这种对话,听者会突然获得顿悟:看起来没有任何逻辑关联的问答,会让人或者超出寻常的思维,或者一下子扭转某种思路,豁然贯通。比较而言,在庄子那里,坐而不议、立而不教意味着不借助任何语言(包括肢体语言)。不难看到,庄子所注重的这种方式既不同于儒家,也有别于禅宗。尽管现在通常庄禅合说,但深究起来,仍可注意到它们的分别。

按庄子笔下常季的看法认为,王骀虽是一个受刑之人,但其影响却胜于孔子①,能够做到这一点,其内心一定有独到之处,这种独到之

---

① 林希逸:"王,胜也,言其如此犹胜于先生,则与常人亦远矣。"(《庄子鬳斋口义校注》,中华书局,1997年,第81页)释德清也认为:王,"音旺,言胜也。"(释德清:《庄子内篇注》,华东师范大学出版社,2009年,第95页)与之有所不同,王夫之将"王"理解为姓氏,认为此句意为"兀者而有王先生之称"(转下页)

处究竟表现在什么地方？庄子通过虚构常季与孔子之间另一对话对此作了阐述："常季曰：'彼兀者也，而王先生，其与庸亦远矣。若然者，其用心也独若之何？'仲尼曰：'死生亦大矣，而不得与之变，虽天地覆坠，亦将不与之遗。审乎无假而不与物迁，命物之化而守其宗也。'常季曰：'何谓也？'仲尼曰：'自其异者视之，肝胆楚越也；自其同者视之，万物皆一也。夫若然者，且不知耳目之所宜，而游心乎德之和。物视其所一，而不见其所丧，视丧其足，犹遗土也。'"这里，庄子借孔子之口指出：首先，生死是人生的大事，但王骀却并不随生死而变：他的观念已完全超乎生死。这里的超越生死并不是灵魂不灭、达到永生意义上的超越生死，而是面对生死，心中依然坦荡自若。同时，从个体和外在世界的关系来看，即使外面天地翻覆，自身也不会因之失落。生死关乎人自身之变，天地翻覆则是外界的变化，后者同样也不足以撼动他。对于王骀来说，他既无须借助于生，也不必依赖于物，对象的变迁并不意味着他也随之变迁。由此，王骀作为个体所具有的自主性和主导性，也得到了充分的显现。外在之形的残缺与内在之德的充实之间的差异，在此进一步表现为内在的自主性对外在之物变迁的超越，"不与物迁"，便体现了这一点。"命物之化而守其宗"中的"守其宗"可以理解为既守护自身的存在，又保持自身的主导性。老子也曾提及"宗"："道冲而用之或不盈，渊兮似万物之宗。"①这里的"宗"与"道"一致，更多地体现了形而上的宇宙原理。庄子所说的"宗"则首先与个体的存在相关，两者具有不同的侧重。联系前面所述，可以注意到："守其宗"同时也折射了具有充实之德的

（接上页）（参见王夫之：《庄子解·德充符》，《船山全书》第十三册，长沙：岳麓书社，1993 年，第 145 页）。钟泰也持类似看法（参见钟泰：《庄子发微》，上海：上海古籍出版社，2002 年，第 109 页）。但揆诸前后文，王、钟之释似于义未精。

① 《老子·第四章》。

完美品格。一方面，德充之个体超越自身之变，不受生死的影响；另一方面，他又不因物而变，不随物而迁。这两个方面同时又体现了不假于物，亦即不依赖于外在条件，后者是庄子自《逍遥游》提出"无待"之后，一直坚持的观点，事实上，"不假"和"无待"在实质上乃是前后呼应。

按庄子所述，对于孔子的看法，常季似乎并不十分明白，"何谓也?"即是对此提出的疑问，孔子因之作了进一步的回复。这里首先涉及同异关系问题。肝与胆之间距离很近，但从差异方面来看，则两者犹如楚地与越地之相距遥远。与之相对，从"同"这一层面来看，则"万物皆一"，没有差别，后者与《齐物论》的主题——"万物一齐"，无疑前后一致。从齐物的观点来看，感官所涉及的对象皆为一，不需要具体去分辨哪一个更适合耳目。本来，感官指向的是声色世界："耳"关乎"声"，"目"涉及"色"，这种声色世界所呈现的，是千差万别的形态，如果完全跟着感官走，便只能停留在这样的差别之上。按照庄子的看法，万物一齐才是世界最根本的方面，如果从这一角度去观察世界，则感官所面对的差异性，便可以忽略不论。一旦超越了感官的这种差异性，精神便可悠游于和谐的境界，所谓"游心乎德之和"。"游"所表达的意境十分形象，如同水中游泳，并不限定在某个方面，整个水域都可以贯穿："游"在此突出了跨越边界、不受某一特定场域限制的特点。"德之和"的"和"则有"合一"之意，较之对立、分歧、差别，"德之和"意味着在精神的层面达到统一与和谐之境。庄子在讨论问题时，常内外兼顾，外部世界和内在精神彼此呼应。内在的精神世界同样可以从万物一齐的观点出发加以理解，并相应地展开为无差别之境，所谓"德之和"，即属这样的精神世界。以"万物一齐"为视域，对事物的变化、得失，就不必加以关切，即使自身之足，也可弃之如土。不难注意到，庄子在此又回到其形而上的基本观点：万物一齐或齐万物。正是以"万物一齐"为基本的出发点,事物的差异,人自身的变化,包括残疾和健全的分别、生死之变,都可以加以忽略。从整个哲学立场来看,庄子更注重世界尚未分化的同一或混沌状态,以上看法可以视为这一观点的引申。

哲学家的不少表述,常常不同于日常经验生活。就日常经验而言,不管是对象的差异还是观念的区分,每时每刻都呈现在人们之前。但对庄子这样的哲学家来说,差异并不是存在的真实状态。《德充符》描绘的人物,往往形体残缺不全,但德性却十分充实和健全。这一反差的前提之一,在于形体的残缺与精神的健全之间可以统一,后者同时基于齐物的原则:从万物一齐的角度来看,形体的差异(健全或残疾)并无真切的意义。

具有内在德性的人,同时体现了自然的品格。庄子以"鉴于止水"为例,作了论述:"人莫鉴于流水,而鉴于止水。唯止能止众止。受命于地,唯松柏独也正,在冬夏青青;受命于天,唯尧舜独也正,在万物之首。幸能正生,以正众生。夫保始之征,不惧之实。"流水不能作为镜子,只有在水止而不流(止水)的情况之下,才能以水为鉴。这是从自然的过程来说。另一方面,水作为众人所用之鉴,并非有意如此:水静而不流,故人们将其视为镜子,这是一个自然而然的过程。这一无意而为之的过程,合乎自然的原则,体现了最高境界。后面依然运用比喻的方式,谈松柏及圣人的特质:松柏自立于大地之上,四季常青;圣人受命于天,但又正己以正人。不管是松柏还是圣人,其共同特点是本乎自身,顺乎自然。进一步看,以无畏而言,其根本的确证,在于守护其本然的根据或自性(保始)。前面提到的松柏、圣人,都以维护自身之性或内在根据为存在方式。对庄子而言,每一个体都有自身存在的本源,重要的是维护这种内在的存在根据。

由维护人的自然之性,庄子进一步区分了"物"与"事",认为具有自然德性者拒绝以物为事:"彼且何肯以物为事乎!"这里所说的"事"表现为人的有意识的活动。广而言之,也就是人之所"为"或人之所"作"。"物"则超乎"事"之外,可以视为尚未为人所作用的对象。在这一意义上,"不以物为事"意味着不以人的活动取代作为自然对象的"物"。这一观点与儒家显然不同,在解释物的时候,儒家一再以"事"来解释"物",庄子作为道家的代表人物,对人为活动则持质疑和否定的态度,反对通过"事"作用于"物"。可以注意到,庄子肯定以人自身为存在的根据,要求对各种差异和区别有而无之。由此出发,自然引出顺乎自然,"不以物为事"。①

二

以上所述,侧重于个体的德性与其形体的比较。个体德性的完美,不仅体现于它与外在形体的差异,而且在与他人的相处中得到展现,通过描述申徒嘉与郑子产的关系,庄子对此作了形象的概述:"申徒嘉,兀者也,而与郑子产同师于伯昏无人。子产谓申徒嘉曰:'我先出则子止,子先出则我止。'其明日,又与合堂同席而坐。子产谓申徒嘉曰:'我先出则子止,子先出则我止。今我将出,子可以止乎? 其未邪? 且子见执政而不违,子齐执政乎?'"申徒嘉是郑国的贤人,子产系郑国大夫,伯昏无人则为假托之人。这里所述,同样具有虚构性质,而非真实的情形。与王骀一样,申徒嘉也是兀者。按庄子的说法,申徒嘉与郑子产共同师从伯昏无人,但子产不愿意跟一个断足之

---

① 成玄英在对"彼且何肯以物为事"这一句,作了如下疏解:"虚假之物,自来归之,彼且何曾以为己务?"(成玄英:《庄子疏·德充符》)用"以为己务"诠释"事",无疑注意到了"事"与人的活动的关联,但将与"事"相对的"物"解说为"虚假之物"则显然未能确切把握上述意义上"物"的内涵。

人同出同进,他一而再、再而三地强调这一点,刻意要避开申徒嘉。当两人同堂而坐时,子产又再次表明了这一点,让申徒嘉不要与他同进同出:他外出时,请申徒嘉先止步,以便形成一个先后的时间差。同时他以执政大臣的身份责备申徒嘉,认为申徒嘉作为残缺之人,看到执政大臣这样地位高的人居然不知回避,似乎企图与他平起平坐。从以上对话中,可以注意到子产的眼界:一是以外形取人(不愿意与形体残缺之人一同进出),二是以政治地位的高下来取人。这一观念体现了贵贱差异之分的取向,它与前面庄子借孔子之口提到的消解差异正好相对。健全或不健全、政治地位的高低,都是差异,前者是外形差异,与自然的形体相关;后者是政治地位上的不同,具有社会分层的意义,并体现于人与人之间的社会关系中。在从外在性这一层面去判断人、忽略人的内在规定性这一点上,二者具有相近性。庄子在此首先突出了外在形态与内在规定之间的差别,尽管这里没有具体指出内在规定具体如何,但是从逻辑上看,庄子无疑以人的内在规定而不是外在之形或位为更重要的规定。直接地看,形的差异、位的不同都是在生活中经常遇到的,对以此取人的批评,以万物一齐为前提:从万物一齐的观点看,形体之间的差异,地位之间的区分,都是不值一提的。执着于这种外在的差异,表明尚未达到齐物的境界。

前面是子产对申徒嘉的批评,下面则是申徒嘉对子产的回应:"先生之门,固有执政焉如此哉?子而说子之执政而后人者也!闻之曰:'鉴明则尘垢不止,止则不明也。久与贤人处则无过。'今子之所取大者,先生也,而犹出言若是,不亦过乎?"申徒嘉认为,仅仅推崇于自己执政的政治地位而看不起别人,岂不是以地位作为取人的主要标准吗?后面申徒嘉引用了当时流行的一个表述:镜子明澈意味着灰尘无法滞留其上,灰尘一落到镜子之上,镜子就不会光亮了。这表明,镜子远离尘垢是保持自身之明的基本前提。以此类推,在交往过程中,也应该与贤人相处,以此保持自身的清明:与什么样的人交往,就会形成什么样的品格。然而,子产虽然拜在学问和德性都很高的老师门下,却依然说出以上这些话。言下之意,老师平时所教,旨在让人超越以形取人、以位视人的层面,子产学了半天,居然对老师这些基本观念一无所知,岂不枉在师门之下?可以看到,子产以外在的名、位为最高的判断标准,申徒嘉则认为,相对于内在德性而言,名位是次要的。这里不难注意到内外、贵贱之辨:较之子产,申徒嘉总体上以内为本,要求超乎形体、无分贵贱。后者所体现的,实质上即庄子自己的看法。

如何在社会交往的过程中,恰当地把握形体残缺者的内在德性?庄子通过孔子与叔山无趾的会话,对此作了阐述:"鲁有兀者叔山无趾,踵见仲尼。仲尼曰:'子不谨,前既犯患若是矣。虽今来,何及矣?'无趾曰:'吾唯不知务而轻用吾身,吾是以亡足。今吾来也,犹有尊足者存,吾是以务全之也。夫天无不覆,地无不载,吾以夫子为天地,安知夫子之犹若是也!'孔子曰:'丘则陋矣。夫子胡不入乎?请讲以所闻!'无趾出。孔子曰:'弟子勉之!夫无趾,兀者也,犹务学以复补前行之恶,而况全德之人乎!'"叔山为鲁国地名,居于该地的某个人被砍去脚趾,故称"叔山无趾"。因为没有脚趾,只能用脚跟走路去见孔子,即所谓"踵见仲尼"。在庄子笔下,孔子往往呈现为世俗化的代表,其言语、内容都代表了一般的世俗之见。孔子看到叔山无趾,便批评其为人不谨慎,触犯了刑律,以致被断足趾,现在来到他这里,为时已晚。无趾对此作了如下回应:自己触犯刑律受此惩罚,是因为当时不爱惜自我。从直接的原因来说,受刑主要源于不注重形体,所谓"轻用吾身",以身试法;同时,对世间各种事物不甚了解。今天来拜访孔子,是因为有较双足更有价值的东西在。足属人的外在形体,与之不同的是人的内在精神,后者可以视为德性的体现,比作为形的足更具有价值,故无趾力图加以保全。天覆盖一切,地承载万物,叔山无趾以此隐喻精神的包容性,认为孔子的精神世界也应当如此,但是却没想到孔子依然持世俗之见。借由对话中隐含的叙事性内容,庄子首先彰显了形和德的差异,并把内在精神这一面放在更为突出的位置。所谓"有尊足者存",便旨在表明内在精神高于外在之形。

可以看到,庄子通过形象丑陋、肢体残缺,反衬出内在精神的高贵,通过这种强烈的反差来给人以内在冲击,使之更注重内在精神的价值。当然,注重生命,也是庄子思想的重要方面。从人的存在来说,他所崇尚的自然便突出地体现于生命价值,而生命存在并不是抽象的,它总是以人的形体为具体依托,从这一意义上说,注重生命存在,逻辑上也关联着对身或形体的肯定。然而,形体固然可贵,但在价值层面上更需要关注的是人的内在精神。简言之,从维护生命存在的角度来说,身是重要的;从内在精神和外在之形的比较看,心尊于形。

按庄子的描述,孔子在听了叔山无趾之言后,便有所反省,认为自己孤陋寡闻,请无趾赶紧进来,谈谈其见闻和见解。无趾离开之后,孔子教导学生应当勤勉学习:受过刑的人尚且有志于学,以改过从善,何况全德之人。此处体现了儒道两家对德与学的不同理解。"务学以复补前行之恶",意味着学以从善,学以改过。在"引述"孔子所说时,庄子抓住了"学"这一孔子思想中的核心概念,也可以说把握了儒家思想的内在特点。学以成人是儒家关注的重要内容,《论语》第一篇为《学而》,《荀子》第一篇则是《劝学》,从先秦儒学的演化来看,其开端(孔子)和终结(荀子)都围绕"学"而展开。庄子没有正面地从道家立场上来谈"学"的内涵,但就庄子本身的思路而言,他所理解的"学"主要不是旨在把握普遍社会规范、接受以礼为中心的一般准则,以此来造就自己,而是与顺乎自然、合乎天性相联系。同样,儒家理解的德与庄子理解的德也相去甚远。儒家所重之德,表现为合乎普遍的社会规范以及儒家所倡导的社会价值系统,庄子所谓的德则以合乎自然为实质的内容。

从理想的形态看,具有内在德性者,应当具有超越生死的视域,庄子通过无趾与老聃的对话,对此作了阐述:"无趾语老聃曰:'孔丘之于至人,其未邪! 彼何宾宾以学子为? 彼且蕲以諔诡幻怪之名闻,不知至人之以是为己桎梏邪?'老聃曰:'胡不直使彼以死生为一条,以可不可为一贯者,解其桎梏,其可乎?'无趾曰:'天刑之,安可解?'"在庄子笔下,老聃、孔子往往没有如后世所尊崇的地位。按这里的描述,无趾认为,孔子大概尚未达到最高的至人境界,不然,他为何在老聃面前一直以谦虚的学生样子出现? 在无趾看来,孔子试图在老聃那里求得奇异的名声,但不知至人作为达到最高人格境界者,已将名声作为桎梏。言下之意,儒家所追求的是文明化的名声,而至人应该以自然来消解文明。老聃对此作了回应,认为最有效的解决方式是持齐一的观念,"以死生为一条,以可不可为一贯",即视死生为一,超越可与不可的分别,由此解除文明的桎梏。按照无趾的看法,孔子对文明的执着,是自然加给他的惩罚,后者无法解脱,所谓"天刑之,安可解?"便表明了这一点。这里所说的"天刑之"是隐喻的说法,表明孔子已为天所抛弃,不再是一个具有完整天性的人。对庄子而言,齐物的观念和回归天性、回归自然,是同一问题的两个方面。孔子做不到齐是非、齐生死,这一桎梏也就难以解开。

齐物或齐一的观念源于《齐物论》,在本体论意义上,"齐一"以齐万物为内涵,旨在消解物与物、生与死之间的差异,齐而一之;在价值论意义上,"齐一"则指向齐是非,其内在要求在于消解世俗的是非纷争以及与礼乐文明相关的外在名声。如果说,"以死生为一条"近于前一意义上的"齐一"或"齐物",那么,"以可不可为一贯"则体现了后一视域。

齐一的观念体现于"形",意味着超越"形"的差异。达到后者的前提之一,是区分"形"与"使其形"。庄子借孔子之语,表述了这一观念:"丘也,尝使于楚矣,适见狜子食于其死母者,少焉眴若,皆弃之而走。不见己焉尔,不得类焉尔。所爱其母者,非爱其形也,爱使其形者也。"孔子自称曾经出使楚国,碰到小猪在死去的母猪身上吃奶。后来发觉母猪已经没有生命,便弃之而走。由此孔子引出如下结论:"所爱其母者,非爱其形也,爱使其形者也。"这里涉及"形"和"使其形"的分别。所谓"使其形"者,一般来说是指生命,可以引申为内在精神:使形体真正具有意义的是内在的生命以及内在的精神。① 当内在的生命和精神不复存在时,形就失去了意义。引申而言,此处同时关乎形与神之间的关系问题,庄子倾向于两者可以相分离,对他而言,所应注重的是使形体有意义的内在生命和内在精神,而并不是形本身。从现实的存在形态看,形和生命存在很难相分,离开了形体,生命将失去依托,精神也无从存在。庄子突出生命、精神的意义,但同时对形与神的关联性似乎有所忽视。

与"形"和"使其形"相关的,是"才"和"德"的关系。庄子首先借孔子之口,对"才全"的内涵作了论述:"死生、存亡、穷达、贫富、贤与不肖、毁誉、饥渴、寒暑,是事之变,命之行也,日夜相代乎前,而知不能规乎其始者也。故不足以滑和,不可入于灵府。使之和豫,通而不失于兑,使日夜无郤,而与物为春,是接而生时于心者也。是之谓才

---

① 郭象:"使形者,才德也。"(《庄子注·德充符》)成玄英:"才德者,精神也。"(《庄子疏·德充符》)以"才德"为内容的以上"精神",具有狭义的形态;宽泛而言,"使其形"的精神显然不限于此而具有更广的含义。

全。"这里首先提到很多外在的现象,诸如生死存亡、穷达贫富、贤与不孝、毁誉、饥渴、寒暑,等等。可以注意到,除了寒暑之外,其余的现象都是与人相关的社会性的变化。按照庄子的理解,从总体上看,所有这些变化,包括对立面之间的相互交替和转化,都表现为自然和必然,并与"命"相关,所谓"事之变,命之行"。这里的"事之变"可以广义地理解为事物的变迁,"命"则包括必然和适然,两者同时又是自然的体现,从而,必然的变迁同时展现为自然的过程,自然和必然在"命"之中合二为一。在庄子看来,这样的变化是持续不断的,同时又是人的认识难以预测的。"知不能规乎其始",这里的"规"意为"窥",引申而言则有预测的意思,"不能规乎其始",表明变化发生的缘由是人无法把握的,"知"的这种有限性,同时避免了外在的变化对内在和谐状态的扰乱:它使内在的精神世界不会随物而知、随知而变。变化主要是外在的东西,与个体相关的和谐则是个体内在的意识状态,庄子在此着重强调不以外在世界的变迁扰乱内在心灵的和谐,肯定精神若始终保持内在的和谐,不因外界变动而变动,便可以让心灵处于和悦的状态。外物的变迁不以人的意志为转移,是人无法左右的既定的现实。人不能完全跳出现实的背景,精神的主导作用既体现于不为外物所迁,又表现为以顺乎自然的方式保持与物的互动,而非违逆事物之性,这也就是所谓"与物为春"。做到以上方面,便意味着"才全"。

可以注意到,对才全的如上解释,与前面所述具有相关性。首先是形和德之间的关系,德是内在的规定,其特点在于非形之于外。形与德进一步关乎内与外的关系,庄子一开始以形象的方式,渲染外部世界如何变迁不居,面对这种变迁,心灵本身的安宁,便显得尤为重要,对于人而言,重要的是在面对外在世界的变化时,始终保持内在的和谐,不为外在变动所左右。庄子曾一再提到"和":"心莫若和。"①"夫德,和也。"②"和"是中国哲学中的一个重要概念,但对"和"的理解则各家有所不同。庄子所讲的"和",主要指精神层面的和谐宁静,所谓"才全",也是指面对纷繁复杂的外在世界的变迁,始终本于自然,保持内在心灵的安宁,达到"和豫"。相反,如果随波逐流、因物而迁,那就谈不上才全。广义的精神世界也是如此,内在精神世界始终保持自身的和谐,不为纷繁复杂的外在世界所动,这构成了精神世界的主要特点。注重精神世界的自我调节是庄子思想中的重要方面,外在现象世界非个体所能左右,但是个体自身的精神状态如何,则是自己能够决定的。从现实的存在形态看,个体和外在世界,内在精神和外在现实之间往往存在张力,在处理以上关系时,既可以主要通过改变自己的精神世界以适应外部现实,也可以在改变世界中,使内在精神和外在现实在更高层面上彼此互动。引申而言,人与外在世界的关系总是包括两个方面,一个是如何使人去适应外在世界,另一个是如何让外在世界来适应人自身。让外部世界适应人自身,包括使世界合乎人的价值理想,后者主要基于人的现实创造活动,亦即通过实际地改变世界使之合乎人的理想。在注重内在精神调节的同时,庄子对如何实际地改变现实世界这一方面或多或少有所忽视:在内在精神和外在现实两者之中,庄子的侧重之点主要放在精神的自我调节之上。

由"才全"的讨论,庄子进一步引向对"德不形"的辨析。何为"德不形"?庄子同样借孔子之口作了阐述:"平者,水停之盛也。其可以为法也,内保之而外不荡也。德者,成和之修也。德不形者,物不能离也。"此处首先以"水平"为例作了分疏。水之"平",是水完全

---

① 《庄子·人间世》。
② 《庄子·缮性》。

静止的形态,可以以此作为效法的对象。水保持平,就不会因外在事物(例如风)而荡漾,同样,从其实质内涵来说,"德"所指向的是内在之和,所谓"德者,成和之修也",即表明了这一点。就"德"与"才"的关系而言,作为"德性"的"德"乃是通过顺乎自然的过程而形成的,并相应地带有获得性的特点,比较而言,"才"则表现为本然的存在规定,两者在侧重点上有所不同。按庄子的看法,内在的规定相对于外在形态,具有实质性的意义,"德不形"即把内在的人格之美放在突出的位置。前面提到王骀虽然形态丑陋,却能吸引众多的人来追随他,主要便是凭借其内在的人格之美。"德不形者,物不能离"中的"物"并非宽泛意义上的物体,而是指"人";其中的"德"则指内在美德。与之相联系,"德不形"主要通过内与外的区分突出了内在人格完美的重要性,肯定真正意义上的德性体现于这种人格的魅力。这一意义上的"德不形"近于儒家所说的"为己",其侧重之点在于自身的充实与提高;与之相对的"德之形"则类似于"为人",其特点表现为做给别人看。正是"德不形"所体现的内在品格,使之能够吸引了他人并为他人所追随(所谓"物不能离")。在此,"才全"与"德不形"相互呼应,从不同的角度体现了庄子对人的理解。

三

"德不形"意味着将内在的真实德性放在更为重要的地位。由此,庄子进一步提出了重德而忘形的主张:"故德有所长而形有所忘。人不忘其所忘而忘其所不忘,此谓诚忘。"人的内在德性如果完美,其外在形体上的残缺便会被人所淡忘。人所应该追求的境界是忘形而不忘德。如果一个人不忘应当忘的形体,反而忘了不应当忘的德性,那就是真正的遗忘。庄子在《大宗师》中提到"坐忘","坐忘"主要是解构已有的知识,其含义与"心斋"相近。这里的"忘"侧重于忘形不忘德,与"坐忘"之"忘"有所不同。"诚忘"作为忘德不忘形的不当之"忘",具有否定的意义,"坐忘"则呈现肯定的价值。

"德有所长"的理想的人格,具体表现为圣人。庄子从不同方面对其特点作了描述:"故圣人有所游,而知为孽,约为胶,德为接,工为商。圣人不谋,恶用知?不斫,恶用胶?无丧,恶有德?不货,恶用商?四者,天鬻也。天鬻者,天食也。既受食于天,又恶用人!"总体而言,圣人的特点是游于自然,知则与自然相对,更多地具有消极意味。约定是对人的束缚,德形于外则表现为交往的手段,专长于某一方面主要是为了通过交易获得利益。圣人不图谋什么,或刻意地去追求什么,故无须知;本来就合乎自然,故无需外在地去约束;本来就有内在天性,故不需要形于外之德;不热衷于交易,故不需要专长于某一方面。不需要知识,不需要约定,不需要形之于外的德性,不需要专长于某一方面,其所有的一切,主要依赖于自然的赋予,这种自然的赋予,也就是天赐之资(天食)。既然人的所有生存之资都是自然所提供的,一切有意的人为便是多余的。可以看到,蕴含于以上议论之后的原则,依然是庄子所坚持的自然原则。

由自然的层面考察,问题进一步涉及"形"与"情"的关系,庄子提出"有人之形,无人之情"的看法,并对此做了如下阐释:"有人之形,无人之情。有人之形,故群于人;无人之情,故是非不得于身。眇乎小哉,所以属于人也!警乎大哉,独成其天!"这里所说的"有人之形",侧重于形之于外的社会品格,因为具有这种品格,故无法离群索居而需与人共在。"无人之情"则与自然("天")相关,其特点在于顺乎自然而不执着于是非的分别。一般而言,中国哲学中讲"情"大致包括两个方面,即"情实"与"情感",庄子也是在两重意义上使用"情"。《大宗师》中有"夫道,有情有信"之语,其中的"情"即指真实性、实在性。本段所言之"情"则关乎情感，并主要以世俗之情为内容，后者同时涉及价值的追求，"无人之情"意味着超越这种价值的追求。总起来，"有人之形"，故难免与人交往；"无人之情"，则要求不执着于此。庄子的基本取向是通过自我价值立场或精神取向的调整来应对各种外在事务。有人之形与无人之情的统一，也就是在人之中而又超越人为。对庄子而言，价值层面渺小的一面，属于人；崇高的一面，则属于天，天人之间，呈现高下之分。这里的"人"主要与有目的之追求相关，表现为价值领域中的人为特征；"天"则以合乎自然为指向，表现为最高的价值之境。

"德形之辩"开始，通过"忘"引向价值观上的"天人之辩"，最后得出"有人之形，无人之情"的结论。这里肯定人固然有不同的需要，但自然可以满足人的这种需要。从而，在天人关系上，人应当合乎自然，接受自然之所赋，无须通过人之作为去追求需要的满足。讲自然原则，常容易引向疏离人间之序。然而，通过肯定"有人之形"与"无人之情"的统一，庄子同时强调人无法脱离于世，要求在人世之中而超越人为。

在更为本源的层面，"无人之情"之说关乎对人的理解。在这一问题上，庄子与惠施产生了分歧。在《德充符》的最后部分，记载了庄子与惠施之间的如下对话："惠子谓庄子曰：'人故无情乎？'庄子曰：'然。'惠子曰：'人而无情，何以谓之人？'庄子曰：'道与之貌，天与之形，恶得不谓之人？'"在以上对话中，惠施首先追问人是否无情，庄子对此作了肯定的回答。惠施由此提出质疑：如果没有情，如何能称之为人？也就是说，凡人皆有情，没有情还能算是人吗？庄子的回复是：道给人以容貌，天给人以外形，岂能说不是人？这里的讨论涉及"何为人"这一问题，而庄子与惠施的以上分歧的主要之点则在于：人究竟有没有情？庄子认为只要有自然给予的形与貌，就可以称之为人,惠施则以是否有情为人之为人的前提;一个偏于情,一个侧重于形。从外在形式看,注重"形"与前面德形之辩似乎有所不同,但如后面将进一步分析的,在内在的层面,两者并非彼此冲突。

以上对话在惠施的进一步追问中展开:"惠子曰:'既谓之人,恶得无情?'庄子曰:'是非吾所谓情也。吾所谓无情者,言人之不以好恶内伤其身,常因自然而不益生也。'惠子曰:'不益生,何以有其身?'庄子曰:'道与之貌,天与之形,无以好恶内伤其身。今子外乎子之神,劳乎子之精,倚树而吟,据槁梧而瞑。天选子之形,子以坚白鸣!'"惠施的责难在于:既然是人,怎么会没有情?针对这一问题,庄子对情进行了分疏,认为惠施所说的情并不是他所说的情,他所说的无情,是"不以好恶内伤其身,常因自然而不益生"。"好恶"表现为价值的取向,"常因自然"则超乎价值的追求;前者侧重人为,后者则合乎自然。这里已展现了对"情"的不同理解:以人为的好恶为取向的"情",属世俗之情,"常因自然"意义上的"情",则是自然之情。惠施说的情主要是世俗意义上的情,包含好恶的趋向,从而侧重于情的价值内涵;这种"情",正是庄子所否定的:庄子所谓无情,表现为对这一类"情"的超越。① 在庄子看来,与好恶之情相关的价值欲望和价值追求,与自然的原则相背离,并往往会给人带来危害。这样,庄子与惠施关于情的争论,最后又回到了天人之辩。"道与之貌,天与之形"与"不以好恶内伤其身,常因自然而不益生"都是自然而然的过程,比较而言,惠施仍然坚持人为这一价值取向。后面的对话依然沿着以上思路。惠施说,如果不通过人为过程助益自己的生存,人怎么还会有

---

① 钟泰认为:"'无人之情',情不与常人同也。""'无人之情'者,无情欲之情,非无性情之情也。"(钟泰:《庄子发微》,上海:上海古籍出版社,2002 年,第125、126 页)这一看法也注意到庄子对"情"的以上理解。

"身"？庄子则重申前述观点，将人的存在视为自然的过程，而非有意地追求"益生"。一切人为的活动都表现为有意为之的价值追求，其结果则是"内伤其身"。在庄子看来，惠施恰恰以此为行为方式："外乎子之神，劳乎子之精"，忙忙碌碌，执着于是非的辨析，论辩间隙才得以倚靠大树而吟唱和休息。天给了他自然之形，惠施却以离坚白之辩标新立异。对庄子来说，这种人为的是非之争，完全背离了自然。

惠施与庄子关于情和形的对话，涉及天与人、自然与人为的辨析。有人之形属天，是自然的过程；与之相对，惠施所说的有人之情，则是世俗之情，属人为。前面已提及，按庄子的理解，只有把有人之形、无人之情（无世俗之情）结合起来，才能达到至人之境。尽管从现实形态看，世俗之情与自然之情经常交融在一起，对二者的严格区分比较困难。但在逻辑上，否定人为之情或世俗之情又以区分二者为前提。

由此可以回溯《德充符》的主题。《德充符》首先描述了形体残疾、丑陋的人物，并突出了德与形之间的张力。形貌的丑陋不影响内在德性的充实，反之，德性的充实不因为形貌的丑陋而失去意义。德与形之间，德处于主导地位："德充"意味着充实内在之德、提升内在之德，以形为从属性的规定，这同时也构成了《德充符》的主题。德与形的引申，是情与形。从形与情的关系看，有人之形、无人之情，表现出重外在之形而轻内在之情的趋向，从而似乎与前面的德与形之辩有张力：在德与形之辩中，内在之德被置于主导方面，而外在之形居次要地位。这里的关键在于，德与情有不同的内涵：如前所言，对于情，需要区分自然之情和人为之情。无人之情主要是无人为之情或无世俗之情，与之相对的自然之情，则仍得到了肯定。形与情之辩不仅涉及内与外之分，而且关乎天与人的分野：人为之情从属于自然之形。相对而言，在德与形的辨析中，庄子主要侧重于内外之分：内在的德性超越外在的形体。继德与形关系的讨论之后,庄子最后回到形与情之辩,这同时意味着回到天人关系这一论题。从天和人之间的关系来看,无论是德与形之辩,抑或情与形的分疏,自然原则始终具有主导性,而对德形关系、情形关系的理解,则都基于自然原则。从这一方面看,庄子的思想无疑又前后一致。

(原载《南京大学学报(哲学·人文科学·社会科学)》2021 年第 1 期)

自然之性与社会之人
——《荀子·荣辱》解读

　　《荀子·荣辱》以"荣辱"为篇名。就其内涵而言，"荣"和"辱"在价值之维分别包含肯定与否定的意义，而无论是肯定意义上的"荣"，抑或否定意义上的"辱"，都关乎人的存在形态。与之相联系，在"荣辱"的背后，荀子所关注的更为实质的问题，是人的存在形态。通过人之情与人之虑的分析，荀子考察了人欲与理性在人的成就中的不同意义；由肯定师法、礼义的规范与人自身习行的互动，荀子探讨了成圣所以可能的条件；基于人格形态与社会分层关系的分疏，荀子进一步考察了人成长的社会背景。

一　人之情与人之虑：人欲与理性

　　荀子首先从自然之性的层面关注人的存在："人之

情：食，欲有刍豢；衣，欲有文绣；行，欲有舆马；又欲夫余财蓄积之富也；然而穷年累世不知不足，是人之情也。"①希望吃得好一点，穿得华丽一些，出行有车，财富有余，这是人之常情。以上均属感性、物质层面的追求，在这一层面，人的本性有相近之处。这里的"人之情"，同时表现为人的自然之性。人之情趋同，意味着人的自然之性具有普遍性。

然而，人之情与人的实际选择往往并不一致，荀子对此作了比较具体的考察："今人之生也，方知畜鸡狗猪彘，又畜牛羊，然而食不敢有酒肉；余刀布，有囷窌，然而衣不敢有丝帛；约者有筐箧之藏，然而行不敢有舆马。是何也？非不欲也，几不长虑顾后而恐无以继之故也？于是又节用御欲、收敛蓄藏以继之也，是于己长虑顾后，几不甚善矣哉？"尽管按"人之情"，人总是追求感性欲望的满足，然而，在实际的生活过程中，一般人都不敢仅仅顺乎本然的欲望。在荀子看来，之所以如此，是因为人具有抑制自身欲望的能力。这里包含两个方面，其一，自然意义上的情和欲本身可以抑制，其二，人具有抑制这种情和欲的能力。上文提及的情形即涉及这两个方面：尽管人可能拥有很多可供消费的资源，这些资源也足以满足口腹、服饰、出行等很多方面的消费需要，但是人却往往不敢放手使用，而是有所节制。这种节制首先与"虑"相联系，所谓"长虑顾后"，即前思后量，顾前虑后，便表明了这一点。这一意义上的"虑"，主要表现为理性的思虑：从长计议、考虑未来的可能的后果等等，这都是理性思考的具体表现。按荀子的理解，自然意义上的欲望和前思后量意义上的理性思虑在人身上兼而有之。正是理性的思虑，使人超越了单纯的感性欲求，趋向

---

① 《荀子·荣辱》，本文下引荀子论述凡未注明出处的，均出自该篇，下文不再另行作注。

于更为合理的取舍。

与以上情形相对，如果未能"长虑顾后"、缺乏长远的理性谋划，则将引向消极的后果："今夫偷生浅知之属，曾此而不知也；粮食大侈，不顾其后，俄则屈安穷矣。是其所以不免于冻饿、操瓢囊为沟壑中瘠者也。"从日常生活来说，一旦完全不虑未来，只满足当下的欲望，则必然导致生活资源难以为继。可以看到，从正面讲，如果基于理性思虑对欲望加以适当控制，那么生活可以达到某种平衡、稳定的状况。反之，如果理性未能对欲望加以控制，便会导致对个人生活有害的后果。

理性的思虑不仅仅体现于日常生活中的从长计议，而且在更广的层面表现为"先王之道、礼仪之统"："况夫先王之道，仁义之统，《诗》《书》《礼》《乐》之分乎！彼固天下之大虑也，将为天下生民之属长虑顾后而保万世也；其沔长矣，其温厚矣，其功盛姚远矣，非孰修为之君子，莫之能知也。故曰：短绠不可以汲深井之泉，知不几者不可与及圣人之言。夫《诗》、《书》、《礼》、《乐》之分，固非庸人之所知也。故曰：一之而可再也，有之而可久也，广之而可通也，虑之而可安也，反铅察之而俞可好也。以治情则利，以为名则荣，以群则和，以独则足乐，意者其是邪！"相对于日常生活方面的"长虑顾后"，"先王之道、仁义之统"构成了"天下之大虑"。以"先王之道、仁义之统"为形式，"天下之大虑"已不仅仅是特定境域中的思虑，而是表现为普遍的理性规范，后者对整个社会具有更普遍的调节、引导作用。作为普遍的理性规范，"先王之道、礼仪之统"涉及国家的稳定和天下的长治久安。不难注意到，一方面，荀子对人原初的自然欲望和人的理性思虑作了对照；另一方面，又将日常生活中的理性思考和更广意义上涉及天下国家的"大虑"加以区分，在后一层面，理性对本然之欲的调节进一步引向以普遍的理性规范制约更广之域的人和事。

无论是日常生活中的"长虑顾后",还是社会领域中的"天下之大虑",都表现为人的理性能力。"食欲有刍豢、衣欲有文绣"这一类的"人之情",具有自发、本然的特点,"长虑顾后""先王之道"则分别表现为自觉的理性活动及自觉的理性规范。人固然有自发的情与欲,但人之为人的更根本的特点,体现于自觉的理性活动以及对理性规范的把握和依循;人自身的分别,也体现于对理性规范的不同理解。从可能性上说,以上能力凡人都可具有,但从现实性来说,它又并不是自然而然地达到,其形成离不开人本身的修为和涵养,所谓"非孰修为之君子,莫之能知也",既表明真正将理性的思虑放在主导的地位并不是一种很容易的事情,也将自觉"修为"视为形成理性能力的前提。

　　以上引文中同时提到诗书礼乐之分,从理性能力的提升和培养的角度看,把握诗书礼乐等以往的经典无疑构成了重要的方面,诗书礼乐各有自身的义理内容,要深切地理解其中的义理,理解者本身便应有意识层面的准备,庸人往往缺乏这种观念积累,故此类义理"非庸人之所知"。荀子非常注重习行的过程的,"反鈆察之"便是一种反复的考察理解过程,在他看来,正是基于这一过程,久而久之,诗书礼乐中的观念、义理便会内化到个体意识中,并逐渐由个体在意愿层面加以接受,"反鈆察之而俞可好也"中的"可好",即可理解为自愿接受。儒家一再肯定"好仁当如好好色",这里的"好"便是意愿层面的自愿接受。从理性之维看,观念、义理经过接受而融入个体的内在精神世界,化为其内在的意识,个体的理性能力则由此得到提升。从已有的知识结构、德性修养出发,不断地升华自身的精神世界,可以进一步产生如下的积极效应:引导人的自然情欲,化性起伪,"以治情则利"侧重于此;使人获得荣誉、名声,亦即得到正面的价值肯定,"以为名则荣"蕴含了这一点;在与人交往的过程中,达到和谐相处之境,

"以群则和"即突出了这一方面;在个体自处之时,达到独善其身并感受到精神的愉悦,"以独则足乐"便表明了这一点。在以上过程中,理性(长虑顾后、天下之虑)对自然之情的制约,也得到了多方面的展现。

二　人皆可成圣:礼法与习行

以上所述首先表明,人总是具有本然之性和本然之情。按荀子的理解,在这方面,人与人之间并没有根本的不同:"凡人有所一同:饥而欲食,寒而欲暖,劳而欲息,好利而恶害,是人之所生而有也,是无待而然者也,是禹、桀之所同也;目辨白黑美恶,耳辨音声清浊,口辨酸咸甘苦,鼻辨芬芳腥臊,骨体肤理辨寒暑疾养,是又人之所常生而有也,是无待而然者也,是禹、桀之所同也。"这里在二重意义上涉及人的感性规定:"饥而欲食,寒而欲暖"等等,属感性的欲望;"目辨白黑美恶,耳辨音声清浊"等等,属感性的能力(感知能力)。感性层面的这种规定,构成了人的最原初的规定,并为圣与凡、圣王(禹)与暴君(桀)所共有。

人在感性层面的以上规定,具有本然性质,然而,在后天的发展中,人究竟成为何种人,则并不取决于人的本然规定,而是关乎"注错习俗之所积":"可以为尧、禹,可以为桀、跖,可以为工匠,可以为农贾,在势注错习俗之所积耳。""可以为尧、禹,可以为桀、跖,可以为工匠,可以为农贾",等等,属后天发展的不同趋向,这种趋向本来隐含于人的存在之中,但其现实的展现则需要具备具体的条件,所谓"注错习俗",便涉及这一方面。"注错"即习行,它与人的行动方式和行动的过程相联系,"习俗"则涉及广义上的环境。个体成为什么样的人,既受到所处环境的制约,也与自身的习行无法分离;不同的习俗与习行交互作用,规定着人的发展方向(成就什么样的人)。在荀子看来,二者的这种互动,同时表现为一个过程:"注错习俗之所积"中的"积",便突出了过程性。注重个体习行的过程性,是荀子一以贯之的观点,在《劝学》篇中,"积"便构成了关键词之一。正是在环境影响和人自身努力的交互作用过程中,人逐渐形成了尧、禹或桀、跖等不同的人格形态。

不同的人格形态,对人的生存形态具有不同的意义。一般而言,正面的人格会得到肯定的价值评价,负面的人格则相反。然而,为什么人们往往未能致力于前者?荀子对此作了进一步的分析:"为尧、禹则常安荣,为桀、跖则常危辱;为尧、禹则常愉佚,为工匠、农贾则常烦劳。然而人力为此而寡为彼,何也?曰:陋也。尧、禹者,非生而具者也,夫起于变故,成乎修修之为①,待尽而后备者也。"这里着重从"陋"的角度分析形成以上现象的根源。何为"陋"?在《修身》篇中,荀子对此有一扼要的解释:"少见曰陋。"②"少见"即孤陋寡闻,其特点在于视野受到限制,所知非常有限,从认识论上说,也就是在把握自己和把握世界这两个方面都缺乏应有的广度和深度,正是这种"陋"导致了人在生存过程中做出不当的选择。类似的看法,也见于《荣辱》中的以下论述:"今以夫先王之道、仁义之统,以相群居,以相持养,以相藩饰,以相安固邪?以夫桀、跖之道?是其为相县也,几直夫刍豢稻粱之县糟糠尔哉?然而人力为此而寡为彼,何也?曰:陋也。陋也者,天下之公患也,人之大殃大害也。"这里进一步将"陋"视为"天下之公患"。由"陋"而考察价值取向上的偏颇,侧重于认识论

---

① 俞樾认为"修修之为"中的"修之"为衍文,全句当为"成乎修为":"'起于变故,成乎修为'两语相对成文"。按:俞说似是。

② 《荀子·修身》。

的角度,从其整个思想系统看,从认识论上追溯人何以在知行过程中出现偏差,构成了荀子一以贯之的观念。在《解蔽》篇中,荀子便从认识论的层面,分析各种片面性(蔽)产生的根源。"陋"和"蔽"有相通之处,都属人在认识过程中的限定。与"陋"相对的是个体自身的努力,所谓"起于变故,成乎修为",便既包括前文提及的理性思虑(长虑后顾),也表现为个体自身的习行,前者意味着通过对世界和人自身认识的深化以克服"陋";后者则意味着通过习行过程的展开以积善而成圣,二者的共同指向则是人格的完美。

人的存在固然有品格上的高下之别,但这种差别,并不是先天决定的,所谓"尧、禹者,非生而具者也"便表明了这一点。这样,人的存在既有其同,也有其异。以君子与小人而言,两者表现为人格上的不同形态,但在出发点上,两者并没有不同,所异的是后天的习行之道:"材性知能,君子小人一也;好荣恶辱,好利恶害,是君子小人之所同也;若其所以求之之道则异矣。"然而,小人却完全不理解后天不同习行是导致人格差异的根本原因,而将人格不同的根源归之于先天"知虑材性"上的区分:"小人莫不延颈举踵而愿曰:'知虑材性,固有以贤人矣。'夫不知其与己无以异也。"知虑材性是人的本然规定,在这方面君子与小人本无实质的差异,但小人却将君子之为君子的缘由归之于这种本然规定,如此势必掩蔽人格差异的实际原因。荀子由此重申了前文提及的看法:"则君子注错之当,而小人注错之过也。故孰察小人之知能足以知其有余,可以为君子之所为也。譬之越人安越,楚人安楚,君子安雅。是非知能材性然也,是注错习俗之节异也。仁义德行,常安之术也,然而未必不危也;污慢突盗,常危之术也,然而未必不安也。故君子道其常,而小人道其怪。"要而言之,君子与小人先天并无异,关键的方面在于后天之异,后者具体表现为"注错之当"与"注错之过"。这里的"当"与"过"首先表现为价值取向的差异,不同的习行(举措),具有不同的价值性质,君子之为君子、小人之为小人,源于不同性质的习行,"非知能材性然也,是注错习俗之节异也",即以总结的方式肯定了这一点。从孔子开始,儒家便注重"习","性相近也,习相远也"①,其中所突出的也是这一方面。这里的"习"包括习行和习俗两个方面,前者指个人的努力,后者则指外在的环境,按孔子的理解,人的本然之性是彼此相近的,但后天习俗(环境的差异)和习行(个人努力)的不同却导致了差异。荀子的以上思想,可以视为孔子上述观念的进一步展开。

当然,从总体上说,荀子更多地发挥了孔子"习相远"的思想。作为"习"的两个方面,习行与习俗都与外在的规范相联系。以上引文中荀子提到"君子道其常,而小人道其怪",其中的"常"和"怪"既指常行与反常,也与普遍规范相涉:"常"意味着合乎一般规范,"怪"则表现为悖离规范。习俗(社会环境)对个体的影响之一,在于提供一套行为规则,习行之"常"与"怪",则与前文所说的"当"与"过"一致,表现为是否合乎普遍规范。在同样的意义上,荀子指出:"人之生,固小人,无师、无法,则唯利之见耳。""人无师、无法,则其心正其口腹也。""今是人之口腹,安知礼义? 安知辞让?"这里的"师"侧重于教化、引导,"法"与"礼义"则以普遍规范为其形式。人的最原初规定为自然之情与欲,这种自然之情与欲如果不以师加以引导、以法和礼义加以制约,则将引向仅仅追求感性欲求(口腹之欲)、一己之利的负面人格形态。

如果说,习行涉及的主要是个体自身的作用,那么,包含师法和礼义的广义习俗则着重于社会对个体的塑造:不管是师之教化还是礼法的制约,都表现为社会对人的影响。荀子将普遍规范及社会对

---

① 《论语·阳货》。

个体的外在塑造提到十分突出地位,这与他对人性的理解紧密联系在一起。外在规范对人的制约之所以必要,是因为人的自然之性或本然的情与欲有趋向于恶的可能,自然之性或本然的情与欲的以上特点,决定了它们无法成为人成善的根据。进而言之,个人的努力,也离不开外在的引导和制约。以上看法显然有别于孟子:孟子从性善的预设出发,肯定成人过程基于内在的根据,而非依赖于外在的塑造。对于荀子来说,德性则非个体先天具有,人的成长主要靠后天的修为、外在师法和礼义的引导。"人之口腹,安知礼义? 安知辞让?"口腹在这里具有象征、隐喻的意义,主要关乎感性的欲望。停留在自然、感性的层面之上,人无法形成内在的道德意识:若无师法和礼义,人便只能跟着欲望走、顺其自然趋向而发展。正是在这里,普遍的规范、社会的引导展示了其不可或缺的意义。

与习行和习俗的交互作用相联系的,是自知与知命的关系:"自知者不怨人,知命者不怨天;怨人者穷,怨天者无志。失之己,反之人,岂不迂乎哉!""自知"既以自我为能知的主体,也以自我为所知的对象,它所关注的,首先是作为个体的自我,与之相对的首先是他人;"知命"所指向的,则是外在的必然力量(命)。这里涉及两个方面,一是作为个体的自我,另一则是个体之外的他人和外在之命。在此,荀子把"自知"(认识自己)放在一个重要的地位之上,而"自知者不怨人"则以肯定自我力量为前提:真正把握了自己的力量,则即使在实践过程中出现了问题,也不会归咎于他人("怨人")。"知命"一方面意味着确认外在必然对人的制约,另一方面又表明人可以把握这种外在的必然趋向,并进一步"制天命而用之"①。"自知者不怨人,知命者不怨天"与抽象地说"不怨天,不尤人"有所不同,它将认识自身

---

① 《荀子·天论》。

力量与认识外在必然视为超越外在力量的前提,其中突出了"自知"与"知命"在天人或人我互动中的意义。无论就"自知"而言,抑或从"知命"的角度来说,习行的结果首先与个体自身是否能发挥自我的作用相涉,而非取决于外在力量。在引申的意义上,自我之外的"人"与"天",不仅与他人及外在必然相联系,而且关乎普遍的规范,而在习行过程中,自我总是表现为主导的方面:行为是否合乎必然之命、当然之则,最终基于自我的决定和选择,从而,不应当把"成"与"不成"这样的结果,都归之于他人、天命等外在的力量。在这里,所谓自我的"主导"大致体现于以下方面:其一,在行动之前由自我作出决定和选择;其二,在行动过程中以自我为作用的主体;其三,在行动之后,由自我对行为的结果承担责任。

通过习行与习俗的互动而成就人,是一个复杂的过程,其中涉及多重因素,包括自我的能力、外部的条件,等等。就条件而言,这里既有必然的规定,也有偶然的因素;从个体的作用看,其方式也具有多样性。在考察人的习行过程时,荀子一方面将自我本身的力量放在重要的位置,另一方面通过"人与我"、"人与天"或"人与命"的比照,突现了这一过程所涉及的多重因素,超越自然之性、走向圣人之境的过程,也由此呈现了其具体性。

三 人格形态与社会分层

从本然形态的"人之情"向圣人之境的转换,以个体努力与社会影响的互动为前提。对荀子而言,在社会的层面,问题不仅仅关乎师法、礼义的引导和制约,而且与"礼义之分"相联系。

在谈到人欲与社会调节的关系时,荀子指出:"夫贵为天子,富有天下,是人情之所同欲也;然则从人之欲,则势不能容,物不能赡也。

故先王案为之制礼义以分之,使有贵贱之等,长幼之差,知愚、能不能之分,皆使人载其事而各得其宜,然后使悫禄多少厚薄之称,是夫群居和一之道也。"这里再次涉及"人之欲"。政治上求贵,经济上求富,这是人的普遍欲望。然而,能够满足人之欲望的社会资源,又是有限的,在资源有限的条件下,如果听任人无限制地追求各自的欲望,则必然会导致人与人之间的冲突。如何避免这种情形?荀子的基本思路是"制礼义以分之",亦即按礼义的规定,对社会成员加以分层,使之处于不同的等级,每一等级的人分别具有不同的权利和义务,彼此互不越界,从而使社会成员各得其所,社会则由此避免冲突而走向有序状态。在此,社会分层首先表现为上下贵贱的不同等级。社会的有序表现为和一,所谓"群居和一",这种"和一"又以"分"为前提。社会的分层,使每一个体都各有适合自身的位置并承担相应之事,所谓"人载其事而各得其宜";社会成员之间资源的分配,也与其不同的社会地位协调一致,所谓"然后使悫禄多少厚薄之称"。

除了上下等级意义上的社会分层之外,荀子所说的"分"还具有另一重意义:"故仁人在上,则农以力尽田,贾以察尽财,百工以巧尽械器,士大夫以上至于公侯莫不以仁厚知能尽官职,夫是之谓至平。故或禄天下,而不自以为多;或监门、御旅、抱关、击柝,而不自以为寡。故曰:斩而齐,枉而顺,不同而一。夫是之谓人伦。"这里的"分",涉及宽泛意义上的社会分工。农民致力于耕地,商人保障不同产品的流通,百工以制造手工业品为自身的要务,同样,下至士、上到公侯,也各有自身的职责。分工意味着差异或不同,然而,通过分工而形成的"不同",却指向着"和一",所谓"不同而一"。荀子十分注重社会的有序化,礼义的核心就是秩序,这种秩序并非建立在抽象的同一之上,而是以确立合理的区分为前提。这里提及的人伦本来指人与人之间的关系,对此孔孟往往主要从伦理关系的角度加以理解,荀子在此则将社会分工视为人伦的前提,并以"是之谓人伦"概括前述分工关系。对人伦的这种看法,显然超越了伦理的视域而赋予人与人之间的关系以更普遍的意义。

以社会分层和社会分工为内容的"分",同时规定着人格的不同形态:"夫天生蒸民,有所以取之。志意致修,德行致厚,智虑致明,是天子之所以取天下也。政令法,举措时,听断公,上则能顺天子之命,下则能保百姓,是诸侯之所以取国家也。志行修,临官治,上则能顺上,下则能保其职,是士大夫之所以取田邑也。循法则、度量、刑辟、图籍,不知其义,谨守其数,慎不敢损益也,父子相传,以持王公,是故三代虽亡,治法犹存,是官人百吏之所以取禄秩也。孝弟原悫,軥录疾力,以敦比其事业,而不敢怠傲,是庶人之所以取暖衣饱食、长生久视以免于刑戮也。饰邪说,文奸言,为倚事,陶诞突盗,惕悍憍暴,以偷生反侧于乱世之间,是奸人之所以取危辱死刑也。其虑之不深,其择之不谨,其定取舍楛僈,是其所以危也。"这里既涉及政治上的社会分层,也关乎伦理层面的区分,与之相应的是不同的行事方式,而在这种不同的方式之后,又蕴含着人格的多样特点。从天子到百姓,从治国理政,到道德活动,从权力运作,到日常生活,不同社会地位,规定了不同的行事方式及人格形态。作为社会的最高层,天子以"志意致修,德行致厚,智虑致明"为人格的具体内容,其中,前两个方面(志意致修,德行致厚)主要关乎德性,后一方面(智虑致明)则与能力相联系。德性涉及价值方向,包括选择什么样的行为,能力则关乎如何做的问题。相对于天子,诸侯应当具备的品格是"政令法,举措时,听断公","政令法"即政令合乎法则,"举措时"即行动需要考虑时空条件,"听断公"不限于断狱,而是同时涉及对不同意见、建议做出恰当的判断。从总体上看,诸侯治理国家对上要服从天子之令,对下要维护百姓的利益,亦即兼顾天子和百姓两个方面。士大夫在社会分层上处于诸侯之下,"志行修,临官治"是其在人格方面的基本要求。"志行修"意味着在德行修养方面的完善,"临官治"则指在担任具体职务时,要善于处理相关事务,与之相联系的是上能奉行政令,下能维护百姓。百官处于社会等级系统中的不同层面,其人格要求首先表现为"循法则"。法则、规范既具有普遍性,也包含稳定性。朝代固然有更替,但法则却可以持久延续,所谓"三代虽亡,治法犹存",对各司其职的百官而言,重要的是严格遵循法则,"谨守其数,慎不敢损益",这里特别侧重于依法行事这一点,在荀子那里,程序性、规范性被提到了一个很高的层面,这与他重视礼义约束相一致:较之孔子注重仁道、孟子突出仁政而言,荀子对礼给予了更多关注,以上看法可以视为后者在政治领域的体现。百官之后是百姓,对一般百姓来说,达到温饱、安居是其基本的目标,行孝悌以保持家庭的稳定,是达到这一目标的内在条件,同样,勤劳努力也是必要的前提,所谓"孝弟原悫,軥录疾力,以敦比其事业,而不敢怠傲",便分别体现了以上方面。

以上是积极层面的人格形态。从消极的方面看,问题涉及伦理意义上的社会分层:所谓"小人",即处于较低伦理层次之人。他们思想不正,观点有害,却又刻意矫饰("饰邪说,文奸言"),好为怪异之事,为人不真诚,蛮横无理("为倚事,陶诞突盗,惕悍憍暴"),同时,又思虑浅薄,选择随意,动机不端("虑之不深,其择之不谨,其定取舍楛僈")。荀子对"小人"的这种批评,大致体现了儒学的传统。如所周知,孟子"拒杨墨"、"放淫辞",对当时各种"邪说"一再加以抨击。同样,疏离怪异之事,也是儒家的价值取向之一,孔子"不语怪力乱神",《中庸》对"素隐行怪"也持明显的否定态度,荀子对"小人"的以上立场,与之前后相承。

要而言之,从社会分层的角度看,天子、诸侯、士大夫、百官、庶人,处于不同的社会等级,"小人"则在伦理意义上自成一类。处于社会不同层面（包括伦理层面）的人,各有自身的人格形态,后者既以当然为指向,也呈现为实然(所谓"小人",便表现为社会领域实际存在的人格形象),"当然"关乎不同等级的人应该具有的人格形态,"实然"则涉及对现实人格形态的描述。人格形态与社会分层的如上对应,进一步突出了自然之性与社会之人的分野。

在具体的"在"世过程中,个体总是需要与他人共处,并与他人发生多种形式的交往关系。荀子首先从人与人之间的争斗这一消极的层面,对这种关系做了考察:"斗者,忘其身者也,忘其亲者也,忘其君者也。行其少顷之怒,而丧终身之躯,然且为之,是忘其身也;室家立残,亲戚不免乎刑戮,然且为之,是忘其亲也;君上之所恶也,刑法之所大禁也,然且为之,是忘其君也。忧忘其身,内忘其亲,上忘其君,是刑法之所不舍也,圣王之所不畜也。"争斗主要表现为个体之间具有负面意义的关系,荀子对这一形式的交往关系持否定的态度,其评判涉及三重维度,即"身"(自我)、"亲"(父母)、"君"(政治权威),在他看来,争斗之所以应当否定,首先在于其"忘其身",亦即忘却了自我内在的存在价值,其次在于它"忘其亲",亦即忘却了自我应当承担的伦理责任,其三在于其"忘君",这里的"君"可以视为"国"的象征,与之相应,"忘君"意味着忘却自我对于国家的政治责任。从另一方面看,争斗导致个体之间的纷争,其结果是"乱",由此往往进一步引向社会的失序:"乱"意味着无序。可以看到,对争斗的批评背后,包含着对社会秩序的关注和肯定。

进一步看,争斗无论从理性的层面看,抑或就价值的角度而言,都是不当之举:"凡斗者,必自以为是,而以人为非也。己诚是也,人诚非也,则是己君子,而人小人也;以君子与小人相贼害也,忧以忘其身,内以忘其亲,上以忘其君,岂不过甚矣哉! 是人也,所谓以狐父之戈钃牛矢也。将以为智邪? 则愚莫大焉;将以为利邪? 则害莫大焉;

将以为荣邪？则辱莫大焉；将以为安邪？则危莫大焉。"从理性的权衡这一方面说，争斗如同以名贵的兵戈去挑牛粪，非明智之举，从价值后果看，争斗又有害无利。理性层面的认知和价值层面的评价，从不同维度构成了考察争斗这种交往方式的出发点。

与他人共处与交往既涉及行为方式，也关乎言语表达，社会领域中的这种言行举止，同时使个体的内在人格也得到了多样的展现："憍泄者，人之殃也；恭俭者，偋五兵也。虽有戈矛之刺，不如恭俭之利也。故与人善言，暖于布帛；伤人之言，深于矛戟。故薄薄之地，不得履之，非地不安也，危足无所履者，凡在言也。巨涂则让，小涂则殆，虽欲不谨，若云不使。"这里首先提到骄横，这种行为发生在与人交往、待人接物的过程之中：对于自我本身并没有骄横与否的问题；"恭俭"在涉及与他人关系这一点上，与之相近。不过，前者（骄横）作为人生态度和行为方式，常常导致祸害，后者（恭俭）则可以使人在社会中避免祸害。进而言之，交往过程总是涉及语言，语言是人与人相互沟通的中介，语言的交流关乎人与人之间如何相处。如果与人为善，不以尖刻的话语伤人，这将有益于建立良好的人际关系，相反，如果恶语相向，则势必导致人与人之间的冲突。这里的"言"，既涉及言说的内容，也关乎言说的方式，而与之相涉的则是自我与他人的关系。就个体与外在环境的关系而言，对于自我之外的环境，个体往往无法支配，但个体如何为人行事，则可以由个体自身决定。正如走路，所走之路的宽窄，非行走者所能左右，但在道路宽敞时彼此相让，在狭小的路上格外谨慎，则与自我相关。这里路之宽窄，同时隐喻着个体所处环境的有利与不利，而如何应对，则取决于个体自身。人与人、人与环境的如上关系，一方面肯定了人的群体性存在特点，另一方面也从更内在的方面突显了人的自然之性向社会品格转换的必要性。

可以注意到,在荀子看来,人的本然存在固然以自然之性为其规定,但人又以群为其存在方式,后者同时要求人具有社会化品格。人的社会品格的形成,既需要外在师法、礼义的规范,也离不开内在理性思虑、价值选择等方面能力的提升,社会的制约与个体的习行、外在的塑造和个体的选择相互作用,规定了多样的人格形态。

(原载《杭州师范大学学报(社会科学版)》2018 年第 1 期)

君子人格：
历史内涵及其现代意义①

　　君子概念可以追溯到先秦。从广义看，它既关乎"德"，也涉及"位"，具有道德、政治等不同涵义。孔子及其学生曾子已将"君子"与"位"联系起来，主张"君子思不出其位"②，荀子从另一角度考察了两者的关系："庶人骇政，则君子不安位"③。以上视域中的"君子"，均与政治领域的"位"相涉。孔子在评价子产时，进一步认为，"子产有君子之道四焉：其行己也恭，其事上也敬，其养民也惠，其使民也义。"④这里"行己也

---

　　① 本文系作者在 2019 年 12 月举行的"学以致道：君子的产生于养成"会议上的演讲记录。

　　② 《论语·宪问》。

　　③ 《荀子·王制》。

　　④ 《论语·公冶长》。

恭",主要呈现道德的意味,"事上也敬"、"养民也惠"、"使民也义"则更多地表现为政治领域的行为方式,君子之道则兼涉以上几个方面。在狭义上,君子主要以"德"为内涵,并表现为传统的人格形象。从中国思想史看,对君子人格比较系统的讨论,大致始于孔子及其门人,君子的原始内涵,也通过孔子及其门人的界说而得到了比较具体的展现。

一

作为传统的人格形态,君子的具体规定,首先通过与小人的比较而得到展示。事实上,在孔子那里,已可以一再看到君子与小人的比较和对照,通过这种比照,孔子着重突出了君子这类人格所具有的道德内涵。对孔子而言,君子是在道德上应当加以肯定的、具有正面意义的人格,与之相对的小人则表现为在道德上应该加以否定的、带有消极意义的人格形态。这样,君子与小人的分别,主要便侧重于道德上的划界:道德和非道德、道德上的正面人格与反面人格在此彼此对峙。

作为道德人格,君子的特点体现于形式和实质两个方面。从形式层面看,君子的特点在于合乎礼仪规范,其行为已经达到"由野而文"。"野"表明言行举止尚没有合乎文明规范,与之相关的人格属前文明的存在形态。"文"则已达到了文明的行为方式,后者同时体现于人与人之间的交往过程。在谈到君子时,孔子及其学生便十分关注其形式的规定:"君子所贵乎道者三:动容貌,斯远暴慢矣;正颜色,斯近信矣;出辞气,斯远鄙倍矣。"[①]这里的"容貌"、"颜色"等,所涉主

---

① 《论语·泰伯》。

要即外在的形象,它们虽呈现于外,但又构成君子整体品格不可或缺的一个方面。与之相联系的是"色思温,貌思恭"①。君子的社会影响,也常常通过庄重的外在形态得到展现,所谓"君子不重则不威"②,便表明了这一点。

儒家比较注重礼之"节文",在儒家看来,"礼"对人的行为以及人格的引导,具体即体现在"节"和"文"两个方面。"节"主要是调节、规范,它规定人应当做什么,不应当做什么;"文"则表现为文饰,包括前面提到的文明的举止、文明的交往方式,等等。从形式的层面来看,君子作为已经"由野而文"、达到文明化的人格形态,其行为往往既得体又合宜,所谓"得体",也就是合乎一定社会规范的要求,"合宜",则是在不同场合、不同情景之中,其行为方式比较适合相关的情景,整个行为看上去没有任何违和或不协调之感。

从实质层面来说,君子的特点如上所述更具体地通过与小人的比较而得到展现。首先,按照孔子理解,君子特点就在于喻于义:"君子喻于义,小人喻于利。""义"者,"宜"也,引申为"当然",这一意义上的"义"往往表现为"当然之则"。从其内涵看,"当然"规定了人的一定责任和义务:所谓应当做或不应当,总是基于一个人应当承担的责任或义务而作出的规定。在这一意义上,君子的内在品格在于自觉把握人"应当"承担的责任、义务,并且能够自觉履行这种责任。相反,小人只是关心个人的私利,但未能真正地了解普遍的、人应当承担的社会责任,所谓"小人喻于利",便强调了这一点。

君子"喻于义",同时也从一个方面体现了君子之"务本":"君子

---

① 《论语·季氏》。
② 《论语·学而》。

务本,本立而道生。"①宽泛而言,"本"可以从不同方面加以理解,从何为人这一角度看,它主要与"人之为人"以及"君子之为君子"的根本规定相涉。对"义"所突显的道德责任的自觉承担,可以看作是君子作为道德意义上的人格最根本的品格。

君子作为具有道德意识和责任意识的个体,同时又表现为道德行为的主体。正是基于这一看法,孔子肯定:"君子求诸己,小人求诸人"②。"求诸己"主要是依据自身力量,自我决定,其行为及其结果非由外在的力量所左右。从君子与具体行为的关系看,这里至少涉及两个方面:当君子获得成功时,他认识到这主要是依靠自己的力量,而非凭借外在的其他力量;当他不成功或不顺利的时候,他也主要从自身寻找根源,而不会怨天尤人、归咎于他人。这是君子作为具有主体品格的人所具有的特点。借用后来佛教的话来说,这里体现的是"依自而不依他"。与之相对,所谓"小人求诸人",则意味着:"小人"处处依赖于自我之外的外在的力量,如果他在某些方面成功,他并不认为这主要是靠自己,而是将其视为自我之外的其他力量作用的结果,如果他失利,其原因也同样归之于他人。不难看到,君子作为具有道德品德的人,具有道德意义上的自主性和更广义上的主体意识或主体的担当,小人则缺乏这种自主性。

与之相关的是如何对待自我的问题。孔子区分了为己之学与为人之学,③为己指向的是个体自身的完善,为人则是对他人的外在迎合,上述意义的"为己"与"为人",分别体现了君子与小人的不同价值取向。以自我的充实、完成为目标,君子主要关切自身的提升,而并

---

① 《论语·学而》。
② 《论语·卫灵公》。
③ 参见《论语·宪问》。

不在意是否为他人所知:"君子病无能焉,不病人之不已知也。""人不知而不愠,不亦君子乎?"①反之,小人注重的是为人之学,他并不关切自身的完善,而仅仅追求人格形象的炫之于外。

就个体生存而言,君子往往会处于不尽如人意的境况,但君子的特点在于始终以"道"为指向,而非计较物质境遇:"君子谋道不谋食","君子忧道不忧贫"。②"谋道"主要指社会文化理想及政治道德理想的追求,"忧道"则是对这种理想是否实现或能否实现的关切。与之相对,"谋食"与"忧贫"更多地表现为对感性的物质需要及物质境遇的关切。在孔子看来,一旦志于道,则应始终保持人格的尊严,在任何情况下都拒绝自暴自弃。反观小人,则是另一形态:"君子固穷。小人穷,斯滥矣。"③这里的"滥",可以看作是无视人格尊严,自甘堕落。小人所关注的,仅仅是个体生存的顺逆,得志时或道貌岸然,或专横跋扈,失意时则常常流于卑污(亦即所谓"滥")。

君子同时具有比较全面的品格,所谓"君子不器"④,便主要是从"君子"和"器"的比较中凸显前者的全面性品格。如所周知,相对于人而言,"器"首先表现为"物",在此意义上,"君子不器"表明人不是"物",而是具有自身内在价值的主体。同时,"器"总是偏于一端,每一具体器物,包括日常生活中所用的器具,都有特定的功能或特定的规定,与之相联系,"君子不器"意味着君子作为人格并非偏向一端、仅仅限定在某一功能或某一个规定之上,而是具有多方面的品格、全面性的特点,后者构成了君子之为君子的重要之点。相对于此,小人在某些方面或许亦有所长,但往往是偏于一方,缺乏全面性的人格

① 《论语·卫灵公》《论语·学而》。
② 《论语·卫灵公》。
③ 《论语·卫灵公》。
④ 《论语·为政》。

特点。

作为道德主体,君子同时又具有内在的精神世界。从内在精神世界这一方面看,君子的特点就在于具有光明磊落、乐观向上的品格,所谓"君子坦荡荡"①,日常用语中常常说的"量小非君子",也意指君子具有比较宽宏的气度,它同时也表明,君子的特点之一是在心理层面上不患得患失,他也不是处处地去算计或谋取自己的私利。"君子坦荡荡"同时表现为真诚性的品格,君子从不虚伪,总是以坦荡、真诚的心态与人交往。与之相对的是小人的品格,其特点是"长戚戚":"小人长戚戚。"②从直接的心理、内在的精神世界这个角度来说,"长戚戚"表现为消沉、阴暗的心理特征。这种品格与"君子坦荡荡"所展现出来的那种光明磊落的精神世界正好形成对照。

君子作为社会的成员,非以孤立的形态存在而总是与他人共存。"共在"可以看作是人的基本存在处境。从人与人之间的"共在"或人与人之间相互交往的角度看,君子的特点在于注重交往的开放性,所谓"君子和而不同",便肯定了这一点。"和"与"同"的区别,在于"和"包含差异性,表现为不同规定之间的统一,"同"则是绝对或单纯的同一。"君子"可以容纳具有不同观点的人,即使与自己意见相左者,君子也能与之和谐的相处。小人则做不到这一点:"小人同而不和"③,这里的"同而不和"与君子所体现的"和而不同"刚好相反。与以上特点相联系,君子善于团结大多数人,这里同样展现了君子与小人的差异:"君子周而不比,小人比而不周。"④"不比"意味着不搞结帮营私,这体现了君子在交往过程中的特点。小人正相反,热衷于搞

---

① 《论语·述而》。
② 《论语·述而》。
③ 《论语·子路》。
④ 《论语·为政》。

帮派,并以此谋取私利。

与交往开放性相一致的是与人为善:"君子成人之美,不成人之恶。小人则反之。"①"成人之美"也就是成就他人。如所周知,儒家有成己成人之说,一方面,儒家注重为己,亦即以自我成就为指向,另一方面,儒家也并不仅仅限定在自我之上,而是要求"己欲立而立人,己欲达而达人"②,亦即成己而成物、成己而成人,后者构成了儒家对君子理解的一个重要方面。在这一意义上,君子不呈现为孤立的、自我中心的形态,小人正好相反,仅仅关注于个体自身,不成人之美,而往往成人之恶。

君子作为正面的人格,具有信守诺言、讲究信用的特点,所谓"人而无信,不知其可也"、"与朋友交,言而有信"③,便表明了这一点。日常用语中所谓"君子一言,驷马难追",讲的也是君子注重信用这一方面。但另一方面,君子又不仅仅限定或执着于某种一般的原则之上,而是具有注重变通的特点。孔子说:"言必信、行必果,硁硁然小人哉。"④这里所说的"言必信,行必果",就是拘泥或执着于某种僵化的教条和原则,不知适时变通。与之相对的是:"君子之于天下也,无适也,无莫也,义之与比也。"⑤"无适",即非绝对地肯定某种行为方式;"无莫"则是非绝对地排斥某种行为方式,与之相应的"义之与比"所侧重的,便是灵活变通。对儒家而言,君子便比较完美的体现了这一点,而注重变通则构成了君子的重要品格。后来孟子指出:"男女

---

① 《论语·颜渊》。
② 《论语·雍也》。
③ 《论语·为政》《论语·学而》。
④ 《论语·子路》。
⑤ 《论语·里仁》。

授受不亲,礼也;嫂溺援之以手者,权也。"①按照礼的规定,男女之间不能直接授受,但在某些情景之下(例如嫂不慎落水),则可以不受礼的以上限制。在此,对所处情景的具体分析便构成了灵活运用原则(权)的前提。如果不能做到这一点的话,那就如同豺狼:"嫂溺不援,是豺狼也。"②这里就包含具体的变通:如果按照"言必信、行必果"的主张,则可能完全置人的生命于不顾而仅仅执着于某种僵硬的教条。

从日常行为看,君子为人的特点是"泰而不骄",小人则表现为"骄而不泰":"君子泰而不骄,小人骄而不泰"③。作为君子的处事方式,"泰而不骄"既是平和、安详的心态,也表现为与人相处时的交往态度,相反"骄而不泰"则表现为目空一切,盛气凌人,这二者构成了两种迥然不同的日常行为方式。"泰而不骄",看似很平常,但能够真正做到这一点,并不很容易。君子和小人的以上差异,也体现了不同的人格境界:君子不会愤世嫉俗,相反,他始终保持心灵的宁静,此即所谓"泰",同时,君子具有平和而宁静的特点。此外,"君子笃于亲"④,即在日常生活中,君子注重于"事亲",亦即自觉践行基本的伦理规范,这也构成了君子日常行为方式的重要特点。

要而言之,作为正面的道德人格的君子在总体上既有形式层面的尊重礼义规范,"由野而文"等特点,又包含更为内在的品格特征,后者通过与小人对比而得到具体彰显。

二

君子与小人的比较,突显了君子人格所具有的道德的内涵。从

① 《孟子·离娄上》。
② 《孟子·离娄上》。
③ 《论语·子路》。
④ 《论语·子路》。

道德人格的角度看,君子本身又与圣人有所不同:两者都属道德人格,但具体内涵则有分别。概要而言,君子与小人之分体现的是道德与非道德之间的差异,圣人与君子的区别,则主要表现为不同道德人格之间的分野。对孔子来说,在道德之域,人格呈现两重典范,其一是君子,其二则是圣人。孔子曾说:"圣人,吾不得而见之矣,得见君子者,斯可矣。"①这里便对圣人和君子作了明确区分。

作为道德人格,圣人和君子在具体内涵上无疑有相互交错的一面,但两者又有不同侧重。从道德人格这一角度看,圣人突显了人格的完满性,主要表现为道德人格的完美化身,可以视为道德人格的最高的境界。从逻辑上说,儒家肯定"人皆可以成圣",即每个人都可以达到圣人境界,但在现实性上,圣人又是很难达到的人格之境,孔子本人便从来不以圣人自许,所谓"若圣与仁,则吾岂敢"②,便表明了这一点。同样,对尧、舜这样一些传说中的明君,孔子也不轻易地以"圣"相称。子贡曾问孔子:"如有博施于民而能济众,何如? 可谓仁乎?"孔子的回答是:"何事于仁,必也圣乎! 尧舜其犹病诸!"③这里,同样可以看到圣人的难以企及性:即使尧、舜这样的明君,尚未达到这种人格。

孔子在君子之外再设定一个圣人的人格境界,主要意在把道德层面上人格的培养以及人格的追求看作是一个没有止境的过程。人不可能一蹴而就地达到仁的境界。"至矣尽矣,不可以加矣"的人格境界,在现实的生活中很难达到。在这里,圣人乃是作为一个范导性的目标,引导着人们不断地向之努力:尽管它在有限的人生中难以真正达到,但又为人提供了一个努力的方向,引导着人们不断的向其趋

---

① 《论语·述而》。
② 《论语·述而》。
③ 《论语·雍也》。

近。可以看到,圣人作为虚悬一格的人格境界,主要彰显了人格养成和人格追求的过程性、无止境性。

相对于圣人而言,君子可以视为人格理想的现实体现,它既不如圣人那样尽善尽美,但也不像圣人那样难以企及。在孔子那里,君子总是表现为我们在日常生活中可以做到的人格形态。他对君子人格的描述也总是和我们的日用常行紧密地联系在一起。前面提到的"君子笃于亲"、"君子不忧不惧"、"君子泰而不骄","君子和而不同",等等,都是人们在日常生活中可以做到的,由此,孔子也突出了君子作为道德人格所具有的现实性品格。在这一意义上,正如君子和小人的对比主要展现了君子作为人格它所具有的道德内涵,君子和圣人的对照,更多地突出了在道德人格之上理想形态和现实形态之间的区分。

要而言之,圣人这一人格形态的设定,强调了不能在有限的人生过程中仅仅停留或限定在某一个阶段之上;相形之下,君子人格则更多地肯定了人格的现实化品格,避免了由于圣人的难以企及性而使人格追求趋于思辨化、虚悬化。在圣人与君子的区分中包含着两个方面:其一,过程性与既成性:圣人的设定主要突出了人格的过程性这一面,君子则确认了人格的既成性或已然形态;其二,理想性和现实性:圣人作为范导目标引导人不断趋向于理想的道德之境,君子则呈现为现实生活中可以达到的具体人格形态。以上两个方面的统一,使道德人格既不同于静态的人格模式,也有别于抽象的、思辨的构造,其中隐含着某种理论上的深意。

三

君子与小人、君子与圣人之间的比较和区分,从不同方面突出了传统视野中君子人格的具体内涵及其特点。从现时代看,其社会结构不同于传统社会,其人格形态则常常涉及公民,考察君子这一传统人格在现代的意义,需要联系公民等现代社会的人格形态。

从严格意义上说,"公民"是一个法律概念。在法律上,"公民"主要指获得一定的国籍、享有该国的宪法和法律所赋予的权利并需要履行宪法和法律所规定的义务的国民。宽泛而言,所谓公民,则可以看作是遵纪守法、行为合乎一般社会规范或文明规范的社会成员。就遵纪守法而言,日常生活中不乱闯红灯、拒绝酒驾,等等,便是一个合格公民应该做到的;从合乎社会规范看,不随地吐痰、不乱扔垃圾,等等,则表现为文明的现代公民应该具有的品格和行为习惯。前者从比较严格的意义上体现了公民作为法律意义上的人格所具有的规定,后者则从宽泛意义上展现了公民作为遵循社会文明规范的社会成员这一特点。

从公民和君子的关系来看,两者各有不同的特点。如前所述,公民更多地表现为法律上的主体,这与狭义公民的法律意义也具有一致性,比较而言,君子则首先呈现为道德上的主体;公民更多地侧重于权利:尽管从法律意义上看,公民是既享受权利,也需履行相关的义务,但较之君子,其侧重之点无疑在于对权利的关切和执着,事实上,谈到公民,人们所注重的往往是公民财产权神圣不可侵犯,公民拥有选举与被选举的政治权利,等等;相形之下,作为道德主体,君子主要以履行道德义务为内在特点:君子通常并不强调自身应该享有什么权利,而是更多地承诺社会的责任和义务。

作为遵循基本的法律和文明规范的主体,公民可以看作是一个社会的合格的成员;与侧重于遵循道德原则相联系,君子则表现为道德上的楷模。两者的侧重点无疑有所不同:只要合乎社会的文明规范,做到遵纪守法这一基本的底线,便可以说已达到了公民的基本要求。君子作为道德上的典范,是应当加以追求并通过努力而达到的人格目标。公民的所作所为,通常是不能不做的:公民的行为以合乎最基本的底线规范为原则,如果一个人偏离了这些底线规范,那么,他就会失去做一个合格社会成员的资格。概要而言,公民的人格具有可接受性,正因如此,公民可以被社会所接纳,成为合格的社会成员;君子的行为具有崇高性,他的人格则是一种应当去追求的目标。

这里可以对"值得赞赏的"、"对的"以及"不错的"等行为作一区分。如果一个人的所言所行不违背一定的社会规范(包括道德规范),那么,这种行为便可以称之为"不错",这里的"不错",同时表现为所言所行为社会所允许。不过,在"不错"的情况之下,行为常常还带自发的性质:他的行为可能正好合乎一般的规范,从而可以接受。与"不错"相关但又有所不同的行为,是"对的"或"正确"之举。行为之"对",意味着这种行为基于对一定的社会规范、道德准则的自觉理解。更进一步的行为,则包含"值得赞赏"的性质。"值得赞赏"的行为不仅仅表现为底线意义上的"不错"或"对",而且具有比较高的道德境界,这种道德境界需要通过不懈的努力才能达到。

按其内涵,"君子"和"圣人"主要从不同层面体现了"值得赞赏"的道德境界。从人格追求的角度看,君子和圣人的统一,体现的主要是传统社会的人格目标。就现代社会而言,需要关注的可能是君子与公民之间的统一:随着时代的变化和发展,社会所追求的人格形态也应该与时俱进。作为现代人格的一个方面,君子本身也需要取得现代的形态,这种现代意义的人格形态可以从不同的角度去理解。从人格的实质方面来说,现代形态的君子接近于今天所说的英雄或模范,事实上,现在一再倡导学习英雄模范、争做英雄模范,这种人格典范体现了高尚的道德情操,可以看作是现代形态下的君子形态。

从形式层面看,君子本来就有注重"文"(由野而文)的特点,这种形式规定也需要与现代礼仪规范的要求相一致,人们经常提及的所谓绅士风度,就与近代西方的绅士人格("gentleman")相涉。绅士的起源或可追溯到早先的贵族,但作为一种人格的形式象征,则与近代的社会变迁相联系。随着历史向现代的逐渐变迁,近代以来西方的行事的方式,也注重于合乎不同的礼仪规范,由此形成了形式层面上人格的某些特点,所谓绅士化的风度,便从一个方面体现了这一点,其特点是行为得体雅致,举止彬彬有礼,为人谦和有节、富有教养,它在一定意义上可以视为现代文明化行为方式的某种符号。在更广义上,人格的现代形态也体现于今天所讲的"讲文明、树新风",后者包括现代意义上文明的行为方式,其侧重之点兼及人格形式。如果说,英雄模范等道德楷模所体现的人格特点,主要从实质层面赋予君子人格以新的内涵,那么,合乎现代意义上的礼仪规范,则更多地从形式的层面赋予了君子人格以现代的形态,基于以上两个方面,传统意义上的君子,将实现由传统向现代的转化。

进而言之,现代形态的君子和广义上的公民,应走向内在的结合,作为两者统一的人格,既表现为君子化的公民,亦即具有道德意识的公民,也呈现为公民化的君子,亦即具有法理意识的君子。以上二重品格,同时赋予现代的人格形态以具体的规定。一方面,上述视域中的人格体现了社会的底线要求,表现为合格的社会成员;另一方面,它又有崇高的道德追求,呈现为理想的道德人格。以上两个方面的统一体现了现代社会应当追求的人格形态,即既合乎社会的基本文明规范,又坚持理想的道德追求。在这里,可以注意到,君子作为道德人格具有两重性:相对于传统意义上作为范导目标的圣人,君子更多地展现了现实性的品格;较之公民,现代形态的君子又呈现出理想化的人格形态,构成了人们在现实生活中通过不懈地追求而不断达到的目标和境界。要而言之,现代社会的人格目标,应趋向于具有现代形态的君子与广义公民的统一,其具体的内涵则体现为合格的现代社会成员与理想的道德人格之间的交融。

(原载《江汉论坛》2020 年第 5 期)

意义追寻与心学的价值内蕴[①]

一

随着历史的发展，人类的命运已经越来越紧密地联系在一起。从经济的发展、普遍的安全到生态的维护，等等，人类在各方面都成为休戚与共的共同体。这种共同体既不同于个体性的存在，也不限于特定的地域、民族、国家；既非源于血缘的自然共同体，也非仅仅以利益关切为中心的利益共同体：它表现为基于经济、政治、生态等纽带而形成的一种相互依存的存在形态。

---

① 本文系作者在第三届中国阳明心学高端论坛启动仪式的演讲记录。

以上存在形态既涉及现实的社会关联,包括人类存在的共同条件,以及人类文明发展的共同前提,也关乎观念的领域,包括形成一定意义上的价值共识,在观念层面上达到某种共同的取向,等等。这一意义上的人类命运共同体本身也可以从不同的方面加以考察,王阳明心学则为理解这种人类命运共同体提供了某种理论视域,其中所蕴含的理论取向,同时展现了其内在的价值关切。

二

在哲学的层面,阳明心学的特点首先表现为以心立说或以心为体。然而,需要注意的是,这里的以心为体并不是指以人的意识(心)去构造外部世界或物理世界,它的实质内涵在于:现实世界的存在意义,乃是因人(包括人之心)而呈现。换言之,世界的存在并不依赖于人,但是,它的意义呈现却离不开人。

王阳明曾以山中之花为例,对上述思想做过讨论。深山中的花自开自落,这里的花之开、花之落,固然与人之心并没有依存关系,但是,花所隐含的审美意义,它所具有的鲜亮、美丽的特点,却是相对于人而呈现的:在人之外,这种审美意义便不复存在。

不仅深山中的花如此,而且社会领域中的对象也是这样。社会以人为基本的构成,人首先是一种有生命的生物体,在自然(缺乏伦理或者政治意识)的视域中,人相应地也仅仅表现为一种自然意义上的生物体。按王阳明的理解,如果一个人没有形成孝亲、敬兄的意识,那么"父母"("亲")和"兄"对他而言就仅仅只是生物学意义上的生命存在,而非具有伦理意义的对象。只有真正具备了伦理意识,形成孝敬父母、尊敬兄长的道德之"心",相关的对象才会呈现出伦理的意义。

王阳明曾提出"心外无物"之说,这一观念同样并非否定万物的存在,而是强调世界的意义因人而呈现。引申而言,在人以及人的意识之外,世界的意义隐而不显,对人具有意义的对象,也就是与人发生关联、并为意识之光所照耀的世界。可以看到,在注重心体的背后,包含着对世界的意义关切和价值关切。王阳明从以心为体这一角度规定心和物的关系,固然包含某种思辨的趋向,但其内在的旨趣既非消解实在的对象,也不是以人之心去构造一个外部世界,而是强调外部世界的意义相对于人而呈现。

在其现实性上,人类命运共同体也表现为有意义的存在形态,这种存在形态与人同样息息相关:它既不是人之外的未知世界中的存在,也不是人出现以前的洪荒之世中的对象,而是展现为人通过自身的活动建构并生活于其间的现实世界,这样的现实世界同时也呈现为一种有意义的世界。作为有意义的现实世界,人类命运共同体的形成与意义的关切无法相分:事实上,正是意义的关切,将人类引向了上述命运共同体。从这方面看,心学以心为体所包含的意义关切,同时也为我们承认、接受、认同人类命运共同体提供了逻辑前提。

三

人类命运共同体一方面不限于特定的个体以及特定的地域,另一方面又与共同体中不同个体对这种共同体的认同、接受相联系,如果离开了共同体中不同个体对这一命运共同体的认同和接受,那么,共同体本身就会成为一种抽象、空洞的存在形态,在这里,个体的认同就显得十分重要。

个体认同首先以个体意识的形式呈现。在王阳明那里,个体意识同样构成了其考察的重要方面。对王阳明来说,人最内在和本然的自我意识表现为"良知",这种"良知"首先与自我存在相关,包含个体性的品格。具体而言,它表现为个体的道德自觉,是个体进行道德选择的根据,也是个体从事道德评价的内在准则:"尔那一点良知,是尔自家底准则。尔意念着处,他是便知是,非便知非,更瞒他一些不得。尔只不要欺他,实实落落依着他做去,善便存,恶便去。"①以上道德意识及其活动,都与个体或自我相关。

不过,在注重良知的个体性内涵的同时,王阳明又一再强调,良知并不仅仅限于个体,它同时又与普遍之理和道相关:"良知之在人心,无间于圣愚,天下古今之所同也。"②"道即是良知。"③这样,良知虽然内在于每一主体,因而带有个体的形式,但同时又与道(理)为一,从而包含普遍的内容。作为具有双重品格的个体意识,良知既表现为自我的道德自觉,又非仅仅限定于自我。这一意义上的良知,可以看作是普遍之理和道(包括伦理原则)的内化形式,从良知出发,同时意味着遵循具有普遍内涵的道德原则并使行为合乎相关原则,所谓事亲事兄,便属于这一类行动。

作为"道"的内化,良知不仅为人的选择和行动提供了内在的道德引导,而且也在更宽泛意义上包含普遍的责任意识和义务意识,后者进一步体现于对他人、群体的普遍关切之中。王阳明一再指出:"若鄙人所谓致知格物者,致吾心之良知于事事物物也。吾心之良知,即所谓天理也。致吾心良知之天理于事事物物,则事事物物皆得

---

① 王守仁:《传习录下》,《王阳明全集》,上海:上海古籍出版社,1992年,第92页。

② 王守仁:《传习录中》,《王阳明全集》,上海:上海古籍出版社,1992年,第79页。

③ 王守仁:《传习录下》,《王阳明全集》,上海:上海古籍出版社,1992年,第105页。

其理矣。"①致良知于事事物物从而使事事物物兼得其理,其中的内在要求便是以良知为个体行动的依据,对他人和群体承担起个体应当承担的责任,由此建立普遍的道德关联,使整个社会呈现和谐有序的形态(事事物物兼得其理)。在这里,个体对社会、群体和他人的普遍的责任和义务,同时得到了具体的展现。

如上所述,人类命运共同体同样不仅仅限定于特定个体、地域、民族、国家的存在和发展,而是要求从普遍的责任意识出发考察和理解世界,并以此为原则处理个人与整个社会、一定民族或国家与整个人类共同体的关系。良知所内含的普遍责任观念,无疑为个体形成对共同体的认同意识提供了内在根据。

四

以心为体所隐含的意义关切与良知所内含的责任意识相结合,进一步引向天下的情怀,在王阳明那里,这种天下情怀具体表现为万物一体的观念。从历史上看,"万物一体"并非由王阳明首次提出,在王阳明之前,张载便阐述了"民胞物与"的思想,后者的内在旨趣在于把天下之人都当作自己的同胞,将万物看成是自己的同类,并且以这样一种意识去对待自我之外的他人、对待人之外的对象。后来二程提出了"圣人以天下万物为一体",更明确地表达了"万物一体"的思想。

基于前人的思想,王阳明对"万物一体"说做了进一步的阐发,他特别强调,"万物一体"包含着"无人己"、"无物我":"盖其心学纯明,而有以全其万物一体之仁,故其精神流贯,志气通达,而无有乎人己

---

① 王守仁:《传习录中》,《王阳明全集》,上海:上海古籍出版社,1992年,第45页。

之分、物我之间。"①"无人己"涉及人与人之间的互动,"无物我"则关乎人与对象世界的关系。

从人与人之间的关系来说,王阳明区分了对待他人和群体的两种立场和态度,其一是从利益出发,以利益关切为原则来对待自我之外的他人。在王阳明看来,出于利益考虑而展开人与人之间的交往,常常导致人与人之间的紧张和冲突,最后甚至会引向骨肉相残:"及其动于欲,蔽于私,而利害相攻,忿怒相激,则将戕物圮类,无所不为,其甚至有骨肉相残者,而一体之仁亡矣。"②与出于利益计较相对,王阳明更注重个体间的情感沟通。在他看来,人作为天地之心(万物之灵),应当具有普遍的仁爱与同情之心,这种同情心,可以使人超越人我之分,走向人己统一:"夫人者,天地之心。天地万物,本吾一体也,生民之困苦荼毒,孰非疾痛之切于吾身者乎?不知吾身之疾痛,无是非之心者也。"③在此意义上,仁爱和恻隐之心构成了打通个体间关系的心理情感基础。按王阳明的理解,如果每一个体都能推己及人,由近而远,将恻隐亲仁之情普遍地运用于天下之人,包括孤寡、残疾的弱势个体,那么,万物一体的理想便可以逐渐实现,整个社会也会走向比较和谐的存在形态:"夫圣人之心,以天地万物为一体,其视天下之人,无内外远近,凡有血气,皆其昆弟赤子之亲,莫不欲安全而教养之,以遂其万物一体之念。"④

① 王守仁:《传习录中》,《王阳明全集》,上海:上海古籍出版社,1992年,第55页。

② 王守仁:《大学问》,《王阳明全集》,上海:上海古籍出版社,1992年,第968页。

③ 王守仁:《答聂文蔚》,《王阳明全集》,上海:上海古籍出版社,1992年,第79页。

④ 王守仁:《传习录中》,《王阳明全集》,上海:上海古籍出版社,1992年,第54页。

"万物一体说"中另一个重要观念是"无物我"。"无物我"涉及人与对象世界或万物的关系。按照王阳明的理解，"无物我"意味着人对山川草木等外部对象都要加以爱护和珍惜："是故亲吾之父，以及人之父，以及天下人之父，……以至于山川鬼神鸟兽草木也，莫不实有以亲之，以达吾一体之仁，然后吾之明德始无不明，而真能以天地万物为一体矣。"①这里的关怀对象既涉及生命意义上的存在，也包括无生命的存在：山川是无生命的对象，鸟兽草木则是有生命的存在。对王阳明而言，不管是无生命的对象，还是有生命的自然，都应以关切之心加以对待，由此可以形成天和人、自然和人之间的和谐关系。从今天看，天与人之间的这种和谐所涉及的，便是生态的平衡。

　　就儒学的衍化而言，在王阳明以前，孟子已提出"仁民而爱物"的观点，"仁民而爱物"中的"仁民"，意味着以仁道的原则对待一般的民众或社会成员；"爱物"则进一步要求把仁道的原则运用于人之外的其他对象，由此建立起普遍和谐的社会关联，并进一步达到人与天、人与自然的统一。"无人己"、"无物我"内含的看法，与之无疑前后相承，而其中所涉及的人与人、天与人的关系，也构成了人类命运共同体的相关方面。

　　进一步看，万物一体所隐含的天下情怀，同时又包含着对具有不同文化背景或具有文化差异的个体之尊重和宽容。王阳明一再提醒他的学生：与人讲学的时候，不能拿出一个圣人的架势，如果拿着圣人的架势去讲学，别人就会怕走。所谓拿着圣人的架势讲学，也就是从文化的优越感出发，以一种居高临下的态度对待他人，其中缺乏对不同文化背景的人的尊重和宽厚的意识。王阳明批评以上倾向，其

---

　　①　王守仁：《大学问》，《王阳明全集》，上海：上海古籍出版社，1992 年，第968—969 页。

前提是肯定对不同文化背景的人应当具有尊重和宽厚的意识。

如果将以上观念与《中庸》之中"道并行而不相悖"的思想联系起来，则可以进一步看到它与肯定文明多样性的关联。如所周知，《中庸》包含两个值得注意的观念，其一是"万物并育而不相害"，另一是"道并行而不相悖"。"万物并育而不相害"，主要涉及前面提到的"无人己"、"无物我"，其深层含义在于让这个世界中的不同的对象都有各自的生存空间，并获得进一步发展的条件。"道并行而不相悖"则关乎中国哲学中的"道"，后者既有本体论、形而上学的意义，表示普遍的存在原理，在广义上又指普遍的价值原则、道德理想、社会理想，等等，"道并行而不相悖"中的"道"更多地是就后一意义而言：这一视域中的"道并行而不相悖"，其内在意蕴在于肯定不同的价值原则、社会理想、价值理想可以相互并存而不彼此排斥，在引申的意义上，这一观念无疑可以进一步引向对文明的差异以及文明多样性的肯定和宽容，后者同时构成了人类文明共同体的内在要求。就此而言，王阳明心学中的"万物一体"说以及与此相关的观念，无疑从另一方面对今天理解人类命运共同体提供了一个不可忽视的观念背景。

五

"以心为体"所隐含的意义关切、"良知"所内含的责任意识、"万物一体"所涉及的天下情怀，同时面临具体落实的问题。在王阳明心学中，这一问题与"知"与"行"的关系相涉。如所周知，"知行合一"是王阳明对知行关系的总体概括。"知行合一"的具体内涵可以从不同的角度理解，在动态之维，它意味着先天的"良知"通过"行"的过程，逐渐达到比较自觉的意识。"知行合一"同时涉及"知"和"行"之间的互动，在这一意义上，一方面，"行"要由"知"加以引导以取得自觉形态:没有知的引导,行往往无法摆脱盲目性;另一方面,知必须落实于行:知而不行就等于未知,真正的知需要通过落实于行而得到体现。

从知和行相互统一的角度去理解人类命运共同体,便可以注意到,这一观念对把握、理解人类命运共同体也有其理论上的意义。就"知"而言,讨论人类命运共同体,涉及对人类命运共同体具体内涵的理解,包括将人类命运共同体与血缘意义上的自然共同体以及利益共同体区分开来、把握人类命运共同体所以可能的条件和前提,等等。

另一方面,人类命运共同体并不是现成的存在形态,它需要通过实践过程加以构建,所谓"构建人类命运共同体",也表明了这一点。在构建人类命运共同体的过程中,总是会涉及经济、生态、安全等不同方面。从经济上说,促进不同经济体之间的合理互动,形成有序的经济运行的模式,包括顺应经济全球化的趋向,反对贸易保护主义,等等,这一切表现为经济层面人类命运共同体构建所以可能的前提。从生态上说,以温室效应的控制、环境的保护等为指向的生态关切已经成为全球性的问题,在日益严峻的生态危机之前,每一个国家都不可能独善其身,良好的生态环境,需要全球不同地区的共同努力才能加以建构。在人类安全问题上,一方面,需要反对单边主义,避免仅仅从特定国家和地区的需要出发,罔顾全球性的安全关切,另一方面,又应当反对各种形式的恐怖主义、极端主义。真正的全球性安全格局的形成,离不开以上的双重努力。同时,在历史的衍化过程中,基于多样的历史背景,人类形成了不同的文明形态,从文明形态之间的关系看,其中任何一种文明形态,都不应被赋予主导性或绝对的优越性,相反,需要以承认差异、尊重多样性的角度来对待文明的不同形态。对文明差异和多样性的这种尊重和包容,也是构建和谐的人类命运共同体的题中应有之义。

从人类以及人类文明的发展来看,这里又涉及多样的前提,包括合理面对文明发展与科学的关系。科学是一把双刃剑,一方面,人类文明的发展离不开科学的进步,另一方面,科学本身如果缺乏引导和控制,也可能导致负面的结果。科学应当造福人类,而不是对人类发展构成威胁。今天,生物技术(包括基因技术)、人工智能等都得到了长足的发展,但科学的发展往往具有不确定性,其后果也难以完全预知,如何通过调节、引导、控制,避免科学技术可能产生的负面的结果,使之能够真正地造福于人类,并进一步引向和谐的人类共同体,无疑是今天在实践层面上需要关注的问题。这里既涉及"知",也关乎"行",心学中的"知行合一"观念,则从一个方面为理解和处理以上问题提供了思考的背景。

（原载《光明日报》2019 年 5 月 11 日）

中国思想史中的泰州学派

    在中国思想史中,泰州学派展现了其独特的个性。作为明中叶后形成的思想流派,泰州学派首先表现为由儒学发展而来的支脉,不过,它又趋向于使儒学走向民间、走向大众,从而在儒学的演化中表现了其自身特点。儒学本来有注重日用常行、肯定日用即道的传统,在泰州学派中,这一传统得到了比较突出的发展。泰州学派的成员每每来自社会下层,包括农夫、樵夫、盐丁、陶匠等,这些构成主体主要是一些普通的老百姓。由此,泰州学派强调"穿衣吃饭、接人接物"这样一些与社会生活比较贴近的内容。

    泰州学派的奠基者王艮曾有如下名言:"满街都是圣人"。圣人是完美的人格,所谓"满街都是圣人",当然并不是说街上遇到的所有人都已达到了圣人的境界,而是肯定一般的普通民众,包括街上的路人,都有其自身的内在价值,并应当成为被尊重、关切的对象。在泰州学派之前,王阳明已提出了类似的看法,在他看来,与人讲学,不能摆出圣人架子,"你们拿一个圣人去与人讲学,人见圣人来,都怕走了,如何讲得行"(《传习录下》)。所谓"拿一个圣人去与人讲学",也就是以一种居高临下的架势对待他人,其中缺乏对他人的尊重,否定这种态度,则意味着肯定他人的内在价值,"满街都是圣人"可以视为以上看法的进一步发挥。当然,后者同时体现了广义上的平民观念,在引申的意义上,其中多少包含着人人平等的意识,它从一个方面具体展现了泰州学派走向民间、走向大众的思想品格。

就学术渊源而言,如上述思想所表明的,泰州学派乃是从王学(王阳明的心学)发展而来。王阳明心学以心立说,又推重良知,作为心学的主要观念之一,良知表现为理和心的融合。在"理"与"心"两者中,"理"侧重于普遍性的原则,"心"则更多地与个体存在相关联。在王阳明的心学中,以上两个方面彼此相涉。比较而言,泰州学派较多地突出了王阳明心学中重视个体性的这一面。从历史的角度来看,这一立场有其独特的意义。除了与儒学走向民间的趋向一致之外,以上观念同时构成了中国传统思想走向近代的中介:它既从一个方面为中国传统思想与近代思想的沟通提供了历史前提,也为中国近代接受启蒙思想提供了传统的根据。

具体地看,泰州学派首先比较重视个体之"身",并提出了"保身"的观念:"知保身,则必爱身如宝"(《王心斋先生遗集》,卷一)。这里的"身"不同于抽象的本质,而是感性的、有血有肉的个体,对"身"的注重,包含着对个体生命的重视。个体的生命存在,涉及饮食男女等感性需要,包含自然之性等规定,与之相联系,肯定个体之"身"或个体的感性生命,同时包含着对自然人性的注重。相对于传统思想对人的理性本质的强调,近代的启蒙思想常常突出人的感性存在,并相应地肯定自然之欲的正当性,泰州学派对身的注重,无疑为接受近代思想提供了重要的传统源头。

与注重个体的感性存在相联系,泰州学派十分重视行为的自愿原则。王艮曾作《乐学歌》,其中表达了如下看法:"乐是乐此学,学是学此乐。不乐不是学,不学不是乐。"学和乐之间的关系在传统思想中较早已受到重视,孔子在《论语》中开宗明义便指出:"学而时习之,不亦说乎",其中已将"学"以及对"学"的习行与"悦"联系起来,王艮所说的"不学不是乐",大致上承了这一传统。不过,由此,王艮进一步强调"不乐不是学",把"乐"作为"学"的前提性条件揭示出来,这与仅仅肯定"学"中有"乐"显然包含不同的意味。

由此,泰州学派进而将肯定"乐"引向人的行为规范和普遍意愿之间的沟通。对泰州学派而言,个体的行为不应当只是机械地服从外在的规范,而是需要同时注重行为者内在的意愿。泰州学派反对仅仅强调"规矩戒严":"将议论讲说之间,规矩戒严之际工焉,而心劳勤也,而动日拙。忍欲饰名而夸好善,持念藏机而谓改过,正是颜子所谓己而必克之者,而学者据此为学,何其汗漫也哉。必率性而后心安,心安而后气顺。"(《王东厓先生遗集》卷一)"规矩戒严"所注重的是普遍规范对人的强制,在泰州学派看来,仅仅强调这一方面,常常导致行为的虚伪化,所谓"忍欲饰名而夸好善",便涉及这一点。与之相对,泰州学派肯定规范对人的引导不应只是强制性要求,而是需要尊重个体内在意愿,所谓"心安气顺"便体现了行为与人的内在意愿之间的一致。

注重自我的内在意愿,以肯定个体的价值为前提。事实上,泰州学派确实把个体提升到非常重要的地位,王艮一再肯定:"是故身也者,天地万物之本也,天地万物,末也。"(《王心斋先生遗集》,卷一)在此,个人不仅表现为自身的主宰,而且构成了天地万物所以存在的根据。基于以上看法,泰州学派进一步提出了以天地万物依于己的结论:"知修身是天下国家之本,则以天地万物依于己,不以己依于天地万物。"(《王心斋先生遗集》,卷一)"以天地万物依于己",意味着在本体论的层面,将个体放在本源性的位置。儒家的传统中本来包含着注重个体、自我的一面,从孔子的"为己之学",到《大学》的修身、齐家、治国、平天下,自我在不同意义上受到了关注:为己,以自我本身的完成、实现为价值目标;修齐治平,则将自我作为社会领域的主导力量。泰州学派的以上思想,可以视为儒学相关传统的进一步引申和展开。在个体与天下的关系中,泰州学派更为强调个体的主导作用,在著名的"淮南格物说"中,王艮便指出:"吾身是个矩,天下国家是个方,絜矩则知方之不正,由矩之不正也。是以只去正矩,却不在方上求,矩正则方正矣,方正则成格矣。""修身,立本也,立本,安身也,安身以安家而家齐,安身以安国而国治,安身以安天下而天下平也。"(《王心斋先生遗集》,卷一)"矩"相对于"方"而言,具有主动性和引导性:在作用于对象的实践过程中,人们总是以作为准则的"矩"衡量作为对象的"方",而非相反。同样,在泰州学派看来,天下是否得到治理,根源在于个体。这一观念既上承传统儒学,又下启而后的思想:明清之际的思想家所提出的"天下兴亡,匹夫有责",在某种意义上便可以看作是以上观念的进一步引申。

肯定个体的主导性,蕴含着对自我力量的确认。就自我与天命的关系而言,泰州学派提出了"我命虽在天,造命却由我"(《王心斋先生遗集》,卷二)的观念,强调个体具有"造命"的能力。"命"在传统哲学的理解中表现为具有一种必然性的力量,当然,在"命"状态下,这种必然性又被赋予某种神秘的色彩,成为个体无法左右的外在力量。对泰州学派而言,个体固然受到命的制约,但同时又可以通过自身的努力,形成新的发展趋向:所谓"造命",意味着个体的命运并不是既定而不可改变,其中包含着以个体内在力量抗衡外在天命的趋向。沿着以上思想方向发展,泰州学派把个体意志提高到突出的位置,以"意"为"心"的主宰,并肯定自我之意可以"自做主张,自裁自化"(《王一庵先生遗集》,卷一),这里所侧重的,乃是个体意志的自我决定。

"造命由我"与"自做主张,自裁自化"的观念相互结合,构成了对传统天命观念的一种反叛。历史地看,从先秦开始,儒家思想便表现出某种宿命论倾向。孔子把天命视为不可抗拒的力量,要求"畏天命";孟子也认为天命非人力所能驾驭。荀子虽然提出了"制天命而用之"的命题,但这一思想并没有能在儒学的主流思想中占主导地位。汉代以降,与尊天命、畏天命相联系的宿命论倾向以不同的形式绵绵相续。至两宋,以程朱为代表的正统理学进一步将天理规定为主宰万物的超验力量,并要求把个体的一切行为均置于天理的绝对支配之下,从而在某些方面使宿命论倾向得到了进一步的发展。相对于此,泰州学派强调主体并非消极地顺从天命,而是具有"造命"、"自做主张,自裁自化"的能力,这无疑是对传统的宿命论的一种挑战,它不仅对天命至上、天理至尊的正统观念作了直接的冲击,而且为近代思想的发展提供了重要的先导。

泰州学派趋向于平民化,重视个体以及个体的自愿,突出自我的力量,反叛外在天命,等等,这些思想不同于主流的儒学,而与近代的启蒙思想呈现某种相通之处,可以说,它在相当程度上为中国思想的近代走向提供了重要的理论资源。梁启超是中国近代有影响的启蒙思想家,他曾撰《新民说》,其中特别提到,该书"专述王子与其门下之言",之所以如此,是因为"所愿学在是,他虽有精论,未尝能受也"[1]。

---

① 梁启超:《新民说》,《饮冰室合集·专集》第 3 册,北京:中华书局,1936年,第 143 页。

这里的"王子"即王阳明,"门下"包括王门后学,泰州学派则构成了其中重要的代表。在此,作为启蒙思想家的梁启超已把王阳明以及泰州学派作为其重要的思想资源,后者同时影响着他对近代思想的吸纳和阐发。事实上,如前所述,泰州学派的思想在历史上确实构成了传统与近代之间沟通的思想中介。在今天看来,它的思想,包括对个体意愿的重视和关切以及其中展现的对人的自由的向往,对人的创造性的肯定,更广义上对平民化的追求以及其中蕴含的平等意识,等等,依然呈现多方面的意义,这些观念在经过转换之后,可以成为建构当代社会主义价值体系的重要理论资源。

"五四"思想与传统儒学①

　　"五四"运动既有政治意义,也有文化层面思想启蒙的意义。历史地看,西方近代的启蒙以文艺复兴为其前提,相对于此,"五四"的启蒙与传统文化的自我批判有着更多的关联。在形式之维,"五四"的思想启蒙又涉及理性及其多样的体现,其中既关乎理性的公开运用,也蕴含着理性的知性化,后者表现为以划界、区分、对峙为思维取向。在实质的层面,五四的思想家尽管趋向于传统与现代之间的划界和对峙,但其深层的观念依然与传统相涉:从"五四"的核心观念科学和民主与儒学的核心观念仁和礼之间的相分而又相融

　　① 本文系作者于 2019 年 5 月在《文史哲》杂志主办的"儒学价值及其现代命运:五四百年纪念"论坛上的发言记录。

中,便不难注意到这一点。以上思想现象包含多方面的意蕴。

一

就历史的变迁而言,文化运动在中国历史上古已有之。如所周知,唐宋时期有所谓古文运动,它以提倡古文、反对骈文为主要特点,但其内容不仅仅涉及文体改革,而且也关乎文学的思想观念,因而同时具有广义的思想文化运动的性质。明代则有复古运动,其取向在于反对台阁体,尽管与"文必秦汉,诗必盛唐"的主张相联系,它的内容主要关乎文学领域,但其中也有文化意义。"五四"作为文化运动与以上这一类文化运动的区别,不仅在于涉及更广的社会生活,而且更在于它具有明显的时代特征,这种特征具体表现为思想启蒙。

从思想启蒙这一角度看,启蒙运动当然并非仅仅发生于 20 世纪的中国,事实上,早在 18 世纪,西方便已出现了启蒙运动。然而,与西方的启蒙运动相比,"五四"运动具有自身的特点。西方 18 世纪启蒙运动以此前的文艺复兴运动为历史前提,尽管文艺复兴没有触及政治制度层面的问题,也未提出新的政治主张,它与西方传统文化的关系,更多地表现为以往文化的再度复兴。然而,通过冲击教会禁欲主义、促进文化和科学等领域的多方面发展,文艺复兴也为尔后广义上的启蒙运动作了某种历史准备。

可以看到,西方 18 世纪的启蒙运动以文化的复兴(文艺复兴)为历史前提,比较而言,中国"五四"运动更多地表现出对以往文化的批判性,这种批判在一定意义上表现为文化的自我批判。文化的自我批判当然也不是"五四"时期特有的思想现象,事实上,明清之际便已从不同方面呈现文化的自我批判意识,但是,"五四"运动自我批判和明清之际的文化自我批判之间存在重要差异,这种差异主要表现在:

明清之际的文化批判首先是面向过去,其目标是从所谓理学回到经学,或者说,从宋明时期的新儒学(理学)回归原初的儒学。比较而言,"五四"时期的文化批判,主要指向未来以及与之相关的新的观念世界。由此,以往历史传统和近代的观念、过去和现在、古与今、新和旧交织在一起,传统和现代之间形成了种种复杂关系,其中存在多重意义上的思想张力。

二

从思想趋向上看,"五四"运动涉及理性的观念。作为启蒙运动,"五四"具有广义的启蒙运动所具有的一般特点。如所周知,按康德的理解,启蒙意味着人类摆脱不成熟状态:"启蒙运动就是人类脱离自己加之于自己的不成熟状态。不成熟状态就是不经别人的引导,就对运用自己的理智无能为力。"人类的不成熟,与理性能力的限制相关联,因此,在康德看来,启蒙的更内在特点,在于理性的公开运用:"必须永远有公开运用自己理性的自由,并且唯有它才能带来人类的启蒙。"①这一意义上理性的公开运用和启蒙运动具有内在的一致性。理性的公开运用,也就是理性公共、普遍的运用。从外在方面看,它意味着拒绝权威主义的强加,否定权威主义对理性的限制;从自我本身而言,公开运用自己理性的自由,则趋向于理性能力的提升,拒绝无批判的盲从。

理性的这种公开、自由运用,同样构成了"五四"时期启蒙思想的内在要求。事实上,崇尚理性,便构成了"五四"的特点。当时的文化反

---

① [德]康德:《答复这个问题:什么是启蒙》,《历史理性批判文集》,何兆武译,北京:商务印书馆,1990年,第22、24页。

省、反对礼教、冲决网罗,都既基于理性的观念,也表现为公开运用理性的自由,在这方面,"五四"运动无疑体现了启蒙运动的一般特点。

除了与超越人类不成熟状态相涉之外,理性还有另外一重意义。历史地看,至少从康德开始,德国古典哲学便趋向于区分感性、知性、理性,这里的"知性"相对于感性和理性而言,与之相关的思维除了趋向于把过程截断为一个一个的横截面,并由此导向静态的、非过程的考察方式之外,其特点还在于把整体分解为一个一个的侧面,并由此引向划界和区分。以康德而言,尽管他也涉及理性以及理性层面的理念,但总体上却趋向于知性层面的思维,在他那里,现象与物自体、纯粹理性或理论理性与实践理性以及判断力,都处于彼此划界的形态。作为思维过程的一个环节,知性的思维方式无疑有其存在的理由,然而,如果自限于此,则可能形成负面的意义。康德的知性的立场曾受到黑格尔的批评。相对于康德,黑格尔更趋向于与知性相对的理性立场,这一意义上的理性较多地表现为跨越界限、以相互关联和统一的视野去理解这个世界和人类本身。

反观"五四"时期对理性的理解,可以看到一个值得注意的现象,即理性的知性化。"五四"时期,很多知识分子对理性的理解具有比较明显的知性印记,后者具体表现为思维趋向上的划界:新和旧、古和今、中和西都被视为彼此相对、界线分明的两端。凡新皆好,凡旧皆坏;凡今皆好,凡古皆坏;凡西皆好,凡中皆坏,"五四"时期的一些知识分子,往往未能跳出以上这一类思维框架。这种划界和分别固然是在理性的名义下展开的,但这一意义上的理性又有别于理性本来所具有的具体分析和批判性的内在规定。事实上,理性的知性化同时表现为对理性的某种意义上的偏离。尽管在当时的背景之下,这种思维趋向与彰显和引入近代观念的时代需要相联系,从而有其历史的缘由,但其中也多少蕴含了思维的限度。

三

"五四"的思想家尽管趋向于传统与现代之间的划界和对峙,但在其观念的深层,依然与传统无法分离。从积极的方面看,"五四"所倡导的启蒙观念包含民族忧患与人类关切二重向度。具有启蒙意义的新观念既被看作是民族层面富国强兵的前提,也被视为普遍的人类价值;不仅民族文化的价值意义需要以此为普遍的尺度来评价,而且民族的关切与普遍的人类价值关切也联系在一起。后者同时展现了世界的眼光。

以上体现的是特殊与普遍之间的交融。与之相关的,是历史层面现代观念和传统思想之间的关联。这里可以具体考察"五四"的核心观念与儒学的核心观念之间的关系。在实质的层面,"五四"以科学(赛先生)与民主(德先生)为其核心观念,传统儒学的核心观念则表现为仁与礼,二者呈现相分而又相融的关系。

从价值的层面来看,民主是政治的理念。在政治的视域中,建立政治秩序,实现社会有效合理的运行,这是"五四"时期的民主观念和儒学的"礼"的观念都追求的目标。但是在建立什么样的政治秩序、以什么方式进行政治治理这一问题上,"五四"时期所接受的民主观念和儒学所肯定的礼制却呈现了重要的差异。按照后来荀子的阐释,社会政治秩序的建立乃是基于"度量分界":"人生而有欲,欲而不得,则不能无求,求而无度量分界,则不能不争。争则乱,乱则穷。先王恶其乱也,故制礼义以分之,以养人之欲,给人之求。"①所谓"度量分界",也就是以礼为核心,将社会区分为一定的等级结构,并为等级

---

① 《荀子·礼论》。

结构中的不同成员规定与其地位相应的权利和义务。按儒学的理解,在缺乏如上社会区分的条件下,社会常常会陷入相争和纷乱的境地,而当社会成员都彼此各安其位、互不越界之时,有序的社会形态便能够建立起来。基于"礼"的"君君臣臣、父父子子"便是通过个体在政治(君君臣臣)、伦理(父父子子)等方面各自承担好相关角色,进一步建构不同层面的社会秩序。作为"礼"之延伸的纲常,则一方面内含对社会秩序的肯定,另一方面又将社会关系单向化,由此形成的秩序,更多地呈现等级之分。与之相对,"五四"所倡导的民主,以超越等级差别为前提,它所追求的是肯定权利平等前提下的政治秩序。在这里,平等之序与差等之序,形成了重要的分野。

然而,儒家的核心观念除了"礼"之外,还包括"仁"。"仁"既表现为普遍的道德原则,也具有政治层面的意义。从政治之维看,"仁"的内涵不仅体现在提倡仁政、主张德治或王道等方面,而且也表现在理解和处理深层面的政治关系之上。"仁"的基本前提之一是肯定人性平等,这一点,在早期儒学那里便不难注意到。孟子即指出:"故凡同类者,举相似也,何独于人而疑之? 圣人与我同类者。""尧舜与人同耳。"①其中便蕴含着在人性层面的平等观念,尽管这种平等意识在传统儒学中并没有落实于政治领域,而主要限于伦理之域,但它多少在历史层面为"五四"时期接受平等的观念提供了思想前提。

"仁"另一重意义体现于从仁道的原则出发理解和处理君与民的关系:"民为贵,社稷次之,君为轻。是故得乎丘民而为天子。"②"丘民"在宽泛意义上表示天下的普通民众,"得乎丘民而为天子",意味着唯有得到天下之民的拥护,才能成为真正意义上的君主(天子),在

---

① 《孟子·告子上》、《孟子·离娄下》。
② 《孟子·尽心下》。

这里,为民所认可("得乎丘民"),构成了君临天下的前提。这一意义上的"得乎丘民"同时表现为顺乎民意,就此而言,民意或多或少构成了政治权力获得正当合法的前提。与之相关的是反对杀一无辜以得天下:"行一不义、杀一无辜而得天下,皆不为也。"[1]"杀一无辜"蕴含着对个体生命的否定,"得天下"以获取政治权力为指向,在"杀一无辜"与"得天下"的如上比照中,个体生命被赋予较政治权力以更高的意义。这一仁道观念无疑内含着对个体生存权利的肯定。

在讨论儒学关于"民"的思想之时,人们通常区分所谓"民主"和"民本",与这种区分相联系的是强调儒学只有民本观念,后者(民本)又被视为与民主相对的政治取向。事实上,从以上所述可以看到,儒家思想并不能简单地用"民本"这一概念来涵盖,在实质的层面,它同时包含可以引向民主观念的思想萌芽。前面提到的以民意为政治权力正当合法的前提、"杀一无辜得天下而不为"所包含的对个体生存权利的肯定,等等,都在内在的思想取向上与民主政治具有相通性。相应于此,这一意义上的注重"民",也并非与近代的民主观念截然相分。

就"五四"时期而言,其中又存在不同的思想进路:在自由主义、社会主义或马克思主义、保守主义等分野中,便不难注意到这一点。具有不同思想趋向的思想家和知识分子对于民主的理解,也有不同的侧重。倾向于自由主义的知识分子往往更多地接受近代西方意义上的民主观念,具有社会主义趋向和马克思主义趋向的革命者则在引入马克思主义民主观念的时候,也吸纳了以往(包括传统儒学)的民本思想。直到现在,与民主法制一样,以民为本依然是一种重要的政治观念。历史地看,这里包含着多样的思想脉络,其中展现了传统

---

① 《孟子·公孙丑上》。

儒学与"五四"时期政治观念之间错综复杂的关系。

在儒学之中,"仁"又与自我的精神世界相联系,后者进一步展开为个体的自我认同与个体的责任意识。与自我认同、自我精神境界相关的,是"为己之学","为己之学"以成就自我为指向,其中包含着对自我和个体的肯定。然而,儒学同时又注重个体的社会责任,从家国到天下,儒学从不同方面突出了个体的伦理义务和政治责任,与之相联系,对于自我和个体,儒学往往侧重于其义务之维,自我本身则常常被理解为义务的主体,董仲舒所谓"义之为言我也",便表明了这一点:"义"主要与"当然"相联系,后者具体表现为人应当遵循的普遍规范,以"义"规定"我",意味着主要将自我视为普遍规范的化身,这一意义上的"我"更多地以大我为内涵。"五四"时期,历史进一步呈现出多样的格局,一方面,"救亡"的历史要求使群体的价值显得更为突出,责任和义务的观念也由此走向历史的前台;另一方面,基于民主的观念,个体的权利也逐渐受到了重视:相对于儒学之注重义务的个体,"五四"时期更侧重于权利的个体。

与"民主"问题上的不同理解相近,"五四"时期知识分子在看待"自我"或个体方面,也存在相异的趋向。一般而言,自由主义者更多地侧重于作为权利个体的自我,他们在倡导民主的同时,也引入了具有近代权利意识的权利个体。相对于此,社会主义者(包括马克思主义者),则更多地关注群体,李大钊提出"个性解放"与"大同团结"相统一的社会理想,"大同团结"便包含群体的关切,从中也可以注意到传统儒学在当时知识分子中的深层影响。

以上涉及"五四"时期的核心观念"民主"与儒学的核心观念"仁"和"礼"之间的关系。"五四"时期的另一个重要观念是科学,科学的观念和儒家的核心观念"仁"之间同样存在多方面的关联。"五四"时期,"科学"常常被具体化为科学精神和科学方法,并与面向事实、追求真实的主张联系在一起。就儒学的核心"仁"而言,其内涵在儒学中后来逐渐向多重方面引申,由"仁"到"诚",便是其中重要的衍化。在《中庸》之中,作为"仁"之展开的"诚"逐渐成为核心的概念。"诚"的涵义大致包括真诚和真实,前者关乎价值意义,后者则与"多闻阙疑"、名实一致等观念相联系同时呈现认识论和方法论层面的意义。后来王夫之以"诚"作为真实的存在、乾嘉学派把实事求是作为治学的第一原理、儒家经学在清代逐渐趋向于实证化,等等,从不同方面体现了"诚"的后一重意义,它所体现的是儒学在价值取向上的另一传统。

"诚"的价值内涵与面对外部自然意义上的科学精神无疑展现了不同的观念维度:价值意义上的真诚更多地体现在人与人的交往关系中,作为真实的"诚"则具体展现于人与物的互动过程,并涉及认识论和方法论上注重事实等方面的意义,后者与"五四"时期提倡的科学精神显然具有一致性。事实上,"五四"的知识分子,如胡适,便一再把乾嘉学派的治学方法与近代科学精神加以沟通,他们在整理国故等学术研究活动中所运用的所谓科学方法,则可以视为清代学者治经方式的某种延续,其中不难看到作为"仁"的具体化的"诚"所内含的注重真实、合乎事实的要求。"仁"、"诚"、"真实"这一儒学内在的思想脉络与"五四"时期提倡的科学精神之间的关联表明,作为"五四"时期核心观念之一的"科学"和传统意义上的儒学思想既非互不相关,也非仅仅彼此对立。

当然,从另一个方面来说,"五四"时期所推崇的科学精神与儒学的"仁"之间,也存在某种紧张。"五四"时期,科学不仅体现在科学精神、科学方法等方面,而且也表现在对人的理解之上。在科学的观念之下理解人,突出的主要是人的理性品格,而与"仁"相关的情意等规定,每每未能得到充分关注。对"五四"时期具有科学主义倾向的思想家而言,诸如"爱"、"美"这一类的情感,都可以作理性的分析,由此得出的逻辑结论便是,情感问题应当以科学方法加以解决:"关于情感的事项,要就我们的知识所及,尽量用科学方法来解决。"①对人的这种看法,又与物竞天择等观念相互联系,并由此在某种意义上模糊了人与其他存在的界限。胡适曾提出了一个所谓新人生观,其中重要的一项即为:"根据于生物学、生理学、心理学的知识,叫人知道人不过是动物的一种,他和别种动物只有程度的差异,并无种类的区别。"②类似的看法亦见于吴稚晖等,在回答"何为人"时,吴稚晖曾作了如下界说:"人便是外面只剩两只脚,却得了两只手,内面有三斤二两脑髓,五千零四十八根脑筋,比较占有多额神经质的动物。"③基于"科学"的这种观念或多或少表现出将人物化的趋向。比较而言,儒家所提倡的"仁",一开始便与人禽之辩相联系,其中所强调的重要观念之一,是人有别于并高于其他存在,所谓"人者,天地之心"、人"最为天下贵",等等,便表明了这一点。对儒学而言,人与物之别,具体体现于人具有道德意识,后者同时与"恻隐之心"等情感相联系:"恻隐之心,仁之端也"。传统儒学奠基于"仁"的以上观念,与"五四"时期具有科学主义倾向的知识分子对人的理解,似乎存在某种张力。

要而言之,"五四"的核心观念与传统儒学思想之间既相异,又相融,考察两者的关系,既要看到其间不同的价值取向,也要同时注意到其中内在的承继性。

---

① 唐钺:《一个痴人的说梦》,《努力周报》第 57 期,1923 年 6 月 17 日。
② 胡适:《科学与人生观·序》,《胡适文存》二集卷二,上海:上海书店出版社,1989 年,第 26 页。
③ 吴稚辉:《一个新信仰的宇宙观及人生观(续 4 卷 1 号)》,《太平洋》第 4 卷第 3 号,1923 年 10 月。

体用之辩与古今中西之争[①]

  "体用"是中国哲学的重要范畴。历史地看,"体"和"用"的概念在先秦已经出现,从魏晋时期开始,"体"和"用"作为一对范畴进一步被自觉运用。魏晋玄学家们对"体用"关系给予了较多的关注,王弼便把"体用"问题与有无、本末之辩联系起来,认为:"虽贵无以为用,不能舍无以为体也。舍无以为体,则失其为大矣。"[②]以后,随着中国哲学的演进,"体用"范畴得到

  ① 本文基于作者 2013 年 10 月在"严复:中国与世界"国际学术会议上的大会讲演,后刊于《哲学研究》2014 年第 2 期。

  ② 王弼:《老子道德经注·第三十八章》。参见《王弼集校释》,北京:中华书局,1980 年,第 94 页。又,该校释本此段前句为:"万物虽贵,以无为用",即增"万物"并以"贵"为断,这一表述于文、于义皆不甚畅,这里的引文按《四库全书》本及陶洪庆说校改。

了更为广泛而深入的讨论和阐发。从中国哲学的主流看,哲学家往往肯定"体用不二",反对分离或割裂"体用"。换言之,从"体用不二"的角度讨论理气、道器等哲学问题,构成了从魏晋到明清之际中国哲学主导性的观念。与有无、本末、理气、道器等问题相联系,"体用之辩"更多地呈现形而上的意义。

比较而言,清代乾嘉时期的学术主流转向朴学(文献考证),对义理层面的关注较之以往显得相对薄弱,从哲学意义上讨论"体用"等问题,也相应地趋于沉寂。然而,到了近代(包括晚清),"体用之辩"不仅在哲学意义上呈现某种复兴的趋向,而且其内涵也得到了多方面的转换。这种转换主要体现在:"体用"不仅仅呈现形而上的意义,而且与中西、古今等问题的讨论联系在一起。在哲学的层面,"体"和"用"首先表现为实体和属性、存在的内在根据与外在显现、实体和功能、"本"和"末"等关系,后者在宽泛意义上属天道之域。步入近代以后,随着"体用"关系和古今、中西这两个方面问题的融合,所涉问题也开始向人道(社会历史)的领域扩展。

以"体用之辩"与"古今中西"之争的交融为背景,相关的问题包括三个方面:"体用"、"中西"、"古今"。在这里,"体用"范畴依然延续了其本来所具有的形而上内涵。与"体用"相关的"中西",从外在形式看首先涉及空间之域,但其中又包含着文化内涵,后者主要体现为不同文化之间的关联问题,具体而言,中西文化之间能不能相互融合?如果能够融合,它们相互结合的基础是什么?究竟是以中国文化为本位来吸收西方文化,还是相反,以西方文化作为基础来吸收中国文化?等等。"古今"的本来涵义关乎时间关系,从其特定历史内涵看,这种时间关系又具体展现为传统和现代之辩:基于现代化发展的历史需要来汲取传统文化,还是返本开新或以传统文化为根据来应对现代化,如此等等。中国近代以来,"体用之辩"和"古今、中西之争"彼此交错,与之相关的是"中体西用"、"西体中用"以及"中体中用、西体西用"等不同的主张,这些观念既包含特定的历史意义,也有其历史的限度。

一

在"体用之辩"和"古今中西"之争的问题上,第一种思想趋向是"中体西用"论。历史地看,冯桂芬已提出了"中体西用"的基本观念:在《校邠庐抗议》中,他主张"以中国之伦常名教为原本,辅以诸国富强之术"[①]。1895 年 4 月,《万国公报》刊登了《救时策》一文,其中更明确地提出了"中学为体,西学为用"。1896 年,孙家鼐也提出类似主张:"自应以中学为主,西学为辅;中学为体,西学为用。"[②]1898 年,张之洞撰《劝学篇》,其核心的观念之一是"旧学为体,新学为用"[③],这里的"旧学为体,新学为用",实质上也就是"中学为体,西学为用"。可以看到,大致在 19 世纪后半叶到 19 世纪末,"中体西用"的观念逐渐形成。

从内在的涵义看,"中体西用"中的"中"主要涉及观念层面的文化内容,具体而言,指中国传统的价值体系,即冯桂芬所说的"伦常名教"。"中体西用"中的"西"则指西学,即西方在科学技术方面的知识系统,在引申的意义上,作为"用"的"西"也兼及器、技、工具等层面。与"中"、"西"的以上内涵相应,"'中体西用'"这一命题包含多方面的涵义。首先,"中体西用"意味着以传统的价值观念为根据或

① 冯桂芳:《校邠庐抗议·采西学议》。
② 孙家鼐:《议复开办京师大学堂折》,载顾明远主编:《中国教育大系·历代教育制度考(二)》,武汉:湖北教育出版社,2004 年,第 1836 页。
③ 张之洞:《劝学篇·设学》。

主导之维,以事实层面的知识以及与此相关的物质层面的器、技为功能或从属之维。不难看到,这里包含着对"知识"和"价值"、"观念性的存在"和"现实的存在"之间关系的抽象理解:从观念和现实的关系看,观念为"体",现实为"用";从知识和价值关系看,价值为"体",知识为"用"。

就形而上之域而言,正如严复后来所批评的,"中体西用"包含着"体"和"用"之间的分离。根据中体西用论,"中"和"西"分别代表不同的文化形态,而"体用"分别被归属于这两种不同的文化形态:"中"仅仅是"体","西"纯然为"用",不同的文化形态分别被归入相异的"体"和"用"。与不同文化之间的分别相应,"体"和"用"也呈现分离的形态:"体"完全与中国传统价值相联系,"用"则仅仅指西方的观念,"体用"之间完全平行,不存在内在关联。

不过,就中西文化之间的关系而言,"中体西用"又蕴含另一层面的涵义。后者具体表现为:以中国传统文化观念为主体,以吸取西方文化,其中包含外来文化的输入需要基于本土文化之意。在这一视域中,"中体西用"意味着肯定不同文化之间可以相互作用,而这种互动又无法离开本土文化。不难注意到,从"中体西用"本身的理论系统看,这里包含着一种内在张力:一方面,如前所述,在形而上的层面,将中国文化仅仅归之于"体",西方文化纯然理解为"用",无疑包含着"体用"之间的分离;另一方面,在传统的中国哲学之中,"体用"范畴本身又内含相互的关联:"体用不二"是讨论体用关系时主导性的观念,"中体西用"论在某种意义上也基于"体用"范畴本身所蕴含的如上含义,以论证中西文化之间可以互动,后者在理解不同文化之间的关系方面,显然展现了积极的意义。如所周知,佛教进入中国的过程,已提供了不同文化交融和互动方面的先例。佛教在传入中国的过程中,曾经历了一个中国化的过程,佛教的玄学化、禅宗的出现,可以视为佛教中国化的不同形态，这一过程同时表现为佛教不断适应中国文化并与之交融的过程。"中体西用"论在某种意义上体现了与以上历史衍化相一致的观念。

与"中西"相关的是"古今"问题。"中西"关系主要涉及空间意义上不同文化形态上的关系，"古今"则涉及时间之维上现代化与传统文化之间的关系。与之相联系，在"古今"关系的层面，"中体西用"意味着基于传统的价值体系和价值观念以应对现代化。这里也包含着两重性：一方面，以上观念并非仅仅限定于传统价值系统、完全排斥现代化，而是强调现代化的发展需要传统的根据；另一方面，在"中体西用"的总体格局之下，对传统文化和现代化之间关系的理解，仍主要建立在"返本开新"的观念之上，后者包含着如下可能的走向，即维护传统道统，以此抑制现代化的发展。以上两个方面可以看作是"古今"关系问题上，"中体西用"论所蕴含的两重基本趋向。

不难看到，以"体用之辩"和"古今中西之争"为背景，"中体西用"论包含着内在的复杂性，其中既有割裂"体用"关系以及在中西文化、传统和现代之间关系方面的片面理论倾向，也隐含着一些值得关注的观念。对近代语境中"中体西用"所具有的含义，需要注意以上的复杂性、多方面性。

二

在"体用之辩"和"古今中西之争"中，与"中体西用"论相对的另一种观念，是所谓"西体中用"论。"中体西用"大致形成于 19 世纪后期，特别是 19 世纪末，"西体中用"则出现于 20 世纪 80 年代。对"西体中用"作比较系统阐发的，主要是李泽厚。

从形式上看,李泽厚所说的"西体中用"在用词上与"中体西用"相通,只是对"中"与"西"的秩序作了颠倒。然而,在"西体中用"的命题之下,李泽厚同时给予"体"和"用"以独特的含义。对此,李泽厚曾作了明确的概述:"我用的'体'一词与别人不同,它首先指的是社会本体,因此便包括了物质生产和日常生活。我曾一再强调社会存在是社会本体,把'体'说成是社会存在,这就主要不是意识形态,即不只是'学'。社会存在就是社会生产方式和生活方式,也就是人们每天都过着的现实日常生活。这是从唯物史观看的真正的哲学本体,是人存在的根据。现代化首先是这一'体'的变化,在这一变化中,科学技术扮演了非常重要的角色,科学技术是社会本体存在的基础,因为由它导致的生产力的发展确实是使整个社会存在发生变化的最根本的动力和因素。所以科技不是'用',恰好相反,它们属于'体'的范畴。"①要而言之,"西体中用"中的"体",首先被用于指称社会存在、日常生活、工具本体,等等。由此,李泽厚进一步将他所理解的"体"与张之洞为代表的中体西用论所说的"体"区分开来:"我的'体'与张之洞讲的'体'正好对立。一个(张)是以观念形态、政治体制、三纲五常为'体',一个(我)首先是以社会生产力和生产方式为'体'。"②

关于"西体中用"中的"用",李泽厚作了如下解说:"这个'中用'既包括'西体'运用于中国,又包括中国传统文化和'中学'应作为实

---

① 李泽厚:《西体中用简释》,载《中国文化报》,1986 年 7 月 9 日,又见李泽厚:《漫说"西体中用"》,《中国现代思想史论》,北京:人民出版社,1987 年,第331—332 页。

② 李泽厚:《西体中用简释》,载《中国文化报》,1986 年 7 月 9 日,又见李泽厚:《漫说"西体中用"》,《中国现代思想史论》,北京:人民出版社,1987 年,第332 页。

现'西体'(现代化)的途径和方式;在这个'用'中,原来的'中学'就被更新了,改换了,变化了。在这种'用'中,'西体'才真正正确地'中国化'了,而不再是在'中国化'的旗帜下变成了'中体西用'。"①"'西体中用',关键在'用',如何使中国能真正比较顺利地健康地进入现代社会,如何使广大人民生活上的现代化能健康地前进发展,如何使以个人契约为法律基地的近现代社会生活在中国生根发展,并走出一条自己的道路,仍然是一大难题。"②一方面,西方近代发展起来的科学技术、工具本体,面临着一个以什么样的方式更恰当地运用于中国特定背景的问题;另一方面,则是如何以中国传统文化、观念去抑制现代科学技术、工具本体的发展可能导致的负面影响。综合地考察李泽厚的观点,即可注意到他对这方面的不少思考。在他看来,中国传统文化的特点之一是所谓注重乐感文化,同时,中国文化重视"情",包括关注亲情,他后来提出的"情本体"论,也以此为其传统之源。对李泽厚而言,以上方面对抑制科学技术单向发展可能带来的诸如人情冷漠、权利至上,等等,具有积极意义。可以看到,"用"的涵义在此已经被作了某种转换:它不再仅仅指通常所说的属性、功能,而是与适用、适合、应对等相关。

与"体"和"用"相关的是"中"和"西"。李泽厚所说的"西体中用"中的"西",既指产生于西方的科学技术、工具本体,也指西学,包括马克思主义:"要用现代化的'西体'——从科技、生产力、经营管理制度到本体意识(包括马克思主义和各种其他重要思想、理论、学说、观念)来努力改造'中学',转换中国传统的文化心理结构,有意识地

---

① 李泽厚:《漫说"西体中用"》,《中国现代思想史论》,北京:人民出版社,1987年,第338页。

② 李泽厚:《再说"西体中用"》,载《世纪新梦》,合肥:安徽文艺出版社,1998年,第178页。

改变这一积淀。"①与"西"相对的"中",则既指中国现实的社会存在形态,也指中国传统的思想、观念。在这一意义上讲"西体中用",一方面关乎西方的理论、学说如何应用于中国的现实、如何适应中国的历史情境,另一方面也涉及中国传统的思想如何应对西方文化发展过程中可能产生的问题。这里既关涉社会存在与社会观念的互动,并蕴含着肯定社会存在、日常生活对观念具有本原意义的思想内涵,也涉及中国文化与西方文化的互动,包括中国文化对西方近代科学发展可能带来的负面趋向所具有的抑制、调节作用。

当然,在"西体中用"的论域中,以"体用"来谈"中西",本身也可能导致各种理论的问题,并容易使所讨论的问题模糊化、歧义化。从深层内涵看,"西体中用"所说的"中西"有其特定的历史内涵,后者具体表现为,二者分别代表了中西不同的文化形态。"体用"作为一个形而上论域中的范畴,则包涵着本和末、实体和属性、根据和显现、主导和从属等含义。这样,当我们用"体用"去说明"中西"时,便难以恰当地揭示二者的真实关系:中西文化之间的关系,显然无法简单地等同于本和末、实体和属性等关系。从"体用"关系的角度来谈"中西",无疑容易引发某种理解上的误导。

作为"中体西用"的反命题,"西体中用"赋予"体用"、"中西"以新的内涵,并对二者关系做了新的理解。从"体用之辩"和"古今中西"之争的层面看,由"中体西用"到"西体中用",无疑体现了观念的重要转换。然而,如上所述,在转换"体用之辩"和"古今中西"之争历史内涵的同时,"西体中用"本身也内含着自身的问题。

---

① 李泽厚:《漫说"西体中用"》,《中国现代思想史论》,北京:人民出版社,1987年,第337页。

三

　　从中国近代思想的历史演进看,在"中体西用"和"西体中用"之外,还存在关于"体用之辩"和"古今中西之争"的另一重趋向,这就是严复所代表的观念。从时间上看,严复的"体用"与"中西古今"观大致形成于 19 世纪末,从而与"中体西用"具有同时代性,事实上,严复首先以批判"中体西用"论为其出发点。然而,从逻辑上看,其思想趋向则似乎处于"中体西用"和"西体中用"两端之间。

　　如前所述,"体用之辩"和"古今中西之争"涉及三重关系,即体用之间、古今之间和中西之间。在"体用"关系上,严复首先强调"体用不二"。在当时的历史背景下,他批评的对象主要是"中体西用"论,而其立论的出发点则是"体用不二"。严复指出:"体用者,即一物而言之也。有牛之体,则有负重之用;有马之体,则有致远之用。未闻以牛为体,以马为用者也。"[①]这里首先肯定,"体"、"用"乃是就同一个对象而言:有此对象之"体",方有此对象之"用","体"和"用"不能割裂为二、分别置于不同对象之中。在严复看来,"中体西用"论在形上层面的最大问题,即在于把"体"和"用"分别置于"中"和"西"之中:"体"归之于"中","用"则归之于"西"。通过否定"中体西用",严复同时从形而上的层面肯定了存在的根据和存在的显现、实体和功能不可分离。这种观念基本上可以看作是中国传统"体用不二"思想在近代的延续。

　　在严复那里,"体用"之辩同时又与"道器"之辩相联系。从"道"

---

　　①　严复:《与〈外交报〉主人书》,《严复集》第三册,北京:中华书局,1986 年,第 558—559 页。

和"器"的关系看,"体用不二"同时意味着"道"在"器"之中。在中国哲学中,"道"既指存在的法则,又关乎普遍的原理,后一意义上的道可以进一步引申为一般的观念、学说、理想。相对于普遍之"道","器"主要呈现为具体的对象或现实的存在。从"道""器"关系谈体用,则"器"为体,"道"为用。"道""器"的统一,表明一般的观念、原理以现实的存在为根据。这一看法与严复之后李泽厚对"体用"关系的理解具有一致性:如上所言,李泽厚对"体用"关系理解的特点之一,即在于肯定观念系统与社会存在之间的联系。

基于"体用"和"道器"问题的以上看法,严复阐述了他在"中西"关系问题上的如下观点:"故中学有中学之体用,西学有西学之体用,分之则并立,合之则两亡。"①质言之,中学之"体"决定中学之"用",西学之"体"规定了西学之"用"。这种观点可以简要地概括为:"中体中用,西体西用",它既不同于"中体西用"论,也有别于"西体中用"论,从而构成了近代中国在"体用之辩"和"古今中西之争"问题上的第三种观点。从中西文化的互动这一角度看,严复所提出的"中体中用,西体西用"论或"中西各有体用"说包含多方面的涵义。

以中西关系为视域,便不难注意到,"中体中用,西体西用"论首先为比较完整地引入西方文化提供了根据。按照"中体中用,西体西用"之论,西学之"用"与西学之"体"无法相分。在当时,一般将富国强兵视为西学之"用",根据西学之"用"与西学之"体"不可相分的原则,则欲达到富国强兵之"用",便必须同时引入西学之"体"。所谓西学之体,不仅涉及西方近代的器、技,而且包括更广意义上的价值原则、经济体制、社会治理方式,等等。这一看法无疑超越了"中体西

① 严复:《与〈外交报〉主人书》,《严复集》第三册,北京:中华书局,1986年,第559页。

用"论只承认西学之"用",不认可西学之"体"的思想趋向。

从古今关系这一角度看,"中体中用,西体西用"(体用不可分离)的观念同时也避免了以传统的价值系统或传统的道统来抑制近代化的发展。如前所述,体用关系与道器关系无法相分,器是现实存在(包括科学技术、社会存在),道则是一般原理以及普遍的观念,引申而言,也包括广义上的传统价值系统。根据"器"体"道"用论,"器"作为现实之"体",决定着以价值观念的形式所表现出来的"道",而不是相反。对体用、道器的以上理解与中体西用论显然彼此相对:后者趋向于将社会发展的根据归为传统的道统或传统的价值系统,并主张"返本开新",亦即完全基于传统的伦常名教系统以应对近代化过程。对严复来说,传统之"道"无法决定近代之"器"。这里既可以看到道器观上的不同观点,也不难注意到价值观上的相异立场。

由上述观点出发,严复把引入和学习西方文化放在更为优先的地位,并进而为接受西方的近代文化提供了更为内在的根据。严复以学校教育为例,对此作了论述:"今日国家诏设之学堂,乃以求其所本无,非以急其所旧有。中国所本无者,西学也,则西学为当务之急明矣。"①简言之,在当时的背景之下,首先应该把西学的引入作为当务之急。不管从古今关系看,还是就传统和近代之间的互动而言,以上观点都反映了当时的时代需要并顺应了历史演进的趋向。通过教育重心的以上确认,严复同时也将其"中体中用,西体西用"论进一步展开并具体化了。

然而,如果对严复在"体用之辨"和"古今中西之争"方面的看法作进一步的考察,便不难注意到,其中既有正面的、积极的意义,也包

---

① 严复:《与〈外交报〉主人书》,《严复集》第三册,北京:中华书局,1986 年,第 562 页。

含了某种消极的趋向。后者首先表现在,以"中体中用,西体西用"为出发点,往往容易引向中西文化的分离。按严复的理解,中学有中学的体用,西学有西学的体用,从逻辑上看,既然中西各有体用,则两者便可以互不相关:中西文化自都包含自身的体和用,从而呈现内在的统一,但中西之间却缺乏相互交融、彼此互动的关系。基于这种观念,严复在主张引入西方传统文化的同时,常常既忽视这种文化的引入需要以本土文化为根据,也未能注意到二者的融合问题。前文所提及的"中体西用"论和"西体中用"论尽管对中西文化存在不同理解,但都肯定中西文化之间具有交融、互动的关系。然而,在"中西各有体用"论的视域中,中西文化之间的交融问题似乎被消解了。在这一方面,较之"中体西用"论或"西体中用"论,严复的看法显然更多地呈现片面的趋向。与以上偏向相联系,在介绍西学、批判传统中学的过程中,严复往往把西学和中学不适当地对立起来,甚至将中学完全排斥在学术之外。在《救亡决论》一文中,严复便表达了以上观点:"是故取西学之规矩法戒,以绳吾'学',则凡中国之所有,举不得以'学'名。"[1]这种看法使严复既未能对中学中积极的方面和消极的方面作具体的区分,又使之在引入西学的过程中呈现与中国传统思想疏离、隔绝的特点。

严复同时代的章太炎,已注意到了严复的以上局限。他曾批评当时介绍西学的各种偏向,其中特别提到:"只佩服别国的学说,对着本国的学说,不论精粗善恶,一概不采,这是第一种偏心。"[2]尽管这里没有具体提及严复之名,但其批评所向,显然涉及严复所表现出来的

---

[1]　严复:《救亡决论》,《严复集》第一册,北京:中华书局,1986 年,第 52 页。

[2]　章太炎:《论教育的根本要从自国自心发出来》,《章太炎政论选集》,北京:中华书局,1977 年,第 505 页。

偏向：仅仅推崇别国之学，完全不采本国之学，也就是在引入西学时，忽视如何与中国传统文化相融合的问题，后者在某种意义上确实构成了严复在理解中西文化关系方面的内在局限。

前面提到，在中国近代，古今与中西这两个问题密切结合、难以分割。对此，严复本人也有自觉的意识。在比较中西文化之间的差异时，严复指出："尝谓中西事理，其最不同而断乎不可合者，莫大于中之人好古而忽今，西之人力今以胜古；中之人以一治一乱、一盛一衰为天行人事之自然，西之人以日进无疆，既盛不可复衰，既治不可复乱，为学术政化之极则。"①依此，则中西之别也就是古今之异。与此相应，中西的分离也意味着古今的分途。在这样的视野之下，传统与现代之间的张力，便难以避免。如前所述，"中体西用"论和"西体中用"论尽管立场不同，但都从不同意义上注意到中西之间的互动以及传统与现代之间的关联。在这一方面，严复所提出的"中西各有体用"论，似乎较之"中体西用"论和"西体中用"论呈现更多的理论限度：从"中体中用、西体西用"论或"中西各有体用"说出发，中西之间的相互作用、古今之间的历史联系显然难以得到充分的关注。历史地看，"体用之辩"与"古今中西之争"构成了中国近代以来的重要文化论争，这一论争中所展现的不同趋向，往往各有所见，也各有自身的限度，严复在这一问题上的看法，似乎也未能例外。

四

如前所述，体用关系是传统的哲学论题，步入近代以后，体用之辩呈现复兴之势，这种复兴同时伴随着其内涵的扩展，后者主要表现

---

① 严复：《论世变之亟》，《严复集》第一册，北京：中华书局，1986 年，第 1 页。

为体用之辩和中西之辩、古今之辩的相互交错、融合。就其内涵而言,中西涉及空间意义上不同文化体系之间的关系,古今则关乎时间意义上传统和现代之间的关系。在这里,形而上的内涵和社会历史、社会价值问题交织在一起。与之相联系,体用之辩在近代经历了一个从形而上的层面扩展到社会历史、社会价值层面的转换。这种转换构成了中国近代哲学演进过程中的重要现象。

历史地看,中国传统社会的演变呈现相对稳定的形态,除了朝代的更迭,社会结构本身没有发生根本性的变化。然而,进入近代以后,历史却经历了前所未有的剧变,所谓"三千年未有之变局",也从一个方面反映了这一点。这种历史变迁同时构成了中国近代哲学观念衍化的重要背景:在社会相对稳定的前提下,理论的关注往往主要限于理论之域本身,而在社会剧烈变迁的条件下,社会、历史领域的问题常常更容易渗入哲学论辩的领域。传统的体用之辩之超越形上的层面而获得社会历史和社会价值的内涵,似乎也折射了历史变迁与哲学思辨的以上关联。

以近代思想的变迁为视域,可以注意到,体用之辩的扩展本身包含多方面的意义。在"体用之辩"与"古今中西之争"的交融中,不仅体用范畴本身被赋予更丰富的内涵,而且近代思想家对中西文化之间关系的把握以及中国现代化过程的理解也获得了某种独特的理论框架:在中国近代的特定背景之下,体用范畴为理解、解释中西文化之间的关系以及传统与现代之间的关系提供了一种哲学的概念。以"中体西用"论和"西体中用"论而言,二者都在"体用"范畴的框架之下,肯定中西文化、传统与现代之间的历史关联,比较而言,"中体中用、西体中用"论或"中西各有体用"说通过对体用关系的不同阐释,则更多地注意到以上两者之间的相异性。无论是在体用的范畴之下突出中西之间、古今之间的历史联系,还是在此范畴之下强调两者的内在差异,对于深化相关问题的理解和把握都有其理论和历史的意义。

　　然而,"体用"作为形而上的范畴,本身又有自身特定的涵义,后者首先体现于本与末、实体和功能、内在根据与外在显现等关系。在逻辑上,"体用"的以上关系包含两个方面。首先是体用之间的相互作用或"体用不二",传统哲学在论述体用之间的以上关系时,往往强调"体用一源,显微无间"、"即体而言用在体,即用而言体在用"。①这些看法都肯定了体用之间的相互关联和互动。另一方面,以本与末、实体和功能、内在根据与外在显现等关系为具体内容,体用之间的关系又包含着主从(主导与从属)之维。与之相联系,以"体用"这一范畴去解释中西、古今关系,在理论上也包含两重可能的趋向:或者基于体用不二,肯定中西、古今之间的内在关联;或者从主从的角度,定位以上关系。从逻辑上看,在"中体西用"或"西体中用"的观念形态之下,往往容易把中西和古今等不同的文化形态之间的关系等同于本末、实体与属性、根据与显现一类的关系,由此将引向理解上的偏差。事实上,从"中体西用"论或"西体中用"论对古今、中西关系的解释中,确实也可以看到以上偏向。以"中体西用"论而言,从体用关系出发,"中体西用"论往往把中国传统的价值体系视为"体"或"本"(主导的方面),而把西方文化看成"用"或"末"(从属的方面),由此,本末关系就被移植到对中西文化的理解之中。对古今关系看法也是如此,所谓"返本开新",也就是以传统道统作为近代社会文化发展的根据,其中也蕴含将古今关系理解为本末关系的趋向。在这种理论视域之下,对中国文化和西方文化以及传统与现代之间的关

①　程颐:《易传序》,《二程集》第三册,北京:中华书局,1981 年,第 689 页;王阳明:《传习录上》,《王阳明全集》,上海:上海古籍出版社,1992 年,第 31 页。

系,显然很难达到真实的理解。

就"中体中用,西体西用"或"中西各有体用"的观念而言,其理解固然避免了前面提到的从本末、主从等关系去理解中西、古今关系,但对中西文化和古今文化之间的内在关联与互动,却未能给予适当地把握:在逻辑上,这种观念隐含着将两者加以分离的可能。要而言之,在"体用之辩"的框架下讨论古今、中西问题,往往或者肯定二者的关联和互动,但同时又导向以主从、本末的维度去规定两者关系,或者注意到这两者的分别,但又趋向于将两者判然相分。这种现象表明,从"体用之辩"出发去解释传统文化和现代化、中国文化和西方文化之间关系,一开始便包含了自身的理论限度。

附录一

从"道"到"事"[①]
——哲学问答

一 引 言

以事观之,主要是从"事"这一角度出发来对人和世界加以理解,而不是对"事"本身做出某种终极的哲学论述。现实世界与真实存在的生成过程本身与人所从事的多样活动——人所作的多样之事——无法相分。西方没有类似"事"这样的概念,从一个方面表明了中国哲学的独特意义:中国哲学包含不少其他文化传统所缺乏的概念,后者有助于我们更深入地理解现

---

① 2019 年 12 月 10 日,华东师范大学哲学系部分师生就相关问题对作者作了访谈。本文系问答记录的整理稿。提问者包括:刘梁剑,潘斌,徐竹,夏小雨(Sharon Small),安谧,程能的,高菱,张潇,董起帆,王文祺,丁宇,杨超逸等。

实世界和人类生活。就意识的层面而言,作为意识主体的自我和作为反观对象的自我之间的关联实实在在地发生于做事过程。在事的展开过程之中,知识与价值的问题密切联系在一起,做事既需要解决做什么的问题,也需要解决怎么做的问题。从事的角度来看,儒道两家的理想人格呈现出不同的特点。道家以自然为第一原则,主张"为无为",儒家则更重视参与活动的合目的性。从事的角度来理解世界和人,既着眼于大的哲学问题,也关注于伦理学、语言哲学等具体领域的思考。

二、"以 事 观 之"

问:突出"事"这一范畴,是出于哪些考量? 如果不特别将"事"提出,哪些问题容易被遮蔽或讨论不彻底?

答:先做一点澄清吧。用"事哲学"或者"事的哲学"来概括我的思考,似乎不很恰当。当然,相对说来,从表述上看,"事的哲学"要比"事哲学"好一点。总体上,"事哲学"或"事的哲学"容易被理解为专门对"事"这一特定范畴做哲学的考察。但是我所做的工作,实际上更多地是以"事"作为视域来理解或说明世界与人类活动,简言之,这是从"事"的角度出发来考察人和世界,而不是对"事"本身做出某种终极的哲学论述。

为什么会提到"事"的概念? 其中当然有各种具体的因缘。如果从较为哲学的层面来看,则如刚才所说,我主要关心的问题还是如何更具体地理解人和世界。哲学总要思考一些大的问题,像人和世界这样的问题是无法回避的。至于如何切入,从哲学上看有不同的进路。大体而言,我们可以看到,一是从物的角度来理解世界,或可概括为"以物观之",它的特点是注重世界和人自身的实在性。但另一方面,这种考察又带着外在观照的意味。物是与人相对的对象,基于物而理解这个世界,容易流于被动的直观,由此出发,对于人和世界、人与人之间的相互作用过程则往往不免会有所忽略。

另一种思路,主要是从心的角度去理解人和世界的关系。心包括不同方面的形态,诸如经验、感觉、理性、直觉、意志,等等。哲学史上有很多哲学家常常分别从心的不同形态来理解这个世界。"以心观之",从一个方面来说不同于静态的观照,其中包含着构造的意味,但这种构造又带有观念层面抽象思辨的特点,这种思辨的构造显然难以引导我们走向真实的世界。

晚近以来,特别是20世纪以来,出现了语言学转向,与之相呼应的是"以言观之"的哲学进路,其内在取向是试图基于语言来理解世界。语言当然是我们理解世界不可或缺的形式,但是,"以言观之"成为一种哲学进路之后,往往使语言本身变成了某种界限:人对世界的理解被仅仅限定在语言的层面之上,无法越语言之雷池半步。分析哲学多多少少有这样一种趋向。分析哲学家的论述过程,往往建立在假设、思想实验等基础之上。认识论上被高度重视的所谓盖梯尔问题,便建立在几个假定及思想实验之上,这些假定及思想实验同时又带有随意构造的性质,诸如谁的口袋里正好有多少硬币、谁碰巧拥有某种型号的汽车,等等,基于这种具有随意性、偶然性、运气性的任意假设,能否真实地解释人的认识过程和知识的实质,这无疑是需要再思考的问题。

不难注意到,"以物观之""以心观之""以言观之",这些进路都有各自的问题。基于事的角度来理解人与世界的关系,体现了与之不同的思路。在我看来,我们生活于其间的现实世界不是凭空而成,也不同于洪荒之世的本然存在,而是基于人自身的活动,具体而言,也就是以广义上人做事的过程为条件而产生的。离开了人做事的过程,也就没有我们生活于其中的世界。中国哲学所说的"赞天地之化育"实际上已有见于人参与了现实世界的生成,而这一参与活动具体就展开为广义上人做事的过程。就人自身而言,人也是因事而在:人的存在离不开人做事的过程。

这里所说的"事",可以追溯到早先中国哲学关于"事"的理解。宽泛意义上的"事",也就是人之所"为"或人之所"作"。《韩非子》说:"事,为也"。上博简《恒先》也说:"作焉有事,不作无事"。这里所说的"为"或"作"大致可以区分为两重形态。首先,人的所思所虑以及科学探索、艺术创作,都是人之所作。这一类活动侧重于观念层面,可以视为作为观念活动的"事"。观念活动更多地与心相联系,前面所说的"以心观之"每每引向"以心法起灭天地",作为观念活动的"事",则是基于现实的存在。另一方面,"作"可以与人之身相联系,表现为感性的、对象性的活动,后者与实践、行相关。可以看到,中国哲学所讲的"事"涵盖了人所从事、所展开的各种形态的活动,既包括观念性的活动,也包括对象性的活动。

现实世界本身生成于人做事的过程,人自身也与做事过程无法分离。因此,要真切地理解这个世界,理解人的存在本身,便无法撇开具有本源意义的做事过程。我之所以立足于"事",也是基于如上事实,而不是刻意或别出心裁地去考虑"事"这样一个概念。这又回到了一开始所作的澄清:我的思考不宜称为"事"哲学。另外,这也间接地回答了前面所提出的问题:不从"事"的角度出发,会忽略哪些东西。如果不以事观之,而是像以往哲学家那样以心观之、以物观之或以言观之,那么就不能真切地理解现实的世界和现实的人。我们所要把握的,并不是人之外无法达到本然世界或洪荒之世,而是现实世界、真实存在,这一意义上的现实世界、真实存在,其生成过程本身与人所从事的多样活动(即人所做的多种多样之事)无法相分。

问：马克思在《费尔巴哈提纲》中明确表述，人的思维是否具有客观的真理性，不是一个理论的问题，而是一个实践的问题，人应当在实践中证明自己的真理性、自己思维的现实性和力量、自己思维的此岸性。毛泽东对"实事求是"进行了现代阐释。实事求是反映在价值层面，就是要从实践活动、实践结果出发，来理解和评价我们活动的价值。那么"以事观之"的价值观，是否可以理解为基于具体情境、实际的效用而不断调整修正的实践智慧？

答：这个问题首先涉及事与实践的关系问题。我们是否可以用"实践"这个范畴来取代"事"，我的基本看法是，"事"作为范畴具有更广的涵盖性。

从"实践"这个概念来说，它从古希腊开始，经过康德、黑格尔到马克思，以及中国化的马克思主义，经历了源远流长的发展过程。在从亚里士多德到康德的传统当中，所谓实践基本上被理解为伦理的、政治的活动。到马克思那里，实践才与劳动、生产活动联系起来，被赋予更为本源和现实的内涵。后来的马克思主义基本上也由这样一种路线发展过来。这一意义上的实践，具有几方面的特点。首先，它所突出的是群体性、社会性的活动，个体的活动主要被置于群体性的活动中来理解。其次，它侧重于认识论的维度。毛泽东的《实践论》实际上便是认识论的著作，其副标题（"论认识和实践的关系——知和行的关系"）也表明了这一点。20世纪60年代，王若水出了一本哲学著作，题为《马克思主义的认识论是实践论》。我在70年代看过，那时我还是中学生，这一著作很典型地表明，在马克思主义传统之中，实践是和认识联系在一起的。

另一方面，中国的哲学传统比较注重"行"。"行"至少有两个特点：一是侧重个体在日用常行间的活动。相对于实践而言，"行"的个体化形态更为突出。二是，相对于马克思主义的"实践"主要以认识论为视域,"行"更多地侧重于个体的伦理行为。

"实践"和"行"都是重要的哲学范畴,大体上,前者代表了西方哲学的传统,后者则代表了中国哲学的传统。比较而言,中国哲学中"事"这一范畴有着更广的涵盖性。"事"作为人类的活动,既包括从亚里士多德到马克思所讲的实践活动,也包含了中国传统哲学所说的"行"。

实践关联着认识,行关联着知,但实践与认识之间、知和行之间是无法相互涵盖的:既不能用认识去涵盖实践,也不能用知去涵盖行。就知行关系而言,实践与认识之间、知和行之间的相互涵盖,容易趋向"销行入知"或"销知入行"。王阳明讲"一念发动处就是行",把行的活动完全归入到知,如王夫之所批评的,这可以视为比较典型的"销行入知"。现代西方哲学中的实用主义则有"销知入行"的倾向。对世界真实形态的认识论意义上的把握,实用主义基本上比较忽视。杜威更是明确地用行来界定知。我们通常把感觉等感性层面的活动看作是人与世界在认识论意义上发生关联的最初通道,但杜威却每每否认这一点,由此多少消解了传统意义上感知活动的认识意义。这样的观点可以概括为"销知入行"。

知和行不能相互涵盖,但"事"却既可以涵盖知与行,也可以涵盖认识与实践。作为人之所作、人之所为,广义上的事既包括观念性的活动,亦即认识论或知等领域的活动,也包括对象性的、感性的活动,亦即实践或行。相形之下,前面已提及,无论是"知""行",还是"实践""认识",它们都未能呈现这样广的涵盖性。由此也可见"事"这一范畴的独特理论意义。

从具体的过程来看,事的展开包含实践的方面,从而,也涉及我们通常在实践的视域之下讨论的问题,包括如何分析具体的行为情境,根据对情境的考察,发现和把握应对情境的具体方式。做事的过程中还涉及有效性问题,有效做事的基本的前提之一,就是普遍的理论、规范、原则与事所展开的具体情景的结合。所谓实践智慧,说到底就是把普遍的理论、规范、原则的运用与特定情境的分析融合起来,以找到最适合相关情境的行动方式。在这一意义上,做事过程需要实践智慧,也体现实践智慧。

问:您提到,"事"一词很难翻译成英文。英文词"act""practice""affair""human affairs""engagement""humanized thing""event""fact",等等,都不能与"事"完全对应。您是否倾向于译为"human affairs"或"affairs"?

答:确实找不到非常对应的西语,也许只能退而求其次。不过,"human affairs"还是偏于静态,不像"engagement"那样可以表达动态参与。另外,与"做"相关,"doing"比"act"或许更为合适。奥斯丁讲"How to do things with words"(如何以言行事),"do things"和这里的"做事"有相通之处。

另一个办法是直接音译为"*shi*"。就像中国的"道"音译为"Dao",古希腊的"logos"音译为"逻各斯"。"事"和"道""logos"一样,也是一个普遍概念。那么多含义在同一个词中,我们没有办法仅仅作一个方面的意译。"事"这个概念对于英语世界可能还不是很熟悉,有必要在音译"*shi*"的同时用注释等办法做点具体说明,然后根据前后文的具体需要用不同的英文词来表述。如果有类似于现代汉语的"哲学"来翻译"philosophy"的方式,那就最好了,可以省去很多麻烦。那也许要等到中国哲学真正为世界所普遍接受。

问:"事"一词很难翻译成英文,这是否说明,"以事观之"是中国哲学独有的视角?

答:这需要做一点区分。从现实形态来说,无论是东方还是西方的人类活动,其具体过程有相近之处。从"事"的角度去解释、理解人类生活,并不是说,作为"事"的人类活动只有中国才有,事实上,西方人对世界的理解和参与,也是通过他们的做事过程来展开的。无论从东方看,抑或就西方言,人生活于其间的世界都以事为本源,在这一点上,东西方并没什么差别。差别可能在于,是否有一个普遍的概念来表述相关活动及其结果。中国哲学有"事"这一概念,可以比较好地帮助我们表述广义的人类活动及其结果,而在西方传统中则似乎难以找到这样一个概念。在这方面,有点类似于以下情形:中国没有西方的"philosophy"概念,但这不意味着中国没有哲学。相当于philosophy 的学问,在中国主要表现为追寻智慧的性与天道之学。同样,西方没有"事"这样的概念,但这并不表明西方人没有做事。当然,中国哲学有"事"这一类概念也从一个方面表明,中国哲学大有可为:中国哲学中的不少概念是其他文化传统所缺乏的,这些概念有助于推进对世界以及人类生活更为深广的理解。

三、"以事观之"与哲学问题

问:事的哲学如何能够呈现出一条通达自我知识的独特路径?王阳明讲,人须在事上磨。磨炼的结果是不仅认识世界,更能够认识自己。然而做事中产生的自我知识有所谓第一人称与第三人称之间的张力:一方面,能做成一件事,必要求行动者拿定主意,下定决心,那么也就是要从自己的决断意图中认识自己,这是自我知识的独特意义;另一方面,在做事的过程中,行动者往往发现事与愿违或不尽如人意。除了对客观事实了解不足以外,更多的是从他人给予我们的反馈中认识到自己的局限性,这可以让我们更客观地认识自己。然而这两方面往往是互相戕害的:强调立志而沉溺于意志的能动性,则不能看到行动后果的边界,有唯我之虞,常被指认为心学之弊;强调自我是某一既成事实,则又往往作茧自缚,看不到在每一当下时刻作出超越的可能性,即是萨特式的"自欺"。

答:前面提到,事是人生存的基本方式。事首先表现为做事的过程。做事无非是两个方面,一个是与物打交道,另一个是人与人之间的交往。每一个过程中,都会涉及自我意识、对象意识以及自我本身成为对象(自我本身的对象化)这一类问题。

与物打交道,往往带有自觉层面的目的性,从这个意义上讲,与物打交道总是从自我意识出发去展开相关的活动过程。但另一方面,自我意识也可以成为一个对象。比如,如果"事"先预设的行动目的在与物打交道的具体过程中遇到挫折,变得难以实现,那么,行动者就会反过来考虑,原先的目的是否恰当。由此,自我及其意向便变成了自我反思的对象。当然,以上视域中自我意识的对象化,是内在于意识层面的对象化,亦即观念领域中的对象化,这种对象化不同于外化为实在或人化实在意义上的对象化。在做事过程中,反思的自我与作为反思对象的自我,总是以某种方式形成内在的互动。这样的互动需要理解为基于"事"的动态过程:如果把自我静态地理解为某时某刻凝固化的形态,那就不太容易真正地把握它的内涵。从过程的角度看,自我可以既是意识的主体,也是意识的对象。借用唯识宗的术语来说,这里呈现相分与见分的关系,见分侧重于主体,相分侧重于对象,而二者均内在于"识"。较之与物打交道,与人打交道的过程就更为复杂了。萨特讲到他人的目光,马克思认为,自我只有在与他人的关系中才能真正认识到自身。在人与人的交往过程中,这一点更加明显。在后一过程中,存在着作为意识主体的自我和作为被观照、被评价的对象的自我。比如,在他人的注视下,自我会感到不自在,这种不自在发生的缘由之一,就是自我本身被外化为一种被观照的对象,并由此面临如下这一类问题:我在交往中的举止是否不太妥当？我在他人眼里是否不太合乎礼仪？等等。在这里，作为主体的自我与被对象化的自我，既相互融合，又存在内在张力。

自我意识和自我意识的对象化，更多的情况下是我们不觉其有、自然而然的过程。我们一直在经历，但是不会老是反省：我是把自己当做对象来思考，还是把自己当做主体来思考？事实上，作为主体的我和作为对象的我是流动的，两者相互伴随，相互作用。这一过程很容易被抽象化：仅仅在观念的情境中去设想、固化自我的某种形态，则自我及其意识往往呈现空洞思辨的趋向。以此为背景，引入"事"的意义在于，将意识过程置于多样的做事过程之中，使之获得现实的品格。作为意识主体的自我和作为反观对象的自我之间的关联并不是空洞的，不是仅仅在逻辑上、在观念上、在思辨的意义上设想出来的，而是发生于实实在在的做事过程。个体的精神世界及其内容归根到底生成于现实的做事过程，作为精神活动承担者的自我，也因"事"（包括观念活动和对象性活动）而在。

问： 从"事"的角度出发如何处理知识与价值之间的关系？

答： 知识与价值是一个老问题。我们可以注意到，在事的展开过程之中，一方面，面临如何做的问题，由此，人需要在认知层面来把握对象：有效的做事总是离不开对对象的真切把握；另一方面，又涉及做什么的问题：做事是有目的的自觉的过程，其中关乎目标、方向等问题。做事不会是漫无目标的，漫无目标就是无所事事。究竟选择什么样的事，什么事可以做，什么事不可做，这里就有价值问题。知识更多地和如何做相联系，而做什么则涉及价值的问题，二者都是做事的题中应有之义。在事的展开过程之中，知识与价值的问题密切联系在一起，做事既需要解决做什么的问题，也需要考虑怎么做的问题。前者关乎做事的正当性，后者则与做事的有效性相涉。如果仅仅有合理的价值取向，选择了有正面价值意义或具有正当性的事，但是不知道如何去做,那就只能停留在良好的愿望层面,无法有效地完成相关之事。反过来,如果懂得尖端的做事技术,又拥有某种与之匹配的手段,如高效的杀人武器,却选择去屠杀平民,这就违背了最基本的道德原则,做这种事显然失去了正面的价值意义,缺乏正当性。可以看到,在做事的过程中,知识与价值、正当与有效总是密切地联系在一起。作为人类活动的最基本形式,"事"无巨细,从小"事"到大"事"都会涉及这一类问题。

问:如何从事的角度看儒家和道家的理想人格?

答:从人格理想来说,一方面,儒道都在用"圣人"这一类概念,但是具体内涵有所不同。从"事"的角度来看,儒道两家的理想人格呈现出不同的特点。儒家的理想人格带有参与性,从事于世界中的多方面活动。儒家的参与活动可以说也就是做事的过程。儒家有见于人的存在方式就是做事的过程,从本源意义上的日用常行到更广义上的治国平天下,尽管领域不同、层面各异,但都脱离不了做事的过程。儒家的理想人格也体现在具体的做事过程当中。道家以自然为第一原则,从而与儒家意义上的参与活动保持距离。当然,道家也不是完全疏离于一切人类活动。道家所要从事的活动,主要表现为老子所说的"为无为"。在道家看来,儒家的方式是以有为的方式去为,而合理的方式应该是以"无为"的方式去为。以无为的方式去为,也是广义上的"为",亦即广义的做事的过程。前面提到,韩非曾说"事,为也"。所以"为无为"也是"为",只是"为"的方式不一样:以无为的方式去为,主要特点是凸显了人在做事过程中的合法则性。道家所说的"道法自然",旨在合乎对象的内在法则。做事的过程中确实离不开法自然、合乎对象自身法则的这一面。比较而言,儒家比较注重做事过程中合目的性这一方面。对儒家而言,人应当在日常生活中事亲事兄,履行自己的道德义务,在更广的领域之中治国平天下,承担起更广义的政治义务,这都是合目的性的活动。儒家对于合法则性没有像道家那么重视,反过来道家对合目的性也没有如儒家那么注重。从这个意义上说,儒道二家都有见于"事"的展开过程的一个方面,而没有充分注意到另一方面。事的现实展开,总是表现为合法则性和合目的性统一的过程。

四、"以事观之"与哲学的展开

问:"事"的哲学是不是受到过海德格尔的影响?

答:海德格尔是我比较重视的哲学家。海德格尔思想是很丰富的,现在有很多人对他晚年的思想比较重视,认为他前期思想不是很重要。但是我始终认为,早期以《存在与时间》为标志的海德格尔最为重要。后期他明显受到分析哲学的影响,喜欢绕来绕去玩语言的把戏,很多地方不足为道。海德格尔有很多洞见,这是不可忽视的。不过,一个哲学家的洞见,不仅可以体现为正面的、肯定意义上的创造性思考,也可以体现为负面的、但给人以思辨教训的思考。这两方面海德格尔都有。但从总体上看,我对海德格尔批评性的意见多一些。比如,以人的存在来说,虽然海德格尔不仅仅考察个体存在("此在"),而且也讨论人与人之间的共在,然而,对他来说,共在更多地表现为人的沉沦,并偏离人的本真形态。

我在很多地方谈到海德格尔,因为他总体上的哲学进路与马克思、与我现在的思考有某些相近之处。他对世界的理解和传统形而上学不一样。传统形而上学侧重的是思辨的构造,常常离开人自身之"在"去构造一个思辨的世界。海德格尔则是联系人的存在来理解世界,去思考形而上的问题。他提出了基础本体论,而基础本体论说到底就是以人的存在为关注重心的本体论。马克思思想很重要的特点,也是联系人的现实实践过程,联系人的存在去思考世界之在。我所讲的"具体形而上学"同样是从这个角度去把握世界。但是,这里也存在某些根本的不同,后者主要在于,海德格尔所讲的人主要是思辨的个体的人,而马克思的人则是社会实践中的现实存在者。在这一方面,我的思路更接近于马克思而不是海德格尔。

谈到这里可以顺便提一下,现在马克思主义哲学界似乎有一种"海马"的倾向,其特点在于以海德格尔解释马克思的哲学,以为如此可以赋予马克思主义哲学以所谓"当代性"。我则认为,这一进路实际上消解了马克思之为马克思的根本意义。马克思之为马克思,恰恰是他对基于劳动的广义实践、对于人的社会性规定的注重。海德格尔也注重人,在注重人这一点上他与马克思确有相通之处,但是在如何理解人这一问题上,马克思与海德格尔则存在根本的不同。海德格尔始终把思辨的个体作为对象,并主要将人的存在与烦、畏等个体性的内在体验联系起来,这与马克思注重人的社会品格、强调基于劳动的广义实践,相去甚远。用海德格尔去解释马克思,这实在是把马克思最精华的东西给抽掉了。

问:从哲学语汇的角度看,能否说您的哲学运思的中心词经历了一些微妙的变化:从存在到道,从道到事?《伦理与存在》(2002年)至《存在之维》(2005年)时期以"存在"为核心词,之后则是"存在"的弱化与"道"的突显(2009年,《存在之维》收入《杨国荣著作集》,更名为《道论》),而在《成己与成物》(2010年)和《人类行动与实践智慧》(2013年)等论著中,越来越多源自中国传统哲学的术语(如"成己""成物""知""行""势""数""运""几""合理""合情"等)被吸收转化为建构哲学理论的基本词。在"事"的哲学中,不仅"开物成务""事上磨练""事有终始"等源自中国传统哲学的表述得到了新的阐发,而且,与"事"相关的一系列很平常的语词经过一番解释之后也变得耐人寻味："行事""处事""人事""心事""本事"，等等。

答：确实存在概念使用上的变化。不过，我的思考并不是刻意的要回归某种传统或是学派，我的思考集中于哲学问题，希望运用现在能够获得的人类文明发展过程中积累起来的各种思想成果。当然，作为中国哲学家，对于自己身处其间的传统更有亲切感、更为关注，这也是十分自然的。对中国哲学资源的关注，也体现了这一点。在我看来，一方面，对人类文明的各种成果都要给予关注；但另一方面，哲学思考同时也是个性化的劳动和探索，它会自觉不自觉地体现不同的传统思想背景，打上多样的文化印记，这是很自然的事情。也就是说，在哲学的思与辨过程中，既要有开放的视野，也需要对自身传统给予更加自觉的关注，注重智慧的个性品格和民族特点。反观中国哲学本身的传统文化，我越来越深切地感受到在我们的传统文化之中，确实包含着深厚的传统智慧，这些智慧有着恒久的魅力，需要我们加以深入地反省、发掘。最近几年我对中国哲学传统范畴的运用以及意义阐发，也与这一点有关系。

问：您的哲学论述中，对于概念的运用是非常清晰的，往往明确说出一个概念的文本含义与哲学意涵；但另一方面，您运用"事"范畴打破很多隔阂，古今中西，都可以作为思想资源加以运用。这两者是如何调和的？

答：这里面没有僵硬的鸿沟。如果拘束于思想的界限，在学术上可能会寸步难行。就经典注疏而言，可以关注汉学家和宋学家不同的解释。汉学的注疏相对而言侧重于实证性，宋学则更为哲学化。经典中的那些词义可以用汉学的方式去界说，也可以用宋学的、哲学化的方式去解释，但这不等于信马由缰、随意发挥。这里的关键在于，立论需要言之有理、持之有故，明确某种界说是在什么意义上使用。如果以哲学的思考为关注之点，而不限于哲学史的梳理，那么，在做出如上界定和说明之后,对相关的方面做一些引申,无疑是允许的。事实上,在引申意义上使用某个词,借助这个词来阐发一些新的思想,这在哲学研究中也是比较常见的。德勒兹说,哲学就是不断创造概念的过程。所谓创造概念,无非体现于两个方面:一个是旧瓶装新酒;另一个是新瓶装新酒。我不太喜欢新瓶装新酒,因为这容易趋向于生造概念,这既显得别扭,也常常徒生歧义。海德格尔很喜欢杜撰一些晦涩模糊的词,由此引发无穷的歧义,其中或有高深难测的释义,但往往也容易导致某种语言的游戏。我更多地趋向于旧瓶装新酒,即运用一般耳熟能详的概念,同时给出大家能够理解的新的解释,这样或许既可以在思想上别开生面,又不致过于离谱。汉学家的方式是旧瓶装旧酒,宋学家的方式是旧瓶装新酒,而我则关注前者,但更近于后者。

问:"以事观之"的思路和冯契先生所提出的"四界"说是否比较接近?

答:应该说非常接近,但也有所不同。冯先生区别了本然界、可能界、事实界和价值界。我最近在《"四重"之界与"两重"世界》(《华东师范大学学报(哲学社会科学版)》2019 年第 3 期)这篇文章中指出,更合适的进路,可能在于区分本然界和现实界。四界的划分在逻辑上和理论上会存在一些问题。我说的现实世界和冯先生所讲的事实界有所不同。冯先生区分事实界、可能界和价值界,而在我说的现实世界当中,这几个界是彼此相关的。现实世界包含事实界,也包含可能界和价值界。事实界、可能界和价值界都不是独立存在之"界"。在现实世界中,事实与价值融合为一。

问:以事观之的哲学是否可以视为"具体形上学"的进一步具体化?

答:从事的角度来理解世界和人,这与我以往的工作显然具有连续性。事实上,在这之前的《人类行动与实践智慧》一书中,我已比较多地考察了行动问题和实践问题,两者同时也构成了"事"的重要方面。顺着这个思路进一步往前推进,从狭义上的行和实践引向广义之"事",在逻辑上也顺理成章。广而言之,"以事观之"既与《人类行动与实践智慧》前后相承,又与我在更早先所著的《道论》、《伦理与存在——道德哲学引论》、《成己与成物——意义世界的生成》在理论上相互关联。当然,前面多次提到,在人与世界及其相互作用中,"事"具有本源的意义,以"事"为考察视域,相应地既表现为是哲学思考的一种延续,也意味着从更本源的维度理解人与现实世界。

问:在中国经典思想中,有很多哲学争论与"事"相关。我们是否可以把"以事观之"作为一种哲学视域,由此出发,对中国哲学史进行研究?

答:这里涉及到两种不同的做法。一种是把"事"作为框架,以此去梳理中国哲学史,就像我们曾经用"唯物""唯心",现在有些学者用经学模式去梳理中国哲学史的做法。这个我觉得意义不大。不能把"以事观之"理解为一种教条,并把它作为整个中国哲学史需要依循的主线加以考察。

但另一方面,从事的视域出发,既可以提供一种对人与世界之关系的新理解,同时也可以为反观哲学的历史提供一种新的角度。对于历史上的哲学家,我们可以从事的视角考察他们注意到了什么问题,又忽视了什么问题,有见于什么,又有蔽于什么,同时在这个过程中丰富发展基于"事"的哲学思考。这不同于把"以事观之"当作独断论式的教条那种做法。

问:对于事的哲学,我们能否以它为进路研究更加具体的哲学问题,而不是把它作为标准反观以往哲学史?

答:这个问题涉及对哲学的理解。一个方面,哲学总是要思考大的问题、根本性的问题。从事的角度来理解世界和人,也是从大的角度、大的方面来思考哲学问题。另一方面,在这样的视野之下,同时也可以并需要在具体领域作多样的考察,包括讨论伦理学、语言哲学等领域的问题,一如在广义的分析哲学进路之下,可以去讨论语言哲学、心灵哲学、政治哲学、伦理学等领域的问题。以上两个方面我想是可以并行而不悖的。至于从"事"的视野出发到底能形成怎么样的哲学理论、达到对人和世界的更深入的理解,这需要基于具体而切实的研究。

附录二

哲学与当代世界

——第 24 届世界哲学大会前的访谈^①

贡华南（以下简称"贡"）：第 24 届世界哲学大会即将在北京召开，这是世界哲学大会首次在中国举行。在此之际，我们有若干问题求教于您。第一个问题是，如何理解哲学与当代世界的关系？

杨国荣（以下简称"杨"）：哲学与当代世界的关系背后，蕴含哲学与世界的关系这一更普遍层面的问题，后者则与人和世界的关系无法相分。从最一般意义上说，哲学与世界的关系或人与世界的关系，不外乎以下方面：

———————————

① 本文系第 24 届世界哲学大会前夕，贡华南、郭美华应《文汇报》的委托对作者的采访，原载《在这里，中国哲学与世界相遇——24 位世界哲学家访谈录》，人民出版社，2018 年，收入本书时略有调整。

第一方面是对世界的说明。人总是追求对世界作各种形式的理解,与此相关的是"是什么"的问题。这一问题既可以从经验知识的层面去追问,也可以从哲学层面去加以思考。前者主要指向世界的某一方面、某一领域或某一特定对象,其内容也更多地体现于知识经验的层面;后者则跨越特定的界限而追问作为整体的世界,并从形而上的层面回应世界"是什么"等问题。

第二方面涉及人对世界的感受(affective experience)。说明世界主要关乎广义上的"是什么",感受(affectively experiencing)世界则涉及世界对人"意味着什么"。这种意味可以是多方面的,包括艺术的、宗教的、伦理的、科学的,等等。在人与世界的关联中,感受性构成了重要的方面。人不仅关切存在何种世界,而且感受到这个世界对人的意义,这种感受的内容常常以"好或坏"、"美或丑"、"有利或有害"等形态呈现。对于具体的人来说,这个世界对他来说到底意味着什么?这是无法回避的问题。同样的对象或同一世界对不同的个体往往具有不同的意味,这一事实表明,感受有着多方面的个性差异。

第三方面关乎对世界的规范。规范涉及当然,对世界的规范与世界应当如何的问题相关。人不仅追问世界是什么、不仅以不同的方式感受这个世界,而且关切世界应当成为何种形态,这里的"当然"既以现实为依据,又基于人的理想和需要。人不会满足于既成的世界,他总是以不同的方式来变革已然的存在,努力使之化为合乎理想的存在形态,这样的过程,即表现为广义上的规范世界。对世界的说明侧重于对世界的理解(是什么),对世界的感受侧重于世界对人的意义(意味着什么),对世界的规范则致力于使世界成为当然的存在形态(应当成为什么)。

可以看到,说明世界、感受世界、规范世界,分别关联世界是什么、意味着什么、应当成为什么,并构成人与世界关系的不同方面。

具体而言,说明世界以世界的真实形态为指向,这种形态非人可以随意创造或改变:从说明世界的角度看,世界是什么样的,就应如其所是地加以把握,在这一方面,人更多地适应于这个世界(human beings to world)。事实上,人与世界的理论关系,往往更多地表现为人对世界的适应。相对于说明世界,对世界的感受具有某种中介的意味:一方面,感受世界以对世界的理解、说明为前提,如果不了解世界的现实形态,便难以形成对世界的真切感受,就此而言,"意味着什么"基于"是什么"的追问;另一方面,对世界的感受也会引发人们进一步去改变这个世界的意向:如果世界不合乎人的理想,则如何改变这一世界就成为无法回避的问题。进一步说,即使世界给人以"好的"感受,也依然会面临如何达到"更好"的问题。最后,对世界的规范,进一步将说明世界所涉及的"是什么"与感受世界所蕴含的"意味着什么"引向"应当成为什么"的问题,从人与世界的关系看,较之说明世界侧重于人对世界的适应(human beings to world),规范世界更多地表现为世界对人的适应(world to human beings)。

在人与世界的以上三重关系中,对世界的感受需要给予充分的关注。感受具有综合性,其内容呈现体验、体悟、体会的交错,感知、情感、思维的互融,以及经验与先验互动,等等。作为综合性的意识现象,感受包括意向性与返身性两个方面,意向性体现了感受与对象世界的关联,返身性则表现为主体自身的所感所悟。胡塞尔也注意到感受,但从总体上看,他主要延续布伦塔诺的思路,侧重于肯定感受与意向的关联,对他而言,"在我们普遍称之为感受的许多体验那里都可以清晰无疑地看到,它们确实具有一个与对象之物的意向关系"。事实上,感受的特点更多地体现于意向性与返身性的统一。

感受有不同的呈现形态,在初始的形态中,一方面,感受具有非反思的特点,另一方面,它又比语言更丰富:语言无法表达感受的全部内容。以审美感受而言，不管个体获得何种审美体验和感受，往往都无法完全以语言的形式表达和传递。"山中何所有，岭上多白云。只可自怡悦，不堪持赠君。"这里的"怡悦"，可以视为自我的感受，它源于对象（白云）而又指向对象（白云），但不仅感受的对象（白云），而且感受的内容本身，却难以完全通过语言来传递。所谓"只可自怡悦，不堪持赠君"，便表明了这一点。当然，感受也可以取得比较自觉的、理性化的形态，感受的理性形态具体表现为评价，前面提到的意味着什么，在实质的层面构成了评价的具体内容，而其形式则往往表现为判断。

康德曾考察判断力，这种考察主要侧重于审美，但同时也从审美的层面涉及人的感受问题，事实上，审美不仅仅关乎世界本身是什么，而且涉及世界对人意味着什么，从后一方面看，康德的判断力批判也触及感受的问题。当然，感受并非单纯地限定于艺术或审美的领域，宗教、道德、科学，乃至日常经验层面的喜怒哀乐，等等，都关联感受的问题。康德的判断力批判具有沟通纯粹理性批判和实践理性批判的意义，从而在其批判哲学中呈现中介或桥梁的作用。在人与世界的以上三重关系中，感受在更广的意义上具有中介意义。

从以上方面来说，康德注重判断力无疑有其意义。后来阿伦特特别地把判断放到重要的位置上，似乎也有见于此。在《精神生活》（Life of Mind）一书中，阿伦特把心智（mind）区分为三个方面：一是思维（thinking），二是意志（will），三是判断（judgement）。不过，她强调判断意味着与对象、行动保持距离，而与实践无关，这种理解无疑存在问题。我在《成己与成物》中，也曾对判断力作了若干分疏，当然，在该书中，我主要是从认识的综合性和创造性思维这个角度来考察判断，从更广的视域看，判断也可以从其他角度，如感受性的方面去理解。

要而言之,哲学从其诞生之时起,便涉及人和世界的关系,后者包含多重方面。从逻辑上看,由"是什么"的追问,经过中介性的感受,引出"意味着什么"的问题,最后指向"应当成为什么"的规范性维度,这大致体现了人与世界关系的不同方面。

贡:以前我们关于对象这个环节不大提感受性。

杨:我以前也提到过感受性问题,但主要是侧重于具体的层面,如道德感、生存感等,现在则从人和世界的关系这一更广的方面去理解,并以世界对人意味着什么为感受的具体内涵。人与世界的关系不仅仅以人与对象世界的关系为内容,而且包括人与人之间的交往关系。在人与外部世界的互动中,物理对象、山川草木,都会给人以不同的意味;在人与人之间的交往中,多样的人与事,同样也会引发各种各样的感受。感受使人对世界的把握更丰富多样。以"是什么"为指向的"说明"侧重于从事实层面了解世界,"感受"则把人自身也融合到其中,世界本身的多样性与人的精神世界的丰富性,也由此交融在一起。从活生生的人的存在来看,这是不可或缺的方面。人不是机器,而是非常丰富的存在形态,尤其是人的精神世界,总是充满多样意义、包含各种意味。

感受的多样性、丰富性、个体性,可以视为人与世界互动过程之具体性的体现。在谈人与世界的关系之时,通常比较注意说明世界和规范世界的问题,也就是说,人一方面要求理解这个世界,另一方面又希望改变这个世界,但与二者相关的感受世界这一方面,往往没有给予自觉或充分的注意,这当然不是说没有触及,而是没有将其作为重要方面加以突出。

从一般意义上说,哲学总是要面对人与世界关系的基本问题,对此需要给出各种回应。在不同时代,这样一些问题可以说都无法回避,当然,其表现形式可以不同。

当代面临的以上问题既需要在经验、知识层面加以考虑和应对，也需要哲学视野的参与，后者关乎价值方向上的合理走向。人总是离不开意义的追寻，前面提到的感受性也与之相关。康德曾指出，如果没有人，那么这个世界就如同荒漠，这实际上是说，离开了人，世界就没意义。另一方面，人如果失落了对意义的追求，便会走向虚无主义：虚无主义的内在特点即在于消解意义。意义的追寻，包括追问什么是好的生活或值得过的生活，什么是完美的人格，什么是理想的社会，什么是合理的交往关系，等等，这些问题不是仅仅凭借经验知识就能够解决的，这里同样需要哲学的思考。哲学家不一定解决具体问题，但他可以引导人们去关注、思考意义问题，并进而使这个社会和人本身的存在更合乎人性。

这又回到以前儒家讲的仁道原则：仁道原则讲到底就是肯定人之为人的内在价值，而所谓理想的存在形态也就是合乎人性的存在形态。在当代社会中，权力、资本、技术的支配及其可能形成的后果，往往容易导致人的异化，也就是说，人为外在之物或外在力量所左右、支配和控制。这里的问题说到底，也就是如何使社会的演化、人自身的发展真正朝向合乎人性这一总的方向。在这方面，哲学的思考显然不可或缺。哲学的作用不在于去解决一些技术性、操作性的问题，而是思考、回应关乎人类发展的根本性的问题，后者超越了任何经验科学的领域，哲学与当代世界的关系也应当从这一层面加以考察。

贡：这涉及哲学与当代世界的关系。您刚才也特别谈到感受的问题，古希腊也确实有这样的传统。希腊传统强调的是受苦意义上的受，而中国有非常丰富的另一传统，它不仅强调受，同时也强调积极的感应。

杨：我说的感受是"感"与"受"的结合，一方面，它包含以"感"的形式表现出来的相互作用,前面提到"感受"总是基于对世界的接触、了解或者理解,另一方面,感受又包含人的回应,也就是说,它总是与外在世界存在某种互动,而不是单向地被动接受的问题。

郭美华(以下简称"郭"):杨老师,您之前曾提出过"人性能力"这个说法,现在感受性在人性能力里面就占有比较特殊的位置了。

杨:感受性也可以看作是人性能力之一。以感受的形式呈现的能力与我们通常说的理性的、情感性的、想象的、感知的等能力,可能不太一样,它具有综合性的特点。这一意义上的感受,与康德的判断力具有某种关联,阿伦特强调判断的旁观性,但事实上判断关乎人与世界的互动,其中既有世界适应人的一面,也有人适应世界的一面。在最简单的"蓝天真美"这一类判断中,便既有对外部世界事实(蓝天)的认定,也有内在情感的表达、体味(美感)。在综合性方面,感受与判断力相近,但判断可以或者侧重于事实层面的理解,或者侧重于价值层面的断定,而感受的特点则是内外之间的互动、人与对象之间的互动。此外,从精神之维的情感、意欲、意愿、想象、感知、理性等方面看,它们之间也具有相互关联的一面,这种关联既表现为不同规定之间的互动,也体现了感受的综合性。

贡:第二个问题是,对世界哲学大会主题"学以成人",您是如何看的?我记得,杨老师之前写过这方面的文章,请您简单地谈一下。

杨:"学以成人",就这个题目本身而言,无疑体现了中国哲学的传统,但它同时也具有世界性,简而言之,这个题目既是中国的,又是世界的。世界哲学大会第一次在中国举行,以此为题,显然具有其意义:世界哲学大会在中国举行,当然需要体现中国哲学的背景,但它又是世界性大会,需要展现普遍的哲学内涵,把"学"与"成人"联系在一起,既体现了中国哲学一以贯之的传统,也显示出世界性的意义。

以"成人"为"学"的指向,表明人不是既成的,而是生成的:人的存在过程就是不断的生成的过程。从哲学史上看,儒家对人的这种生成性给予较多关注,其成己、成人之说,便表明了这一点。在晚近哲学中,海德格尔也注意到这一点,其《存在与时间》,便以此在为关注对象,作为人的个体存在,此在首先被置于时间的视域,其中也包含对人的生成性的肯定。在海德格尔那里,这一看法与存在先于本质的命题联系在一起,意味着人并非受制于既定的本质。

在"学以成人"的命题中,"学"显然是就广义而言,而非仅仅限于知识的获得过程。对"学"的这种理解,非常契合中国哲学尤其是儒家传统:儒家意义上的"学"并不是单纯的知识获得和积累的过程,它同时也与人自身的成长过程亦即"成人"相关联。这一意义上的"学"同时具有伦理学、价值论的涵义,而不仅仅是认识论的范畴。当然,需要指出的是,强调"学以成人",可能容易引向以"成人"为"学"的整个目的,这一理解也会使"学"的意义受到限制。这里,应当自觉地意识到,"学"不仅仅与人自身的成就相联系,而是表现为"成己与成物"的统一,即不仅要成己,而且同时要成物。在西方近代以来的哲学传统中,"学"侧重于知识的把握,并相应地首先与成物联系在一起,而"学"与成人和成己的关联往往被忽略或者遗忘了。这种偏向无疑应当克服,但不能由此走向另一极端,以"成人"消解"成物"。

以上问题又回到一开始提到的人与世界的关系。如上所言,人总是面临对世界的规范的问题,后者在广义上包括"成己"(成人)与"成物"两个方面,即人的成就与世界的成就。"学以成人"需要从比较宽广的视野中去加以理解。总之,成人与成物不能截然分离,离开了成己成人,单纯地关注于成物,这是一种偏向,仅仅强调成人则可能导向另一重偏向。有关"学以成人"的具体内容我以前有专题文章加以讨论,这里就不再重复。

贡:这个可以结合第一个问题来说,因为在当代世界,您刚才提到资本、技术、权力对当代人的掌控，那么，在这种情况下，当代世界呈现出这种资本、技术，这种对人的控制，它指向的是杨老师常说的世界的分化、人的分化，恰恰可能和成人、成己、成物之理想相背离。就此而言，学以成人对当代这种状况也具有针对性。

杨：对。从这个意义上说，它有其特定的意义。在当代社会中，人往往受到人之外的力量的左右、支配和控制，以此为背景，人自身的成就最后所指向的便是自由人格的培养。成人说到底就是自由人格的培养。如何培养自由的人格，这是我们必须自觉加以关注的重要问题。当然，从哲学意义上理解"学"，除了回应现代世界对人的各种限定之外，还可以赋予它更广的意义。这里的前提当然是对人的整个存在境况作总体上的理解：人的存在过程既面临成就自由人格的问题，同时也有成就世界的问题。如果单纯地把视野集中于人自身的成就，悬置对世界的变革，那么，人本身往往会变得苍白化、片面化。宋明时期，理学家仅仅关注于人的心性之域，要求化人心为道心，把对世界的作用视为玩物丧志，这就可能导致以上偏向。在现实生活中，成物与成人不可偏离。成物归根到底是为了给人创造更合乎人性发展的背景，就此而言成物本身不是目的，但成人的过程也离不开成物，否则，便难免趋向抽象化。

贡：第三个问题，您对中国哲学或中国文明有什么理解和期待？

杨：总体上，在历史已经进入世界历史、中西文化已经彼此相遇的背景之下，对于中国哲学的基本期望，便是融入世界哲学之中，并在与不同哲学传统的互动中取得新的形态。中国哲学融入世界哲学，参与世界范围内的百家争鸣，这一点冯契先生早就说过了。同时，参与、融入世界哲学不是丢掉中国哲学自身的特点，恰好相反，它需要展现中国哲学自身的独特的视野。

具体来说，可以从两个角度去理解。首先，从世界哲学的范围来看,中国哲学应当在比较实质的层面上进入世界哲学的视域,而不是仅仅成为汉学家们的研究对象。要真正进入主流的世界哲学之中,成为世界哲学,包括西方哲学,建构自身系统、进行哲学思考的重要思想资源。正如19世纪以来,西方哲学逐渐成为近代中国哲学发展的重要背景、成为中国哲学所运用的重要资源一样,中国哲学也应当成为主流的西方哲学家进行哲学思考的重要背景,而不是仅仅充当汉学家进行历史性、宗教性研究的对象。从世界哲学的视域看,如果未来主流的西方哲学,包括其中真正重要的哲学家们,都以中国哲学为必要的理论资源,并以不了解中国哲学为其哲学思维的缺憾,那么,中国哲学才可以说真正实质性地进入了世界哲学的范围。我们期望着这样的时刻早日到来。在主流的西方哲学把中国哲学作为他们思考哲学问题、建构哲学体系的重要资源之前,不管中国哲学如何走出去,如何介绍,都可能仅仅停留在表面的热闹之上。

其次,从中国哲学本身来说,它既是既成的,也是生成的。所谓既成,是指从先秦以来中国哲学已形成自身的历史形态。现在所说的先秦哲学、两汉哲学、魏晋玄学、隋唐佛学、宋明理学,等等,都是中国哲学的既成形态。但同时,中国哲学又一直处于不断生成的过程中,这一生成过程今天并没有终结:可以说,当代中国哲学依然处于生成过程中。从生成的角度看,中国哲学本身也需要获得新的内涵,取得新的形态。如上所言,历史上曾经出现过先秦、两汉、魏晋、隋唐、宋明一直到近代的不同哲学形态,当代中国不能仅仅停留在对历史上这些既成哲学形态的回顾之上,它既应承继和发展以往哲学,也应为后起的哲学提供新的思想资源。

简而言之,就中国哲学本身而言,需要以开放的视野,充分理解世界范围内的不同哲学传统,并进一步消化、吸收不同的思想资源。同时,又应立足于当今的时代,回应这个时代所提出的各种问题,由此形成新的思想系统,给中国哲学的历史长河留下一些新的东西。我想这是中国哲学应该有的定位。

当然,如我以前所言,哲学是对智慧的多样化、个性化的探索,而非千人一面。每一个哲学家都是从其自身所处时代、个人的背景、兴趣、积累、理解、对世界的感悟等出发,形成自己新的思考。今天,在走向世界哲学的过程中,哲学依然将处于多样的、个性化的发展过程。

贡:第四个问题其实与上面的问题很有关系,就是对中国哲学的发展现状和态势的基本看法。

杨:直截了当地说,目前中国哲学的发展现状和态势不是很令人满意。其中的原因有多重方面。哲学史和哲学理论无法分离,以此去衡量,则时下史与思脱节的现象似乎比较普遍。同时,王国维在上个世纪初已指出,学无中西。从哲学的层面看,所谓学无中西实际上也就是形成世界哲学的视野,以比较开放的视野去对待人类文明发展过程中积累起来的多样智慧资源。然而,令人遗憾的是,中西相分仍是今天经常可以看到现象。史思之间的脱节、中西之间的分离,至少在研究进路上限制了中国哲学的当代发展。此外,立足时代的理论性、建构性思考,也比较少。现在常常可以听到所谓切入时代、切入现实的呼吁,但呼吁者本身却很少真正切入现实。中、西、马之间的沟通也有类似情况,要求打破中、西、马之间的界限壁垒,至少已有十余年,但至今似乎仍主要停留于呼吁,较少看到切切实实的沟通工作。尽管哲学研究在具体的领域中得到了推进,但总体上,似乎尚不尽如人意。

贡:下面也许可以进入第二个个性化话题:首先,能否谈谈您的哲学缘分和哲学之路?

杨:我的哲学缘分或许可以追溯到上个世纪70年代,当时尚处于"文革"时期,接受正规教育几乎无可能,只能天马行空,逢书就读。

文学作品、理论读物，包括历史的、经济的、哲学的书，差不多都读。最早读过的哲学书，包括艾思奇的《辩证唯物主义》（当时是大学教科书）以及王若水的《马克思主义的认识论是实践论》（书名也许记得不很准确）。这两本书的论述比较清晰，让我初初领略了哲学的思维方式。

那个时候同时倡导读点马列著作。由此机缘，马列著作我也读了很多，包括《反杜林论》、《费尔巴哈与德国古典哲学的终结》、《国家与革命》、《共产党宣言》，等等，几乎把《马克思恩格斯选集》都粗粗地看了一遍，其中的内容有的理解，有的不甚了然，但至少有了一定的印象。黑格尔的《小逻辑》也曾翻阅，但没有正式读进去。对于中学生来说，这一著作似乎太难了一点。中学时代后期，读得比较多的是历史方面的书，如《资治通鉴》。这一阶段的阅读也谈不上学科定位，杂乱无章，有什么读什么，哲学则是其中一个方面。我的头脑可能更偏重于理论化思维，由此也形成了对哲学的一定兴趣。

当然，真正把关注之点主要转到哲学，是大学以后的事。当时所在的是政教系，课程涉及社会科学与人文学科的不同方面，哲学也是其中之一。两年后分专业，我选择哲学专业。冯契先生的影响也在这一阶段突显起来。当时冯先生的《中国古代哲学的逻辑发展》以油印本的形式流传，我看了以后有点被震撼的感觉，以前尽管看了不少中国哲学方面的通史性著作，如任继愈的《中国哲学史》、北京大学所编《中国哲学史》，等等，但比较起来，冯先生的书更给人以耳目一新的感觉。他阐释中国哲学的理论深度，确非常人所及。后来又读了他的油印本《逻辑思维的辩证法》，从另外的角度了解了他的理论系统，冯先生著作的思辨力量、理论洞见，确实给我留下深刻的印象，从中我不仅了解了多方面的哲学观念，而且逐渐地对如何做哲学有了比较深切的体会。

贡：第二方面，请介绍一下您在哲学研究领域取得的成果或代表作，如"具体的形上学"三书。

杨：这里只能简单说一下。如果要说代表作，大致可能涉及两个方面：中国哲学史与哲学理论。史与思不能相分，但在具体的著作中可以有所侧重。就中国哲学史而言，儒学方面或可举出《心学之思》与《善的历程》，道家方面则可提到《庄子的思想世界》；就哲学理论而言，到目前为止，应该说主要是四种著作。除了收入"具体的形上学"的《道论》《伦理与存在》《成己与成物》之外，还包括《人类行动与实践智慧》。"具体的形上学"实际上已是四书了。

贡：第三个问题是这一领域内国际或国内同行的评价有哪些？

杨：对此或可简单转述德国学者梅勒（Hans-Georg Moeller）的若干看法："杨国荣追随二十世纪重要的中国思想家的研究走向，努力复兴宋明理学的哲学传统，会通儒道释，同时吸纳康德、黑格尔、海德格尔等人所代表的现代西方哲学体系中的形上学的、历史的和存在论的进路。""杨国荣直接上承熊十力（1885—1968）、冯友兰（1895—1990）、牟宗三（1909—1995），特别是其导师冯契（1915—1995）等 20 世纪的中国哲学家。所有这些先贤不仅精通中国哲学史，而且熟悉古代与现代的西方思想（杨国荣亦是如此）。对于当代西方主流学术机构所教授的'哲学'，他们采纳了它的形式与部分内容，同时成功地将中国古代思想纳入到这一（在他们看来）新的样式之中。（学院的）中国哲学就此诞生。"①以上看法是否确当，则可由学界评说。

贡：最后一个问题，今后十年内您的学术计划是如何安排的呢？

杨：这是个大题目，这里只能简单一提。最近这段时间考虑的问

---

① 梅勒：《情境与概念——杨国荣的"具体形上学"》，《社会科学战线》2014 年第 9 期。

题,主要是"事"的哲学意义。这个题目也可以说是接着《人类行动与实践智慧》而论,"事"从一个方面来说与行动有关联,但它还是有更广的意义,按照中国传统哲学的说法,"事"即人之所"作",引申为广义上人的各种活动。就人之所"作"而言,科学研究、艺术创作也是"事",通常所说的"从事"科学研究、"从事"艺术创作,也从一个方面体现了这些活动与"事"的关联。这一意义上的"事"既包括中国哲学所说的行,也包括马克思主义传统中的实践。从哲学的不同领域看,中国哲学中的"行"更多地与日用常行、道德实践联系在一起,并相应地呈现伦理学的意义,马克思主义所说社会实践在后来则往往被比较多地赋予认识论的意义,前面提到《马克思主义的认识论是实践论》,便比较典型地指出了马克思主义视域中实践的认识论意义。就广义而言,"事"同时包括以上两个方面,并表征着人的存在:人并非如笛卡尔所说,因"思"而在(所谓我思故我在),而是因"事"而在(我做故我在)。"事"既包括做事,也涉及处事。做事首先与物打交道,处事则更多地涉及人与人之间的交往。总体上说,"事"在人的存在过程中,具有本源性的意义,这是我最近所关注的问题。

接下来的一段时间中,我可能会比较多地去集中讨论以上问题,包括世界因事而成。现实的世界不同于洪荒之世,洪荒之世在人做事之前已存在,人生活于其间的现实世界则与人做事的过程息息相关。另外,人自身也是因"事"而在,我刚才提到的,不是我思故我在,而是我做故我在,体现的也是人与"事"的关联。广而言之,哲学层面关于心物、知行关系的讨论,其本源也基于"事"。这一意义上的"事",是中国哲学中的独特概念,在哲学上,似乎没有与之十分对应的西方概念。宽泛而言,"事"包含了 affair、engagement、humanized thing 等多方面的涵义,但其哲学意义又非 affair、engagement、humanized thing 所能限定。前面提到中国哲学可以成为世界哲学的资源,"事"这一概念显然提供了一个具体例证。确实,可以从中国哲学已有的传统中,梳理出"事"这一类具有普遍意义的哲学资源。金岳霖在《知识论》中也谈到"事",并与"东西"、"事体"等联系起来讨论,这无疑值得关注。当然,他主要偏重于狭义上的认识论、知识论,这又多少限定了"事"这一概念的哲学意义。

宽泛地说,中国哲学走向世界、中国哲学在当代呈现新的意义,需要做多方面的切实工作,中国哲学的重要问题、重要概念、范畴需要进一步的梳理,经典也需要更深入的诠释,这些都是不容回避的工作。我当然也会就此作一些努力。

贡:有一个性化的问题:实际上《具体形上学的思与辩——杨国荣哲学讨论集》那本书也提到,之前您把《存在之维》改成《道论》,把道当作核心。一谈到道,就会谈到修道的问题。

杨:修道之谓教。

贡:是修道、教或者工夫论的问题。现在的学界很多人关注工夫论问题,我不知您有没有考虑过这样问题。因为既然把道提出来,修道的工夫论实际上是道的有机部分。

杨:这涉及广义上的成人的问题,我以前做的工作,包括晚近出版的《人类行动与实践智慧》,也从不同的层面、不同的角度多少涉及这一方面。工夫论是中国哲学的概念,它需要从多重方面、多种形式、多重角度具体展开,我的工作或可视为其中之一。大略而言,我主要以广义上的成己与成物为关注之点,在我看来,工夫本身以成己与成物为指向,离开了成己成物的过程,工夫就失去了内在意义。从这方面看,我正在关注的"事"的哲学意义,也同样涉及人的成就,因为人本身因"事"而在。工夫论的问题不能再走宋明理学的老路,仅仅限于心性涵养之域。现在一些讲工夫的人,仍趋向于主要把工夫和意识活动联系在一起。事实上,工夫并不仅仅囿于意识活动,工夫的展开过程就是具体做事（与物打交道）、处事（与人打交道）的过程，它固然需要个体的自我省思，但不能单纯地限定于个体在内在精神世界中的活动。事实上，即使宋明理学中的一些人物，如王阳明，也注意到了这一点，他提出"事上磨练"，亦即把"事"和工夫联系起来。"事"并不是外在的，它同时也与我前面讲的人的感受问题相关，其具体内容既涉及人向世界的适应（human beings to world），也关乎世界向人的适应（world to human beings）。

贡、郭：我们今天的访谈就到这里，谢谢杨老师！

杨：谢谢。

（原载《船山学报》2018 年第 6 期，收入《在这里，中国哲学与世界相遇——24 位世界哲学家访谈录》，人民出版社，2018 年）

后　记

　　本书收入了我近年所作的若干文稿,这些文稿大都曾在不同的学术刊物发表。相对于专题性的著作,本书涉及更广的哲学领域,并相应地从不同方面汇集了我对相关问题的思与辨。

　　中国社会科学出版社的赵剑英社长和魏长宝总编对本书的出版予以了多方面的关切,在此谨致谢忱。

杨国荣

2019 年 7 月

2021 年版后记

　　本书收入了我前些年所发表的若干论文,2019 年由中国社会科学出版社出版。此次收入我的著作集,除增删了若干文稿之外,其他内容未作实质性的改动。

杨国荣

2021 年 4 月 15 日